基本から鍛える
英語リーディング教本
ドリル

『英語リーディング教本』によって提示された独自メソッド
Frame of Reference（英語構文の判断枠組み）が
より深く身につき英文構造を正確に把握できる
「リー教のドリル編」

薬袋善郎　Yoshiro Minai

研究社

目　次

記号一覧表　iv
はじめに　v
本書の使用法について　xii

Chapter 1　F.o.R. の基礎知識　1
F.o.R. についての Questions and Answers　1

Chapter 2　活用の理解　109
動詞・助動詞の識別と活用を尋ねる問題　111
活用と述語動詞・準動詞の関係を尋ねる問題　130
間違った活用を直す問題　140

Chapter 3　関係代名詞の理解　157
形容詞節の読み方と訳し方を練習する問題　157

Chapter 4　構文の認識力と構成力　181
語を加える問題　181
語を削除する問題　202
Parsing の問題　222

「あとがき」に代えて　247
索　引　251

記号一覧表

S	主語
O	目的語
C	補語
①	完全自動詞
②	不完全自動詞
③	完全他動詞
④	授与動詞
⑤	不完全他動詞
−③	完全他動詞の受身形
−④	授与動詞の受身形
−⑤	不完全他動詞の受身形
n	名詞
a	形容詞、形容詞句
ad	副詞、副詞句
aux	助動詞
＋	等位接続詞
接	従属接続詞
[ ]	名詞節
( )	形容詞節
〈 〉	副詞節
⊤	準動詞

はじめに

　本書は、私が研究社から出版した『英語リーディング教本』（以下『リー教』）を既に履修された方、あるいは履修中の方が、「『リー教』の内容」を頭に定着させ、実際の英文で運用できるようにするためのドリルです。
　それでは「『リー教』の内容」とはいったい何でしょうか？　それは一言で言うと「英文の構造面の正誤を判断するための文法体系」です。英文の正誤は次の3つの面で判定されます。

・構造——英文の仕組みが文法のルールに従っているか？
・語法——語の使い方が母語話者の習慣に従っているか？
・内容——文の内容が論理的に整合しているか？

　『リー教』はこのうち「構造面の正誤を判断するための文法体系」を Frame of Reference（判断枠組み）と呼び、この体系（以下「F.o.R.」）を学習者の頭の中に築き上げようとしているのです。

　英語を相当勉強して、文法的な知識もたくさんあるのに、英語の読み書きに今ひとつ自信がもてなくて悩んでいる方がおられます。これは、文法的知識が相互にどのような関係にあるのか、どれが基本で、どれが発展・応用なのか、それは構造のルールなのか、それとも語法のルールなのか、重要度にどのような違いがあるのか、などを把握し切れていないことが原因です。要するに文法的知識が体系的に整理されていないのです。
　また、最近は学校の授業が英文法を敬遠しているので、英文法を勉強する機会がなく、したがって、文法的知識をあまりもっていない方もいらっしゃいます。**これらの方は英文を書くときも読むときも正誤を文法的に判断することが苦手です。そのために、あるレベル以上の英文になると、はっきり自信をもって「この書き方で正しい」「この読み方で正しい」と言い切れないのです。**
　『リー教』はこういう方が頭の中に「英文の構造面の正誤を判断するための文法体系」を築き上げるための自習書です。『リー教』を繰り返し読み、指示にし

はじめに

たがって履修すれば、必要な文法体系を理解できます。しかし、理解しただけでは足りません。これを頭に定着させ、実際の英文で運用できるようになってはじめて、使いこなしていると言えるのです。この定着・運用という面で、『リー教』を補完するのが本書です。

頭の中に体系を作る

　昔、中学・高校の英語のカリキュラムに文法専門の授業があった時代でも、英文法の体系が頭の中に出来上がっている学生はごく少数でした。まして、現在のように、英文法の授業が学校から姿を消した状況では、多くの方が「体系」をゼロから築き上げなければなりません。これには、それなりの努力と時間が必要です。途中で何回か挫折することもあるかもしれません。

　しかし、いつの時代にも、本当にわかりたい、自信をもって英語をあやつりたい、と心から願う人は必ずいます。そういう人は、何度はね返されても、くじけず『リー教』に挑戦し続けて、ついに最後には頭の中に体系を築き上げて、宿願を達することができます。ひとたび、この体系が出来上がれば、理屈でコントロールしなければいけないところ、理屈抜きで暗記するしかないところが、手に取るように見えるようになり、自在に英語をあやつれる（＝自分で、自分の書き方・読み方の正誤の判断ができる）ようになります。

あえてやりすぎることについて

　仮に、ある受験生の力が今現在50で、合格ラインが70だとしましょう。この受験生が70を目指して勉強し、試験当日までに70に達したら、合格するでしょうか？　当然合格するはずです。しかし、必ずしもそうはならないのです。いや、むしろ不合格になる可能性の方が高いと思います。なぜなら、試験当日は、緊張感から実力の8割くらいしか出せないことが多く、まして70の力であれば、それをフルに出し切らなければ合格しないので、それがプレッシャーになって、8割も出せない可能性があるからです。

　だとすると、確実に合格するためには90を目指して勉強し、実際に試験当日に90に達している必要があります。これなら、8割の力しか出せなくても90×0.8＝72で、合格ラインを超えることができます。それどころか、実際は、力の8割出せば合格するという心の余裕から緊張感が弱まり、9割以上、いや、もしかするとフルに力を発揮して、悠々と合格できるかもしれません。

　このメカニズムは、ある程度一般化することができます。もし70の力がどう

はじめに

しても必要なら、90を目標にして努力するのです。これこそ、どんな状況でも余裕をもって対処できる（＝確実に目標を達成できる）秘訣なのです。

　本書のいろいろな課題は、この考え方に基づいて作られています。Chapter 1「F.o.R. の基礎知識」にしても、Chapter 2「活用の理解」にしても、実際にはここまで理解していなくても、英文を読み書きするのに支障はないかもしれません。しかし、ここまで完璧にマスターしておくと、**強い自信が生まれ、どんな英文も気後れせずに考え抜くことができます**。皆さんは「やりすぎだ」とか「ここまでは必要ない」といった批判に惑わされず、高い境地を目指して努力してください。

同じことを何度も繰り返すことについて

　「英文はABCという3つの条件を満たしたらXというルールで律せられる」と習ったとしましょう。すると学習者は「この英文はABC3つの条件を満たしているように見える。するとXで律せられていることになるが、そう考えていいだろうか？　自分が勘違いしているだけで、実は条件が1つ欠けていて、Xは妥当していない、ということはないだろうか？」というような疑問をもちます。そういうとき、学校なら、先生に直接尋ねて正誤を確認できます。しかし、本では著者に電話して聞くわけにはいきません。それで、確信がもてないまま先へ読み進めていくことになります。学習参考書を何度読んでもわからなかったり、ひどい場合には最後まで読み通せなかったりするのは、こういうところに一つの原因があります。

　ところが、Xというルールを紹介したあとで、随所に「この英文は、ここと、ここと、ここでABCを満たしている。したがってXで律せられている。だから、こう読まなければ間違いである」ということが書かれていたら、読者はその度に自分の判断の正しさ（あるいは誤り）を確認することができます。それが繰り返されると、やがて読者は自分の判断に信頼（＝確かな自信）を持つようになります。他人の判断を仰がなくても、自分でわかるようになったという実感を持つようになります。人はこのようにして読解の技能を身につけていくのです。

　本書は読者に知識を伝える本ではありません。読者に技能を身につけてもらう本です（ドリルとはそういうものです）。ですから、**本書には同じことが手を変え品を変え、あるいはまったく同じ形で（＝まったく同じ文章で）何度も何度も出てきます**。なぜそういう一見無駄とも思える書き方をしているのか、読者諸兄のご賢察を切に願うところです。

はじめに

わかりやすいとはどういうことか

　「わかりやすい説明」を考えるときは、「説明文によって説明されている事項（＝説明事項）」と「説明文の文章自体」を分けて考える必要があります。結論から言うと、「わかりやすい説明」の「わかりやすい」とは「説明事項が理解しやすい」ということであって、「説明文の文章が読みやすい」ということではないのです。

(1) 説明文は易しい言葉で書かれていて読みやすいが、何度読んでも、説明事項は理解できない（＝説明事項がわかったという実感をもてない）。

(2) 説明文は難しい言葉で書かれていて読みにくいが、何度も読むと、説明事項は理解できる（＝説明事項がわかったという実感をもてる）。

　この2つを比べると、後者の方が「わかりやすい説明」です。もちろん、「説明文が読みやすく、かつ説明事項が理解しやすい」のが理想です。しかし、説明文を読みやすくするのは限界があります。なぜなら、「説明事項を理解する」つまり「説明事項がわかったという実感をもつ」ためには「説明の正確さ」が求められるからです。**複雑な説明事項を正確に説明するためには、厳密に定義された言葉を使わなければならず、それには概念の輪郭が曖昧な日常用語は不適当で、どうしても専門用語を使う必要があります**（＊1）。その結果、必然的に説明文はとっつきにくく、読みにくいものにならざるをえないのです。ただ、このように書かれた説明文は、用語の定義を参照しながら丹念に読んでいけば、時間はかかりますが、最終的に説明事項を理解することができます。

　もっとも、どの程度理解すれば、わかったという実感をもてるかは個人差が相当あります。大体のイメージがつかめれば、わかったと実感する人もいます。そういう人には「難しい言葉で書かれていて読みにくい説明」はそれだけで「わかりにくい説明」ということになるでしょう。ただ、大体のイメージをつかんだくらいの理解では、いわゆる「わかった気になっている」だけで、本当には理解していませんから、実際に運用する段になると、どうしてよいかわからず、戸惑ってしまうのです。

　複雑な説明事項をわかりやすく説明するには、たんに専門用語を使えばいいというものではありません。私は「わかりやすい説明」は、次の条件を満たしている必要があると思います。

はじめに

(1) 説明に飛躍がない（いわゆる、くどい説明）。
(2) 言葉の使い方が首尾一貫している（同じことは同じ言葉で表し、違うことは違う言葉で表している）。
(3) ad hoc な（＝その場限りの）説明ではない（たとえ説明文が複雑で難しくなっても、同性質の他の事項にも適用可能な説明をする）。
(4) 説明事項と全体との関係（＝説明事項の体系上の位置）を明らかにしている。

　この条件を満たしていない説明は、説明文が簡潔で、文章自体は短時間で読めても、文と文のつながりを考え込んだり、他の本を調べたりしなければならず、かえって時間がかかり、時間をかけても不得要領で終わることが多いのです。それに対し、この条件を満たしている説明は、説明の文章量が多くなり、文章自体を読むのに時間がかかりますが、読み終わったときには完全理解が得られるので、かえってトータルの時間は短くてすみ、何よりもよいことに、不得要領で終わるということがないのです。
　どうも「わかりやすいとはどういうことか」を「わかりにくい文章」で説明したきらいがありますが、私の意とするところを汲み取っていただければ幸いです。

「型」にはまるということ

　伝統芸能の世界には「守・破・離」という言葉があります。まず師匠から基本型を習って、それを忠実に「守」り、次いで基本型の枠を「破」って自分なりの工夫をするようになり、ついには基本型を「離」れて、独自の境地をひらく。狂言師の野村萬斎氏は「基礎となる『型』は、知識ではなく体得するもの。型にはめるのは没個性のように考えがちだが、使いこなすうちに型は様々な個性や表現となっていく」と語っています（＊2）。
　また、先年惜しくも早世された歌舞伎の中村勘三郎氏は生前「型」について次のように語っていたそうです（＊3）。「型破りというのは、型をしっかり身につけた人間にしかできません。血のにじむような努力で基本を会得した者がそれを破ったとき、はじめて型破りがうまれます。もともと基本のできていない者が勝手気ままにやっても、ただの形無しになるだけです。（＊4）」
　このようにまず「型」から入ることは、**伝統芸能に限らず、技能の習得には共通の条件です**。「紀の川」の鮎漁師として稀代の名人とうたわれた小西島二郎翁は、NHKのインタビューに答えて、次のように語っています。「もし孫たちが本

ix

はじめに

気で川行きになりたいと言うたら、そのときは本格的に鍛えるつもりです。我流は絶対いかんです。我流が身につけば、それを取り去るのに四、五年はかかるよって、我流は絶対いかんということですわ」(＊5)。

　F.o.R. は英語を読み書きする際の基本的な「型」です。まず「型」にはまってください。「型」に従って頭が動くようになるまで繰り返し練習するのです。批判はその後です。最初から評論家になってはいけません。習熟してくれば、F.o.R. を自分なりにアレンジすることもできるようになります。やがては、F.o.R. を意識しなくても、頭が自然に正しく動くようになるでしょう。70歳にならずとも、孔子が言う「心の欲する所に従って矩を踰えず（＝好きなように読み書きしていながら、英語の決まりは踏み外していない）」という境地に至ります。

簡単にできるようになる方法はない

　There is no royal road to learning.（学問に王道なし）と言います。royal road（王道）とは「最短距離を進んで苦労せずに目的地に達する道」で、転じて「安易な道」を指します。

　私は中学生の頃（もう半世紀近くの昔です）、ある生物の先生が授業中に「俺は本当は医者になりたかったんだ。でも、数学や理科の成績はよかったんだけど、英語ができなくて、入試に通らなかった」と悔しそうにおっしゃったのを今でも記憶しています。英語ができることと立派なお医者さんになることは本質的には関係がないと思うのですが、英語という教科ができないだけで一生の夢が絶たれてしまうという状況は今も変わりがありません。良い悪いは別にして、今この瞬間にも、自分の夢を実現するために、英語を必死で勉強している人がいるのです。

　もし英語に「王道」があり、努力しないでも簡単にマスターできるものならば、だれも苦労しません。英語が原因で夢を絶たれることなど起こりようがありません。探し求めるべきは、ありもしない「王道」ではなく、「険しいけれど、努力すれば努力しただけの効果がある（＝努力が無駄にならない）道」なのです。

　そういう道を整備し、後進に歩いてもらうことが私の念願です。真剣にできるようになりたいと思って、努力をいとわない人、そういう人に、自分がもっている技能をいかに正確に伝えるか、それが私の最大の関心事です。今から30年も昔、伊藤和夫先生（＊6）はヒヨッコ予備校講師の私に「君は、生徒と一緒に泥にまみれる教師になりなさい」とおっしゃいました。私には、英語が苦手で大嫌いな人と一緒に、泥にまみれてのたうち回ることしかできないし、また、いつまでもそうでありたいと思っています。

はじめに

　末筆ですが、現代の風潮に抗して、このような参考書を出してくださった研究社に感謝いたします。編集部の佐藤陽二氏には、いつもながら、多大なご援助をいただきました。厚くお礼を申し上げます。また David Chart 先生（Ph.D. Cantab.）には英文に目を通していただき、貴重なご教示をいただきました。有難うございます。

　　平成 26 年　初春

　　　　　　　　　　　　　　　　　　　　　　　　　　　　　薬袋　善郎

（＊1）日常用語の定義づけを厳密に行った上で、日常用語を使って説明すれば、理論上は目的を達することができます。しかし、実際は、日常用語を見たとき、定義によって排除されている様々な意味やイメージが念頭に浮かんできて、思考が混乱することが多いのです。
（＊2）読売新聞 2008 年 4 月 28 日
（＊3）毎日新聞 2012 年 12 月 16 日
（＊4）p. 176 の直訳と意訳を比べると「型」と「型破り」の関係がおわかりいただけると思います。また、p. 237 の No. 1 の解説を読むと「型」と「形無し」の関係がおわかりいただけると思います。
（＊5）『紀の川の鮎師代々』1980 年徳間書店
（＊6）当時の駿台予備学校英語科主任。英語参考書の定番『英文解釈教室』（研究社）の著者。駿台予備学校で伊藤先生の助手にしていただいたことが、予備校講師になる出発点でした。

本書の使用法について

　本書の姉妹書である『英語リーディング教本』『英語ベーシック教本』『英語リーディングの秘密』(いずれも研究社刊)では、ある事項を説明するのに、後のページで説明されている概念を使うということは、原則として、していません。新しい概念が出てきたときは、そこでその概念を説明し、その上で、それを使って説明するという書き方をしています。したがって、この3つの本は1ページから順番に読んでいくように想定されています。

　本書はそうではありません。本書は、最初に読む本ではなく、すでに『英語リーディング教本』を読み終わった方、あるいは、少なくとも今読んでいる最中の方がやるドリルです。ですから、レンガを1段ずつ積んでいくような書き方にはなっていません。

　したがって、お読みになる方は、どこから読んでも構いません。ざっと全体に目を通して、面白そうなChapter、やりやすそうな問題から手をつけてください。その際、(p. 00)のような記載があったら、該当ページを開くと、より詳しい説明が出ていますので、そこを合わせて読むようにしてください。

　おそらく、本書の中で最もやりにくいところ(＝やっていて面白くないところ)はChapter 1だろうと思います。しかし、**Chapter 1の習熟こそすべての前提であり、ここをしっかり固めると、他のChapterの解説はもとより、『リー教』『ベー教』、さらには他の英語参考書を読んでも、言っていることが手に取るようにわかるようになります。**したがって、ぜひここをやってほしいのですが、Chapter 1だけをやり続けるのはつらいですから、他のChapterをやりながら、毎日、数を決めて(たとえば10問ずつやるとか)、少しずつやる方法をおすすめします。

　『リー教』『ベー教』もそうですが、本書も決して鼻歌まじりで読めるような本ではありません。読者に相当の努力を要求する本だと思います。ただ、やり遂げた後の効果は保証します。時間がかかってもいいですから、ぜひ頑張って、最後までやり通してください。ご健闘をお祈りしています。

本書の使用法について

関連書籍の略号一覧
- リー教：『英語リーディング教本』（研究社）
- ベー教：『英語ベーシック教本』（研究社）
- 秘　密：『英語リーディングの秘密』（研究社）
- 探　究：『英語リーディングの探究』（研究社）
- 学　校：『学校で教えてくれない英文法』（研究社）
- パズル：『英語リーディングパズル』（東京書籍）

（注）
p. XX という記述は参照頁を示します。書名がある場合は該当する著作の参照頁のことです。リー教 p. 100 は『英語リーディング教本』の 100 頁のことです。書名がない場合は本書の頁を示します。

Chapter 1　F.o.R. の基礎知識

F.o.R. についての Questions and Answers

2 つのねらい

　Questions and Answers には次の 2 つのねらいがあります。
1. **読者が自分の F.o.R. の理解を試す。**
　すでに F.o.R. の体系がある程度頭の中にできている人（＝リー教を何度か読んで練習した人）が、自分の理解の足りないところや抜けているところをチェックして補修する。
2. **著者が読者に F.o.R. の勘所を示す**
　多くの F.o.R. 学習者が軽視したり不完全な理解で済ませたりしている個所を拾い集めて、要点を簡潔に提示する。

2 つのタイプの設問

　この 2 つのねらいがあるために、200 問の設問は異なる 2 つのタイプが混在しています。
1. **答えが 1 つに確定するタイプ**
　たとえば「ing 形の動詞につく助動詞は（　　）だけである」のような設問です。これは答えは「be」に確定します。これは「F.o.R. の理解を試す」設問です。
2. **答えが 1 つに確定しないタイプ**
　たとえば「been が助動詞のときは必ず（　　）か（　　）のどちらかで使われる」のような設問です。これは「進行形か受身」と答えても間違いではありません。しかし、正解は「完了進行形か受身完了」です。been は、動詞にしても助動詞にしても、完了でしか使われない（＝前に have 助動詞をつける使い方しかない）という重要な事実に注意を促すのが、この設問のねらいだからです。これは「F.o.R. の勘所を示す」設問です。
　皆さんは、2 のタイプの設問を初めて解くとき「どう答えたらいいんだろう？」と戸惑うかもしれません。あるいは、自分の答えと正解が違うので不満をもつ方もいるでしょう。そういうときは「これは読者の理解を試しているのではない。著者がこれを読者に理解してほしいと思っているのだ」と考えて、素直に正解を受け入れてください。参照ページと解説をよく読んで理解し、2 度目からは、す

Chapter 1 F.o.R. の基礎知識

んなり正解が言えるように覚えてください。本書の最終的な目標は「有用な体系を頭の中に構築する」ことです。2のタイプの設問の正解は、この目標を達成するという視点から決められているのです。

その他の特徴
　また、この他に Questions and Answers には次の特徴があります。
1.　同じことを角度を変えて何度も聞いている。
　たとえば次の4つの設問は同じことを繰り返し尋ねているだけです。

裸の ing は絶対に（　　）である。
裸の ing は絶対に（　　）にはなれない。
裸の ing の可能性は（　　）（　　）（　　）である。
裸の ing の前の品詞は（　　）（　　）（　　）である。

　この趣旨は「はじめに」の「同じことを何度も繰り返すことについて」で説明しました。

2.　「at random な配列」と「項目ごとに分類した配列」の2通りの配列がある。
　各設問は重要度も体系上の位置も様々です。そこで、「設問のジャンル」や「前後の設問」がヒントにならないように（＝真の理解と応用力を試せるように）、わざと at random に配列しました。体系ができていれば、いきなり、どんな質問をされても、即座に答えられます。体系ができている人は、その設問が体系の中のどこに位置していて、どれくらい重要かが手に取るようにわかります。最初からそのレベルではなくても、繰り返し練習すると次第にレベルが上がってくるのを実感できます。
　それに対して、設問を項目ごとに分類した配列も用意しました。最初から at random に尋ねられるのがきつい人は先にこちらで練習してもよいでしょう。また、特定の項目について、勘所だけを集中的に押さえたい人もこちらの配列を利用してください。

been と being について
　be 動詞と be 助動詞の「過去分詞形 been」と「ing 形 being」について、「Questions II　Grouped by Topic」の Section 7 に解説を書き下ろしました。200 問の

中には been と being に関する設問も多数含まれています。その設問にぶつかったら、Section 7 の解説を読んでください。ただし、Section 7 の「詳細な検討」の部分は参考程度にお読みになれば結構です。

Chapter 1 の勉強法について

　初学者はまず Answers についている解説とリー教の参照ページを読み、理解した上で答えを暗記してください。それが本筋の勉強法です。ただし、忍耐力に自信がある人は、重要度も体系上の位置も有用性もさっぱりわからなくてかまいませんから、各設問の答えを暗記して、ともかく設問に即答できるように自分を鍛えるというやり方もあります。この努力と並行してリーディング教本を読み進めると、次第に頭の中に体系が出来上がってくるのを実感します。

　リー教の「本書の効果的な勉強法」に、Answers の答え方について次のように書きました。

> 「寸分違わず、しかもよどみなく」というのが非常に重要で、...じっくり考えてやっと正解に近い文言が言える、というのではダメ（＝効果なし）なのです。「寸分違わず」というのは「テニヲハに至るまで全く同じように」という意味です。...「よどみなく」というのは、ちょうど算数の九九を暗唱するのと同じように「間髪を入れずに」答えられるということです。

本書の Questions and Answers もまったく同じです。すべての Questions に「正確な文言」を「立板に水」で答えられるまで繰り返し練習してください。

心の底から首肯（しゅこう）できることについて

　習熟してくると（習熟というのは単に理屈を理解するだけでなく、多くの実例にあたって確認しているということです）、問題文だけでなく解説文を読んでも、そこに書いてある一言一句がはっきりと実感をもってわかり、心の底から首肯できる（＝確かに英文はそうなっていると深くうなずける）ようになります。今流行りの言葉で言えば「引っかかることなく、サクサクわかります」。逆に言えば、問題文、解説文でピンとこないところがあれば、そこはまだ完全な理解を得ていない、あるいは実例での確認が足りない、ということです。

Chapter 1　F.o.R. の基礎知識

Questions I　In Random Order

1　過去分詞が着る着物は（　　）と（　　）だけである。

2　動詞は「文を作るか否か」という視点から（　　）と（　　）に分かれる。

3　be 助動詞の活用は（　　）。

4　-④の後には（　　）がくる。

5　従属接続詞の that は（　　）節か（　　）節を作る。

6　動詞の働きは（　　）である。

7　形容詞節の働きは（　　）である。

8　前置詞の目的語になれる準動詞は（　　）である。

9　ing 形の動詞につく助動詞は（　　）だけである。

10　絶対に述語動詞と言えるのは（　　）の場合と（　　）場合である。

11　前置詞と結びついた名詞の働きを（　　）といい、前置詞＋名詞で（　　）または（　　）の働きをする。

12　関係詞の what は（　　）を作る。

13　分詞には（　　）と（　　）の2種類がある。

F.o.R. についての Questions and Answers

1 過去分詞が着る着物は（be）と（have）だけである。

2 動詞は「文を作るか否か」という視点から（述語動詞）と（準動詞）に分かれる。

3 be 助動詞の活用は（すべての活用形がある）。

4 −④の後には（動詞の目的語）がくる。

5 従属接続詞の that は（名詞）節か（副詞）節を作る。

6 動詞の働きは（① ② ③ ④ ⑤ −③ −④ −⑤）である。

7 形容詞節の働きは（名詞修飾）である。

8 前置詞の目的語になれる準動詞は（動名詞だけ）である。

9 ing 形の動詞につく助動詞は（be）だけである。

10 絶対に述語動詞と言えるのは（現在形・過去形）の場合と（現在形・過去形の助動詞がついている）場合である。

11 前置詞と結びついた名詞の働きを（前置詞の目的語）といい、前置詞＋名詞で（形容詞）または（副詞）の働きをする。

12 関係詞の what は（名詞節）を作る。

13 分詞には（現在分詞）と（過去分詞）の 2 種類がある。

5

Chapter 1　F.o.R. の基礎知識

14　従属接続詞の that を省略できるのは（　　）場合である。

15　-⑤の後には（　　）がくる。

16　be の可能性は（　　）（　　）（　　）（　　）（　　）である。

17　現在分詞の可能性は（　　）（　　）（　　）である。

18　準動詞の「後の働き」は（　　）である。

19　動詞と形容詞を兼ねる準動詞は（　　）（　　）（　　）である。

20　動詞は「一人一役か一人二役か」という視点から（　　）と（　　）に分かれる。

21　従属接続詞の whether は（　　）節か（　　）節を作る。

22　動詞は「活用」という視点から（　　）（　　）（　　）（　　）（　　）の 5 つに分かれる

23　一人一役とは（　　）である。

24　裸の ing は絶対に（　　）にはなれない。

25　先行詞が省略された関係副詞は（　　）を作る。

26　関係代名詞の what は必ず名詞節の（　　）が、疑問代名詞の what は名詞節の（　　）こともある。

27　動詞は「動詞型」という視点から（　　）に分かれる。

14　従属接続詞の that を省略できるのは（that 節が動詞の目的語になっている）場合である。

15　−⑤の後には（補語）がくる。

16　be の可能性は（①）（②）（進行形）（受身）（完了）（助動詞 be to）である。

17　現在分詞の可能性は（進行形）（現在分詞形容詞用法）（分詞構文）である。

18　準動詞の「後の働き」は（①②③④⑤−③−④−⑤）である。

19　動詞と形容詞を兼ねる準動詞は（不定詞形容詞用法）（現在分詞形容詞用法）（過去分詞形容詞用法）である。

20　動詞は「一人一役か一人二役か」という視点から（述語動詞）と（準動詞）に分かれる。

21　従属接続詞の whether は（名詞）節か（副詞）節を作る。

22　動詞は「活用」という視点から（原形）（現在形）（過去形）（過去分詞形）（ing 形）の5つに分かれる。

23　一人一役とは（動詞が動詞の働きだけをすること）である。

24　裸の ing は絶対に（述語動詞）にはなれない。

25　先行詞が省略された関係副詞は（名詞節）を作る。

26　関係代名詞の what は必ず名詞節の（先頭にくる）が、疑問代名詞の what は名詞節の（先頭にこない）こともある。

27　動詞は「動詞型」という視点から（①②③④⑤−③−④−⑤）に分かれる。

Chapter 1　F.o.R. の基礎知識

28　動詞に直接ついていて、かつ主語とイコールの関係に立たない名詞を（　　）という。

29　「助動詞＋動詞」をまとめて1つの動詞にするのは（　　）と（　　）と（　　）の場合である。

30　疑問詞には（　　）（　　）（　　）の3種類がある。

31　従属節とは、1つの（　　）が他の（　　）の中に入って（　　）の働きをする現象である。

32　②の後には（　　）がくる。

33　後ろに目的語を1つ必要とする動詞型は（　　）番と（　　）番である。

34　was begun の過去分詞形は（　　）である。

35　文とは（　　）＋（　　）である。

36　been が動詞のときは必ず（　　）で使われる。

37　ing の可能性は（　　）（　　）（　　）（　　）である。

38　裸の過去分詞に目的語がついていたら（　　）番である。

39　過去分詞形の動詞で文を作るには（　　）か（　　）にするしかない。

40　着物を着ている現在分詞の可能性は（　　）である。

41　（　　）の助けを借りて、間接的に名詞の状態を説明する形容詞の働きを（　　）という。

8

F.o.R. についての Questions and Answers

28 動詞に直接ついていて、かつ主語とイコールの関係に立たない名詞を（動詞の目的語）という。

29 「助動詞＋動詞」をまとめて１つの動詞にするのは（受身）と（進行形）と（完了準動詞）の場合である。

30 疑問詞には（疑問代名詞）（疑問形容詞）（疑問副詞）の３種類がある。

31 従属節とは、１つの（文）が他の（文）の中に入って（名詞・形容詞・副詞）の働きをする現象である。

32 ②の後には（補語）がくる。

33 後ろに目的語を１つ必要とする動詞型は（③）番と（-④）番である。

34 was begun の過去分詞形は（been begun）である。

35 文とは（構造上の主語）＋（述語動詞）である。

36 been が動詞のときは必ず（完了）で使われる。

37 ing の可能性は（進行形）（動名詞）（現在分詞形容詞用法）（分詞構文）である。

38 裸の過去分詞に目的語がついていたら（-④）番である。

39 過去分詞形の動詞で文を作るには（受身）か（完了）にするしかない。

40 着物を着ている現在分詞の可能性は（進行形）である。

41 （動詞）の助けを借りて、間接的に名詞の状態を説明する形容詞の働きを（補語）という。

Chapter 1　F.o.R. の基礎知識

42　動詞は「目的語を伴うか否か」という視点から（　　）と（　　）に分かれる。

43　have 助動詞の後には（　　）の動詞がくる。

44　着物を着ている動名詞の可能性は（　　）。

45　形容詞節を作る which の品詞は（　　）（　　）である。

46　名詞節を作る which の品詞は（　　）（　　）である。

47　目的語になれる品詞は（　　）である。

48　現在分詞形容詞用法の「前の働き」は（　　）（　　）である。

49　必ず準動詞になる活用は（　　）と（　　）である。

50　関係代名詞の what の訳語は原則として（　　）である。

51　必ず述語動詞になる活用は（　　）と（　　）である。

52　動詞に直接ついていて、かつ主語ないし目的語とイコールの関係に立つ名詞を（　　）という。

53　be 助動詞の後には（　　）か（　　）の動詞がくる。

54　been が助動詞のときは必ず（　　）か（　　）のどちらかで使われる。

55　裸の過去分詞とは（　　）も（　　）もつかないで使われた過去分詞のことである。

10

42 動詞は「目的語を伴うか否か」という視点から（他動詞）と（自動詞）に分かれる。

43 have 助動詞の後には（過去分詞形）の動詞がくる。

44 着物を着ている動名詞の可能性は（ない）。

45 形容詞節を作る which の品詞は（関係代名詞）（関係形容詞）である。

46 名詞節を作る which の品詞は（疑問代名詞）（疑問形容詞）である。

47 目的語になれる品詞は（名詞だけ）である。

48 現在分詞形容詞用法の「前の働き」は（名詞修飾）（補語）である。

49 必ず準動詞になる活用は（裸の過去分詞）と（裸の ing）である。

50 関係代名詞の what の訳語は原則として（こと・もの）である。

51 必ず述語動詞になる活用は（現在形）と（過去形）である。

52 動詞に直接ついていて、かつ主語ないし目的語とイコールの関係に立つ名詞を（補語）という。

53 be 助動詞の後には（過去分詞形）か（ing 形）の動詞がくる。

54 been が助動詞のときは必ず（完了進行形）か（受身完了）のどちらかで使われる。

55 裸の過去分詞とは（be）も（have）もつかないで使われた過去分詞のことである。

Chapter 1　F.o.R. の基礎知識

56 不定詞名詞用法の「前の働き」は（　）（　）（　）である。

57 being が動詞のときは（　）（　）（　）（　）のすべての可能性がある。

58 動詞と副詞を兼ねる準動詞は（　）（　）である。

59 ①番の動詞が「裸の過去分詞」で使われるのは、（　）動詞の他は（　）に限られる。

60 受身にできる動詞は（　）に限られる。

61 to have p.p. は（　）として扱われる。

62 名詞の基本的働きは（　）（　）（　）（　）である。

63 裸の過去分詞は（　）、（　）の意味を表す。

64 完了準動詞の形態は（　）と（　）である。

65 過去分詞の可能性は（　）（　）（　）（　）である。

66 −③の後には（　）も（　）もこない。

67 been doing の活用は（　）形である。

68 すべての従属接続詞が（　）節を作る。

69 being p.p. は1つの動詞の（　）形で、（　）（　）（　）（　）のすべての可能性がある。

F.o.R. についての Questions and Answers

56　不定詞名詞用法の「前の働き」は（主語）（動詞の目的語）（補語）である。

57　being が動詞のときは（進行形）（動名詞）（現在分詞形容詞用法）（分詞構文）のすべての可能性がある。

58　動詞と副詞を兼ねる準動詞は（不定詞副詞用法）（分詞構文）である。

59　①番の動詞が「裸の過去分詞」で使われるのは、（往来発着）動詞の他は（happened, fallen, retired, gathered など）に限られる。

60　受身にできる動詞は（他動詞）に限られる。

61　to have p.p. は（1つの不定詞）として扱われる。

62　名詞の基本的働きは（主語）（動詞の目的語）（前置詞の目的語）（補語）である。

63　裸の過去分詞は（自動詞なら完了）、（他動詞なら受身）の意味を表す。

64　完了準動詞の形態は（to have p.p.）と（having p.p.）である。

65　過去分詞の可能性は（受身）（完了）（過去分詞形容詞用法）（分詞構文）である。

66　-③の後には（目的語）も（補語）もこない。

67　been doing の活用は（過去分詞）形である。

68　すべての従属接続詞が（副詞）節を作る。

69　being p.p. は1つの動詞の（ing）形で、（進行形）（動名詞）（現在分詞形容詞用法）（分詞構文）のすべての可能性がある。

Chapter 1　F.o.R. の基礎知識

70　未来形は（　　）ではない。

71　一般助動詞がついた動詞は絶対に（　　）である。

72　裸の過去分詞に目的語も補語もついていなかったら（　　）番である。

73　形容詞の what の働きは（　　）である。

74　have 助動詞の活用は（　　）。

75　was begun の ing 形は（　　）である。

76　動名詞に「意味上の主語」を特別につけるときは直前に（　　）を置く。

77　裸の ing の可能性は（　　）（　　）（　　）である。

78　接続詞には（　　）と（　　）の2種類がある。

79　活用は通常（　　）（　　）（　　）の3つを示すことによって表される。

80　having p.p. は（　　）あるいは（　　）として扱われる。

81　前置詞は名詞と結びついて（　　）または（　　）を作る。

82　着物を着ている ing の可能性は（　　）である。

83　分詞に「意味上の主語」を特別につけるときは直前に（　　）を置く。

84　一人二役とは（　　）である。

70 未来形は（活用）ではない。

71 一般助動詞がついた動詞は絶対に（述語動詞）である。

72 裸の過去分詞に目的語も補語もついていなかったら（①番か-③）番である。

73 形容詞の what の働きは（名詞修飾だけ）である。

74 have 助動詞の活用は（過去分詞形だけがない）。

75 was begun の ing 形は（being begun）である。

76 動名詞に「意味上の主語」を特別につけるときは直前に（所有格または目的格の名詞・代名詞）を置く。

77 裸の ing の可能性は（動名詞）（現在分詞形容詞用法）（分詞構文）である。

78 接続詞には（等位接続詞）と（従属接続詞）の２種類がある。

79 活用は通常（原形）（過去形）（過去分詞形）の３つを示すことによって表される。

80 having p.p. は（１つの動名詞）あるいは（１つの現在分詞）として扱われる。

81 前置詞は名詞と結びついて（形容詞句）または（副詞句）を作る。

82 着物を着ている ing の可能性は（進行形）である。

83 分詞に「意味上の主語」を特別につけるときは直前に（主格の名詞・代名詞）を置く。

84 一人二役とは（動詞が動詞以外に名詞・形容詞・副詞の働きをすること）である。

Chapter 1　F.o.R. の基礎知識

85　一般助動詞の後には（　　）の動詞がくる。

86　副詞の働きは（　　）（　　）（　　）である。

87　関係形容詞の what の訳語は（　　）である。

88　受身文とは（　　）文である。

89　being が助動詞のときは（　　）で使われることはなく、（　　）か（　　）で使われる。

90　関係副詞は（　　）節か（　　）節を作る。

91　準動詞の短い定義は（　　）で、長い定義は（　　）である。

92　後ろに補語だけを必要とする動詞型は（　　）番と（　　）番である。

93　疑問代名詞の what の訳語は（　　）である。

94　being p.p. の p.p. は（　　）が、being p.p. 自体は（　　）である。

95　形容詞節を作る that の品詞は（　　）か（　　）である。

96　進行形の動詞は原則として（　　）であるが、（　　）の場合は（　　）になる。

97　可算名詞の単数形は原則として（　　）使えない。

98　be 助動詞か have 助動詞がついた動詞は（　　）のこともあれば（　　）のこともある。

16

85 一般助動詞の後には（原形）の動詞がくる。

86 副詞の働きは（動詞修飾）（形容詞修飾）（他の副詞修飾）（文修飾）である。

87 関係形容詞の what の訳語は（すべての）である。

88 受身文とは（能動態の文の目的語を主語にした）文である。

89 being が助動詞のときは（進行形）で使われることはなく、（受身）か（完了）で使われる。

90 関係副詞は（形容詞）節か（名詞）節を作る。

91 準動詞の短い定義は（一人二役の動詞）で、長い定義は（構造上の主語を伴わないので文は作れないが、その代わり名詞・形容詞・副詞の働きを兼ねる動詞）である。

92 後ろに補語だけを必要とする動詞型は（②）番と（-⑤）番である。

93 疑問代名詞の what の訳語は（何）である。

94 being p.p. の p.p. は（着物を着ている）が、being p.p. 自体は（裸）である。

95 形容詞節を作る that の品詞は（関係代名詞）か（関係副詞）である。

96 進行形の動詞は原則として（述語動詞）であるが、（進行形不定詞）の場合は（準動詞）になる。

97 可算名詞の単数形は原則として（限定詞なしでは）使えない。

98 be 助動詞か have 助動詞がついた動詞は（述語動詞）のこともあれば（準動詞）のこともある。

Chapter 1　F.o.R. の基礎知識

99　「can 原形動詞」の否定形は（　　）か（　　）である。

100　主語には（　　）と（　　）の2種類がある。

101　後ろに目的語を2つ必要とする動詞型は（　　）番である。

102　副詞節を作る whether の意味は（　　）である。

103　③の後には（　　）がくる。

104　従属節の内側とは（　　）ということである。

105　疑問詞は（　　）節を作る。

106　①の後にくる語句節は（　　）である。

107　後ろに目的語も補語も伴わない動詞型は（　　）番と（　　）番である。

108　形容詞の働きは（　　）と（　　）である。

109　裸の ing は絶対に（　　）である。

110　一般助動詞の活用は（　　）。ただし（　　）は（　　）のことがある。

111　助動詞には（　　）（　　）（　　）の3種類がある。

112　従属節の外側とは（　　）ということである。

113　不定詞に「意味上の主語」を特別につけるときは直前に（　　）を置く。

F.o.R. についての Questions and Answers

99　「can 原形動詞」の否定形は（cannot 原形動詞）か（can't 原形動詞）である。

100　主語には（構造上の主語）と（意味上の主語）の2種類がある。

101　後ろに目的語を2つ必要とする動詞型は（④）番である。

102　副詞節を作る whether の意味は（～であろうとなかろうと）である。

103　③の後には（動詞の目的語）がくる。

104　従属節の内側とは（従属節の中がどんな構造になっているか）ということである。

105　疑問詞は（名詞）節を作る。

106　①の後にくる語句節は（副詞）である。

107　後ろに目的語も補語も伴わない動詞型は（①）番と（-③）番である。

108　形容詞の働きは（名詞修飾）と（補語）である。

109　裸の ing は絶対に（準動詞）である。

110　一般助動詞の活用は（現在形と過去形しかない）。ただし（do）は（原形）のことがある。

111　助動詞には（be 助動詞）（have 助動詞）（一般助動詞）の3種類がある。

112　従属節の外側とは（どこからどこまでが何節で、どんな働きをしているか）ということである。

113　不定詞に「意味上の主語」を特別につけるときは直前に（for 名詞）を置く。

Chapter 1　F.o.R. の基礎知識

114　動詞は「補語を伴うか否か」という視点から（　　）と（　　）に分かれる。

115　裸の過去分詞に補語がついていたら（　　）番である。

116　関係詞は（　　）節を作る言葉であるが、例外的に関係詞でも（　　）と（　　）は名詞節を作り、（　　）は名詞節と副詞節を作る。

117　been p.p. の p.p. は（　　）が、been p.p. 自体は（　　）である。

118　裸の過去分詞は絶対に（　　）である。

119　裸の ing の前の品詞は（　　）（　　）（　　）である。

120　疑問形容詞の what の訳語は（　　）である。

121　裸の過去分詞は絶対に（　　）にはなれない。

122　名詞の what には（　　）と（　　）の2種類がある。

123　形容詞・副詞を修飾する副詞的目的格は必ず（　　）に置く。

124　副詞節を作る語は（　　）と（　　）である。

125　be の品詞は（　　）か（　　）である。

126　副詞節を作る that の品詞は（　　）である。

127　述語動詞ではない動詞は（　　）である。

114 動詞は「補語を伴うか否か」という視点から（不完全動詞）と（完全動詞）に分かれる。

115 裸の過去分詞に補語がついていたら（②番か⑤）番である。

116 関係詞は（形容詞）節を作る言葉であるが、例外的に関係詞でも（what）と（先行詞が省略された関係副詞）は名詞節を作り、（関係詞 + ever）は名詞節と副詞節を作る。

117 been p.p. の p.p. は（着物を着ている）が、been p.p. 自体は（裸）である。

118 裸の過去分詞は絶対に（準動詞）である。

119 裸の ing の前の品詞は（名詞）（形容詞）（副詞）である。

120 疑問形容詞の what の訳語は（どんな）である。

121 裸の過去分詞は絶対に（述語動詞）にはなれない。

122 名詞の what には（疑問代名詞）と（関係代名詞）の 2 種類がある。

123 形容詞・副詞を修飾する副詞的目的格は必ず（形容詞・副詞の直前）に置く。

124 副詞節を作る語は（従属接続詞（that・if・whether も含む））と（関係詞 + ever）である。

125 be の品詞は（動詞）か（助動詞）である。

126 副詞節を作る that の品詞は（従属接続詞）である。

127 述語動詞ではない動詞は（準動詞）である。

Chapter 1　F.o.R. の基礎知識

128　裸の過去分詞の番号は（　　）である。

129　着物を着ている過去分詞の可能性は（　　）（　　）である。

130　裸の過去分詞の「前の品詞」は（　　）か（　　）である。

131　形容詞の what には（　　）（　　）（　　）の3種類がある。

132　準動詞を否定する not は（　　）に置く。

133　関係詞には（　　）（　　）（　　）の3種類がある。

134　動名詞の「前の働き」は（　　）である。

135　副詞節を作る if の意味は（　　）である。

136　裸の過去分詞の番号が（　　）になることは絶対にない。

137　形容詞節を作る語は（　　）である。ただし、（　　）と（　　）と（　　）は除く。

138　ing 形の動詞は（　　）か（　　）である。

139　be 動詞の現在進行形は（　　）（　　）（　　）である。

140　従属節の構造は（　　）と（　　）の2つに分けて認識しなければならない。

141　-③の後にくる語句節は（　　）である。

142　裸の過去分詞の可能性は（　　）（　　）である。

F.o.R. についての Questions and Answers

128　裸の過去分詞の番号は（① ② -③ -④ -⑤）である。

129　着物を着ている過去分詞の可能性は（受身）（完了）である。

130　裸の過去分詞の「前の品詞」は（形容詞）か（副詞）である。

131　形容詞の what には（疑問形容詞）（感嘆形容詞）（関係形容詞）の 3 種類がある。

132　準動詞を否定する not は（準動詞の直前）に置く。

133　関係詞には（関係代名詞）（関係形容詞）（関係副詞）の 3 種類がある。

134　動名詞の「前の働き」は（主語・動詞の目的語・前置詞の目的語・補語）である。

135　副詞節を作る if の意味は（もしも）である。

136　裸の過去分詞の番号が（③ ④ ⑤）になることは絶対にない。

137　形容詞節を作る語は（関係詞）である。ただし、（what）と（関係詞＋ever）と（先行詞が省略された関係副詞）は除く。

138　ing 形の動詞は（動名詞）か（現在分詞）である。

139　be 動詞の現在進行形は（am being）（is being）（are being）である。

140　従属節の構造は（外側）と（内側）の 2 つに分けて認識しなければならない。

141　-③の後にくる語句節は（副詞）である。

142　裸の過去分詞の可能性は（過去分詞形容詞用法）（分詞構文）である。

Chapter 1　F.o.R. の基礎知識

143　過去分詞形容詞用法の「前の働き」は（　　）（　　）である。

144　同格とは（　　）である。

145　being が助動詞のときは必ず（　　）という形になり、これは（　　）のすべてで使われる。

146　関係代名詞が省略されるのは（　　）かつ（　　）場合である。

147　従属接続詞の働きは（　　）である。

148　having p.p. は（　　）（　　）（　　）のどれかである。

149　感嘆形容詞の what の訳語は（　　）である。

150　have 助動詞の原形が使われるのは（　　）場合と（　　）場合だけである。

151　whoever は（　　）節か（　　）節のどちらかを作り、内側では（　　）の働きをする。

152　副詞節と名詞節の両方を作る従属接続詞は（　　）（　　）（　　）である。

153　when S＋V が従属節になると（　　）か（　　）か（　　）である。

154　（　　）の 5 番目の形である ing 形は大きく分けると（　　）と（　　）の 2 つに分かれる。このうち（　　）は（　　）（　　）（　　）の 3 つの可能性がある。

143 過去分詞形容詞用法の「前の働き」は（名詞修飾）（補語）である。

144 同格とは（名詞を別の名詞で言い換えること）である。

145 being が助動詞のときは必ず（being p.p.）という形になり、これは（進行形・動名詞・現在分詞形容詞用法・分詞構文）のすべてで使われる。

146 関係代名詞が省略されるのは（関係代名詞が形容詞節の先頭にあり）かつ（関係代名詞が形容詞節の中で動詞の目的語か前置詞の目的語になっている）場合である。

147 従属接続詞の働きは（副詞節を作る、ただし that・if・whether は名詞節も作る）である。

148 having p.p. は（完了動名詞）（完了現在分詞形容詞用法）（完了分詞構文）のどれかである。

149 感嘆形容詞の what の訳語は（なんて・いかに・どんなに）である。

150 have 助動詞の原形が使われるのは（前に一般助動詞がついている）場合と（前に to がついている）場合だけである。

151 whoever は（名詞）節か（副詞）節のどちらかを作り、内側では（名詞）の働きをする。

152 副詞節と名詞節の両方を作る従属接続詞は（that）（if）（whether）である。

153 when S + V が従属節になると（名詞節）か（形容詞節）か（副詞節）である。

154 （活用）の 5 番目の形である ing 形は大きく分けると（動名詞）と（現在分詞）の 2 つに分かれる。このうち（現在分詞）は（進行形）（現在分詞形容詞用法）（分詞構文）の 3 つの可能性がある。

Chapter 1　F.o.R. の基礎知識

155　been p.p. は 1 つの動詞の（　　）形で、前に（　　）をつけて（　　）だけで用いられる。

156　is made の過去形は（　　）である。

157　名詞節を作る語は（　　）（　　）（　　）（　　）（　　）である。

158　従属接続詞は内側で（　　）。

159　述語動詞の短い定義は（　　）で、長い定義は（　　）である。

160　従属節の外側の 3 要素は（　　）（　　）（　　）である。

161　動詞は「be かそれ以外か」という視点から（　　）と（　　）に分かれる。

162　分詞構文には（　　）と（　　）の 2 つがある。

163　従属接続詞の if は（　　）節か（　　）節を作る。

164　動詞と名詞を兼ねる準動詞は（　　）（　　）である。

165　関係形容詞は（　　）（　　）（　　）の 3 つである。

166　補語になれる品詞は（　　）と（　　）である。

167　have to 原形動詞（〜しなければならない）は、通常は（　　）として扱われるが、（　　）や（　　）という形になる場合は、全体が 1 つの（　　）（　　）（　　）として扱われる。

26

155 been p.p. は1つの動詞の（過去分詞）形で、前に（have）をつけて（完了）だけで用いられる。

156 is made の過去形は（was made）である。

157 名詞節を作る語は（従属接続詞の that, if whether）（疑問詞）（関係詞の what）（関係詞＋ever）（先行詞が省略された関係副詞）である。

158 従属接続詞は内側で（働かない）。

159 述語動詞の短い定義は（一人一役の動詞）で、長い定義は（構造上の主語を伴って文を作る動詞）である。

160 従属節の外側の3要素は（範囲）（品詞）（働き）である。

161 動詞は「beかそれ以外か」という視点から（be動詞）と（一般動詞）に分かれる。

162 分詞構文には（現在分詞の分詞構文）と（過去分詞の分詞構文）の2つがある。

163 従属接続詞の if は（名詞）節か（副詞）節を作る。

164 動詞と名詞を兼ねる準動詞は（不定詞名詞用法）（動名詞）である。

165 関係形容詞は（whose）（which）（what）の3つである。

166 補語になれる品詞は（名詞）と（形容詞）である。

167 have to 原形動詞（～しなければならない）は、通常（助動詞＋述語動詞）として扱われるが、（to have to 原形動詞）や（having to 原形動詞）という形になる場合は、全体が1つの（不定詞）（動名詞）（現在分詞）として扱われる。

Chapter 1　F.o.R. の基礎知識

168　ing 形の動詞を述語動詞にするには（　　）にするしかない。

169　不定詞名詞用法は（　　）になれない。

170　ing 形の動詞で文を作るには（　　）にするしかない。

171　裸の過去分詞に目的語が（　　）は絶対にない。

172　名詞が余っているときは（　　）（　　）（　　）のどれかである。

173　名詞の what の働きは（　　）（　　）（　　）（　　）である。

174　関係副詞は（　　）（　　）（　　）（　　）（　　）の5つである。

175　分詞構文は（　　）（　　）（　　）（　　）（　　）（　　）の意味を表す。

176　when S + V が名詞節のときは（　　）と（　　）の2つの意味がある。

177　関係詞 + ever は（　　）節か（　　）節を作る。

178　不定詞形容詞用法の「前の働き」は（　　）（　　）である。

179　過去分詞形の動詞を述語動詞にするには（　　）か（　　）にするしかない。

180　関係代名詞の内側の働きは（　　）（　　）（　　）（　　）である。

181　裸の過去分詞の「前の品詞」が（　　）になることはない。

168	ing 形の動詞を述語動詞にするには（進行形）にするしかない。
169	不定詞名詞用法は（前置詞の目的語）になれない。
170	ing 形の動詞で文を作るには（進行形）にするしかない。
171	裸の過去分詞に目的語が（2個つくこと）は絶対にない。
172	名詞が余っているときは（同格）（副詞的目的格）（being が省略された分詞構文）のどれかである。
173	名詞の what の働きは（主語）（動詞の目的語）（前置詞の目的語）（補語）である。
174	関係副詞は（when）（where）（why）（how）（that）の5つである。
175	分詞構文は（時）（理由）（条件）（譲歩）（付帯状況）（言い換え）の意味を表す。
176	when S + V が名詞節のときは（いつ S が V するのか）と（S が V するとき）の2つの意味がある。
177	関係詞 + ever は（名詞）節か（副詞）節を作る。
178	不定詞形容詞用法の「前の働き」は（名詞修飾）（補語）である。
179	過去分詞形の動詞を述語動詞にするには（受身）か（完了）にするしかない。
180	関係代名詞の内側の働きは（主語）（動詞の目的語）（前置詞の目的語）（補語）である。
181	裸の過去分詞の「前の品詞」が（名詞）になることはない。

Chapter 1　F.o.R. の基礎知識

182　原形動詞を用いる場所は（　　）（　　）（　　）（　　）である。

183　whatever は（　　）節か（　　）節のどちらかを作り、内側では（　　）か（　　）のどちらかの品詞で働く。

184　疑問詞に導かれた疑問文は（　　）で全体が名詞節になる。

185　名詞節を作る that の品詞は（　　）である。

186　大黒柱とは（　　）のことである。

187　現在形と過去形は必ず（　　）になる。

188　（　　）主語＋（　　）動詞は、主語＋動詞ではあるが、文ではない。

189　名詞の働きをすべて言うと（　　）（　　）（　　）（　　）（　　）である。

190　②番の動詞が「裸の過去分詞」で使われるのは（　　）という意味の動詞で、具体的には（　　）である。

191　不定詞の4つの可能性は（　　）（　　）（　　）（　　）である。

192　名詞の例外的働きは（　　）（　　）である。

193　whenever は原則として（　　）節を作り、内側では（　　）の働きをする。

194　being p.p. に着物を着せると（　　）となり、これは（　　）と呼ばれる。

182　原形動詞を用いる場所は（to の後）（一般助動詞の後）（命令文）（使役動詞・知覚動詞の補語）（仮定法現在）である。

183　whatever は（名詞）節か（副詞）節のどちらかを作り、内側では（名詞）か（形容詞）のどちらかの品詞で働く。

184　疑問詞に導かれた疑問文は（語順を平叙文の語順に換えるだけ）で全体が名詞節になる。

185　名詞節を作る that の品詞は（従属接続詞）である。

186　大黒柱とは（主節の述語動詞）のことである。

187　現在形と過去形は必ず（述語動詞）になる。

188　（意味上の）主語＋（準）動詞は、主語＋動詞ではあるが、文ではない。

189　名詞の働きをすべて言うと（主語）（動詞の目的語）（前置詞の目的語）（補語）（同格）（副詞的目的格）である。

190　②番の動詞が「裸の過去分詞」で使われるのは（～になる）という意味の動詞で、具体的には（become, turned, gone）である。

191　不定詞の４つの可能性は（助動詞の一部＋述語動詞）（不定詞名詞用法）（不定詞形容詞用法）（不定詞副詞用法）である。

192　名詞の例外的働きは（同格）（副詞的目的格）である。

193　whenever は原則として（副詞）節を作り、内側では（副詞）の働きをする。

194　being p.p. に着物を着せると（be being p.p.）となり、これは（受身進行形）と呼ばれる。

Chapter 1　F.o.R. の基礎知識

195　完了準動詞には（　　）（　　）（　　）の3種類がある。

196　従属接続詞の that が作る名詞節が（　　）になるときは（　　）は省略しなければいけない。

197　裸の現在分詞の可能性は（　　）（　　）である。

198　名詞節を作る if の意味は（　　）である。

199　名詞節を作る whether の意味は（　　）である。

200　受身の過去進行形は（　　）（　　）である。

195 完了準動詞には（完了不定詞）（完了動名詞）（完了現在分詞）の3種類がある。

196 従属接続詞のthatが作る名詞節が（前置詞の目的語）になるときは（in, except, but, save 以外の前置詞）は省略しなければいけない。

197 裸の現在分詞の可能性は（現在分詞形容詞用法）（分詞構文）である。

198 名詞節を作る if の意味は（〜かどうか）である。

199 名詞節を作る whether の意味は（〜かどうか）である。

200 受身の過去進行形は（was being p.p.）（were being p.p.）である。

解答と解説

1. 過去分詞が着る着物は (be) と (have) だけである。☞ [リー教 p. 69]
   (解説) 過去分詞形につく助動詞は be 助動詞と have 助動詞だけです。「be 助動詞 + 過去分詞形の動詞」は、動詞が他動詞なら受身、自動詞なら完了です。「have 助動詞 + 過去分詞形の動詞」は完了です。

2. 動詞は「文を作るか否か」という視点から (述語動詞) と (準動詞) に分かれる。☞ [リー教 p. 2]
   (解説) 述語動詞には構造上の主語がつき、「構造上の主語 + 述語動詞」を文といいます。準動詞には意味上の主語がつく場合とつかない場合があり、ついたとしても「意味上の主語 + 準動詞」は文とはいいません。

3. be 助動詞の活用は (すべての活用形がある)。☞ [ペー教 p. 103]
   (解説) be 助動詞には「原形・現在形・過去形・過去分詞形・ing 形」というすべての活用形があります。具体的にいうと、原形 = be、現在形 = am、is、are、過去形 = was、were、過去分詞形 = been、ing 形 = being です。

4. −④の後には (動詞の目的語) がくる。☞ [リー教 p. 27]
   (解説) −④は「第 4 文型を作る動詞」すなわち「授与動詞」の受身形で、後ろには動詞の目的語が 1 つきます。

5. 従属接続詞の that は (名詞) 節か (副詞) 節を作る。☞ [リー教 p. 48, 126]
   (解説) たとえば so ～ that S + V (S が V するほど、それほど～→非常に～なので S が V する / S が V するように、そのように～) の that S + V は so を修飾する副詞節です。従属接続詞の that が作る副詞節は、この他にもあります。

6. 動詞の働きは (① ② ③ ④ ⑤ −③ −④ −⑤) である。☞ [リー教 p. 42]
   (解説) 動詞の働きは「動詞型」です。正解は (イチ・ニ・サン・ヨン・ゴ・

マイナスサン・マイナスヨン・マイナスゴ）と読みます。

7 形容詞節の働きは（名詞修飾）である。☞ [リー教 p. 63]
（解説）形容詞節が補語になることはありません。

8 前置詞の目的語になれる準動詞は（動名詞だけ）である。☞ [リー教 p. 290 ベー教 p. 173]
（解説）名詞の働きをする準動詞は動名詞と不定詞名詞用法の2つだけです。動名詞は「前置詞の目的語」になれますが、不定詞名詞用法は「前置詞の目的語」にはなれません。したがって、不定詞名詞用法の「前の働き」は「主語・動詞の目的語・補語」です。

9 ing 形の動詞につく助動詞は（be）だけである。☞ [リー教 p. 38 ベー教 p. 125]
（解説）ing 形の動詞は動名詞の場合と現在分詞の場合があります。動名詞には助動詞はつきません。現在分詞には助動詞の be がつきます。「助動詞のbe＋現在分詞」は進行形です。

10 絶対に述語動詞と言えるのは（現在形・過去形）の場合と（現在形・過去形の助動詞がついている）場合である。☞ [リー教 p. 17]
（解説）現在形の動詞、過去形の動詞、現在形の助動詞がついた動詞、過去形の助動詞がついた動詞。この4つの動詞は絶対に述語動詞です。

11 前置詞と結びついた名詞の働きを（前置詞の目的語）といい、前置詞＋名詞で（形容詞）または（副詞）の働きをする。☞ [リー教 p. 10]
（解説）目的語には「動詞の目的語」と「前置詞の目的語」の2種類があります。前者は通常「動詞の」を省略して、ただ「目的語」と呼ばれます。

12 関係詞の what は（名詞節）を作る。☞ [リー教 p. 110, 115, 131]
（解説）関係詞の what は関係代名詞と関係形容詞の2種類があり、どちらも名詞節を作ります。厳密に言うと、関係代名詞の what は副詞節を作る場合がありますが、これは定型的な慣用表現に限られるので、ここでは除外して考えます。

Chapter 1　F.o.R. の基礎知識

13　分詞には（現在分詞）と（過去分詞）の2種類がある。☞ [リー教 p. 32, 38]
（解説）分詞に現在、過去という語がついていますが、現在分詞が「現在のこと」を表し、過去分詞が「過去のこと」を表しているわけではありません。「進行形で使われている ing 形の動詞」「動詞と形容詞の一人二役をしている ing 形の動詞」「動詞と副詞の一人二役をしている ing 形の動詞」この3つを現在分詞と呼びます（ing 形の動詞は、これ以外には「動詞と名詞の一人二役をしている ing 形の動詞」しかなく、これは動名詞と呼びます）。gone のようにつづりから過去分詞とわかる場合はいいですが、come のように原形、現在形、過去分詞形のつづりがすべて同じで、つづりからはわからない場合は、それが「受身か完了で使われている」とき、および「動詞と形容詞、あるいは動詞と副詞の一人二役で使われている」とき、それを過去分詞と呼びます。

14　従属接続詞の that を省略できるのは（that 節が動詞の目的語になっている）場合である。☞ [リー教 p. 49]
（解説）従属接続詞の that が名詞節を作り、その名詞節が動詞の目的語になっているときは that を省略できます。

15　-⑤の後には（補語）がくる。☞ [リー教 p. 27]
（解説）-⑤は「第5文型を作る動詞」すなわち「不完全他動詞」の受身形で、後ろには補語が1つきます。

16　be の可能性は（①）（②）（進行形）（受身）（完了）（助動詞 be to）である。☞ [リー教 p. 33]
（解説）①（＝完全自動詞）と②（＝不完全自動詞）は be が動詞の場合（すなわち be 動詞の場合）です。進行形、受身、完了、助動詞 be to は be が助動詞の場合（すなわち be 助動詞の場合）です。「完了」というのは「be＋自動詞の過去分詞形」で完了の意味を表す場合です。助動詞 be to というのは「be to 原形動詞」で be to の部分を1つの助動詞と捉える場合です。

17　現在分詞の可能性は（進行形）（現在分詞形容詞用法）（分詞構文）である。☞ [リー教 p. 38]
（解説）着物を着ている（＝助動詞がついている＝be 助動詞がついている）現

在分詞が「進行形」、裸の現在分詞が「現在分詞形容詞用法」と「分詞構文」です。

18 準動詞の「後の働き」は（① ② ③ ④ ⑤ －③ －④ －⑤）である。☞ [リー教] p. 43]
（解説）準動詞は「動詞と名詞」「動詞と形容詞」「動詞と副詞」の一人二役をする動詞です。F.o.R. では便宜上、このうち「名詞・形容詞・副詞の働き」を「前の働き」と呼び、「動詞の働き」を「後の働き」と呼んでいます。

19 動詞と形容詞を兼ねる準動詞は（不定詞形容詞用法）（現在分詞形容詞用法）（過去分詞形容詞用法）である。☞ [リー教] p. 32, 38, 59]
（解説）準動詞になれるのは不定詞と分詞（＝現在分詞と過去分詞）と動名詞です。不定詞は「to が助動詞の一部に組み込まれ、原形動詞が述語動詞になる場合」以外はすべて準動詞で、準動詞になった場合は名詞、形容詞、副詞を兼ねることができます。分詞は述語動詞になる場合と準動詞になる場合があり、準動詞になった場合は形容詞、副詞を兼ねることができます。動名詞は述語動詞になる場合はなく、必ず準動詞で、常に動詞と名詞を兼ねています。

20 動詞は「一人一役か一人二役か」という視点から（述語動詞）と（準動詞）に分かれる。☞ [リー教] p. 2]
（解説）「動詞の働きだけをしている動詞」を述語動詞といい、「動詞の他に名詞、形容詞、副詞の働きもしている動詞」を準動詞といいます。

21 従属接続詞の whether は（名詞）節か（副詞）節を作る。☞ [リー教] p. 119]
（解説）whether は名詞節を作るときは「〜かどうか（ということ）」という意味を表し、副詞節を作るときは「〜であろうとなかろうと」という意味を表します。whether が作る名詞節は主語・動詞の目的語・前置詞の目的語・補語のどれにでもなれます。

22 動詞は「活用」という視点から（原形）（現在形）（過去形）（過去分詞形）（ing 形）の 5 つに分かれる。☞ [リー教] p. 5]
（解説）活用は原形・現在形・過去形・過去分詞形・ing 形の 5 つですが、通

Chapter 1　F.o.R. の基礎知識

常は原形・過去形・過去分詞形の3つを示すことによって表されます。

23　一人一役とは（動詞が動詞の働きだけをすること）である。☞ [リー教 p. 2]
（解説）一人一役の動詞は「述語動詞」と呼ばれます。

24　裸の ing は絶対に（述語動詞）にはなれない。☞ [リー教 p. 39]
（解説）ing 形の動詞は「be 助動詞をつけて進行形にして使う場合」と「be 助動詞をつけないで使う場合」のどちらかです。後者の使い方をした ing 形の動詞を「裸の ing」といいます。進行形にした場合は原則として述語動詞ですが、進行形不定詞の場合は準動詞です。それに対して、裸の ing は動名詞、現在分詞形容詞用法、分詞構文のどれかで、いずれにせよ準動詞です。つまり、裸の ing は絶対に準動詞で、絶対に述語動詞にはなりません。別の言い方をすれば、裸の ing で文を作ることは絶対にできません。

25　先行詞が省略された関係副詞は（名詞節）を作る。☞ [リー教 p. 125]
（解説）関係副詞の先行詞が the time, the place, the way, the reason の場合は、これらの先行詞を省略することができます（the way の場合は省略しなければいけません）。その場合、関係副詞が作る従属節は名詞節になります。具体的にいうと、when S + V は「S が V するとき」という意味の名詞節、where S + V は「S が V するところ」という意味の名詞節、how S + V は「S が V する方法」という意味の名詞節、why S + V は「S が V する理由」という意味の名詞節になります（ただし、これは when, where, how, why が関係副詞の場合です。これらの語は疑問副詞のときもあり、その場合にも名詞節を作りますが、表している意味は関係副詞の場合とは異なります）。なお、関係副詞の that は、先行詞を省略することはできません。

26　関係代名詞の what は必ず名詞節の（先頭にくる）が、疑問代名詞の what は名詞節の（先頭にこない）こともある。☞ [リー教 p. 111, 112]
（解説）代名詞の what が従属節の先頭にある場合は疑問代名詞と関係代名詞の両方の可能性があります。それに対して、代名詞の what が従属節の先頭にきていない場合は関係代名詞の可能性はありません。必ず疑問代名詞です。したがって what he is searching for という名詞節は「何を彼は探しているのか」という意味と「彼が探しているもの」という意味の両方があり

Questions and Answers 解答と解説

ますが、for what he is searching という名詞節は「何を彼は探しているのか」という意味しかありません。

27 動詞は「動詞型」という視点から（① ② ③ ④ ⑤ −③ −④ −⑤）に分かれる。☞ [リー教 p. 9]
（解説）① ②が自動詞、③ ④ ⑤が他動詞の能動形、−③ −④ −⑤が他動詞の受動形です。

28 動詞に直接ついていて、かつ主語とイコールの関係に立たない名詞を（動詞の目的語）という。☞ [リー教 p. 10]
（解説）「名詞が動詞に直接ついている」というのは、前置詞＋名詞の副詞句の形で動詞につくのではなく、前置詞を介さずに動詞についているということです。

29 「助動詞＋動詞」をまとめて 1 つの動詞にするのは（受身）と（進行形）と（完了準動詞）の場合である。☞ [リー教 p. 28, 35, 99]
（解説）助動詞は be 助動詞、have 助動詞、一般助動詞の 3 種類があります。このうち一般助動詞は常に動詞と切り離して別の語として扱います。be 助動詞は、F.o.R. では、常に動詞と合わせて「be 助動詞＋動詞」の全体を 1 つの動詞とみなします。これは「be＋過去分詞」の受身（厳密には「be＋自動詞の過去分詞」の完了も含みます）と「be＋-ing」の進行形です。have 助動詞は通常は動詞と切り離して別の語として扱いますが、完了不定詞（＝to have p.p.）と完了動名詞（＝having p.p.）と完了分詞構文（＝having p.p.）は、have 助動詞と動詞を分けずに、全体を 1 つの動詞とみなします。

30 疑問詞には（疑問代名詞）（疑問形容詞）（疑問副詞）の 3 種類がある。☞ [ベー教 p. 48]
（解説）疑問詞という品詞はありません。名詞（F.o.R. では代名詞は名詞として扱います）、形容詞、副詞の中で、疑問の意味を表すものを疑問詞と呼んでいるだけです。構文を考えるときは、普通の名詞、形容詞、副詞と同じように扱えばいいのです。

31 従属節とは、1 つの（文）が他の（文）の中に入って（名詞・形容詞・副詞）の

39

Chapter 1　F.o.R. の基礎知識

働きをする現象である。☞ [リー教 p. 44]
（解説）「文」とは「（構造上の）主語＋述語動詞」です。

32　②の後には（補語）がくる。☞ [リー教 p. 8]
（解説）②は「第 2 文型を作る動詞」すなわち「不完全自動詞」のことで、後ろには補語がきます。

33　後ろに目的語を 1 つ必要とする動詞型は（③）番と（-④）番である。☞ [リー教 p. 8, 27]
（解説）-④は「第 4 文型を作る動詞」すなわち「授与動詞」の受身形で、後ろには目的語が 1 つきます。

34　was begun の過去分詞形は（been begun）である。☞ [リー教 p. 28]
（解説）この 2 語を別々に捉えると、was は受身を作る be 助動詞の過去形で、begun は動詞の過去分詞形です。この 2 語を一体として捉えると、was begun は（受身を表す）1 つの動詞の過去形です。この動詞の活用を全部言うと、原形＝be begun、現在形＝am begun、is begun、are begun、過去形＝was begun、were begun、過去分詞形＝been begun、ing 形＝being begun です。

35　文とは（構造上の主語）＋（述語動詞）である。☞ [リー教 p. 2]
（解説）F.o.R. では「大文字で始まり、ピリオドで終わる語群」を「英文」と呼び、「（構造上の）主語＋述語動詞という構造をもつ語群」を「文」と呼びます。

36　been が動詞のときは必ず（完了）で使われる。☞ [p. 90]
（解説）「be 動詞の過去分詞形である been」は、一般動詞の過去分詞形と異なり、「完了」でしか使えません。別の言い方をすれば、been は常に have 助動詞をつけて使うということです。have been は「be 動詞の完了形」です。したがって、動詞の been は必ず have been, has been, had been, having been のどれかで使われます。

37　ing の可能性は（進行形）（動名詞）（現在分詞形容詞用法）（分詞構文）であ

Questions and Answers 解答と解説

る。☞ [リー教 p. 38 ベー教 p. 125]

（解説）動詞の ing 形は動名詞と現在分詞に二分され、現在分詞は進行形、現在分詞形容詞用法、分詞構文という3つの用法があります。別の視点から捉えてみましょう。動詞の ing 形は助動詞がつく（＝着物を着ている）場合と助動詞がつかない（＝裸）場合に二分され、前者は進行形、後者は動名詞、現在分詞形容詞用法、分詞構文です。さらに別の視点から捉えると、動詞の ing 形は述語動詞になる場合と準動詞になる場合に二分され、前者は進行形、後者は動名詞、現在分詞形容詞用法、分詞構文です。ただし、進行形でも、進行形不定詞は準動詞です。したがって、厳密に言い直すと、動詞の ing 形が述語動詞になるのは進行形不定詞以外の進行形の場合であり、動詞の ing 形が準動詞になるのは進行形不定詞、動名詞、現在分詞形容詞用法、分詞構文の場合です。以上の枠組みに基づいて、次の質問に答えてください。

Q: 現在分詞の可能性は？
A: 進行形、現在分詞形容詞用法、分詞構文

Q: 裸の現在分詞の可能性は？
A: 現在分詞形容詞用法、分詞構文

Q: 裸の ing の可能性は？
A: 動名詞、現在分詞形容詞用法、分詞構文

Q: 着物を着ている現在分詞の可能性は？
A: 進行形

Q: 着物を着ている動名詞の可能性は？
A: ない。

Q: 着物を着ている ing の可能性は？
A: 進行形

Q: ing が述語動詞になるのはどういう場合か？

41

Chapter 1　F.o.R. の基礎知識

A: 進行形不定詞以外の進行形の場合。

Q: 動名詞が述語動詞になるのはどういう場合か？
A: 動名詞が述語動詞になることはない。

Q: ing が準動詞になるのはどういう場合か？
A: 着物を着ている場合は進行形不定詞の場合に準動詞になる。裸の場合はすべて準動詞になる。

Q: ing 形の動詞で文を作るにはどうすればいいか？
A: be 助動詞をつけて進行形にすればいい。ただし、進行形不定詞では文は作れない。

Q: ing 形の動詞につく助動詞は？
A: be 助動詞だけ。

38 裸の過去分詞に目的語がついていたら (-④) 番である。☞ [リー教 p. 75]
（解説）裸の過去分詞の番号（＝動詞型）は、自動詞なら①、②、他動詞なら-③、-④、-⑤です。この5つの番号のうち、後ろに目的語がつくのは-④だけです。したがって、裸の過去分詞に目的語がついていたら必ず-④です（つまり、その動詞は授与動詞です）。

39 過去分詞形の動詞で文を作るには（受身）か（完了）にするしかない。☞ [リー教 p. 32, 69]
（解説）過去分詞形の動詞は受身、完了、過去分詞形容詞用法、分詞構文のどれかで使います。このうち、過去分詞形容詞用法と分詞構文は準動詞ですから文は作れません。過去分詞で文を作る、すなわち過去分詞を述語動詞にするには be 助動詞をつけて受身（または完了）にするか、have 助動詞をつけて完了にするしかありません。ただし、受身か完了にすれば必ず述語動詞になるとは限りません。たとえば、受身不定詞（＝to be p.p.）、受身動名詞（＝being p.p.）、受身現在分詞（＝being p.p.）、完了不定詞（＝to have p.p.）、完了動名詞（＝having p.p.）、完了現在分詞（＝having p.p.）は準動詞です。

40 着物を着ている現在分詞の可能性は（進行形）である。☞ [リー教 p. 38]
（解説）No. 37 の解説を見てください。

41 （動詞）の助けを借りて、間接的に名詞の状態を説明する形容詞の働きを（補語）という。☞ [リー教 p. 13]
（解説）動詞の助けを借りずに、直接的に名詞の状態を説明する形容詞の働きは名詞修飾です。

42 動詞は「目的語を伴うか否か」という視点から（他動詞）と（自動詞）に分かれる。☞ [リー教 p. 26]
（解説）自動詞は①と②、他動詞は③と④と⑤です。

43 have 助動詞の後には（過去分詞形）の動詞がくる。☞ [リー教 p. 32 ベー教 p. 100]
（解説）「have 助動詞＋過去分詞形の動詞」は完了です。

44 着物を着ている動名詞の可能性は（ない）。☞ [リー教 p. 38]
（解説）着物とは助動詞のことで、動名詞に助動詞がつくことはありません。

45 形容詞節を作る which の品詞は（関係代名詞）（関係形容詞）である。☞ [学校 p. 44]
（解説）which は疑問詞の場合と関係詞の場合があり、そのどちらにも代名詞と形容詞があります。

46 名詞節を作る which の品詞は（疑問代名詞）（疑問形容詞）である。☞ [リー教 p. 32, 45]
（解説）関係代名詞、関係形容詞の which は形容詞節を作ります。

47 目的語になれる品詞は（名詞だけ）である。☞ [リー教 p. 25]
（解説）主語と目的語になれるのは名詞だけです。

48 現在分詞形容詞用法の「前の働き」は（名詞修飾）（補語）である。☞ [リー教 p. 13]

Chapter 1　F.o.R. の基礎知識

（解説）準動詞の「前の品詞」は名詞か形容詞か副詞で、「後の品詞」は動詞です。したがって、現在分詞形容詞用法の「前の品詞」は形容詞で、「前の働き」は形容詞の働き、すなわち名詞修飾か補語です。

49　必ず準動詞になる活用は（裸の過去分詞）と（裸の ing）である。☞ [リー教] p. 32, 38］

（解説）各活用を着物を着ている（＝助動詞がついている）場合と裸の（＝助動詞がついていない）場合に分けて、述語動詞になるか準動詞になるかを考えてみましょう。

　　着物を着ている原形 → 必ず述語動詞です。
　　裸の原形 →「to 不定詞」と「使役動詞と知覚動詞の補語」のときは準動詞ですが、「命令文」と「仮定法現在」のときは述語動詞です。
　　着物を着ている現在形 → 現在形の動詞に助動詞がつくことはありません。
　　裸の現在形 → 現在形の動詞は必ず裸で、必ず述語動詞です。
　　着物を着ている過去形 → 過去形の動詞に助動詞がつくことはありません。
　　裸の過去形 → 過去形の動詞は必ず裸で、必ず述語動詞です。
　　着物を着ている過去分詞形 → 受身か完了で、どちらも述語動詞のこともあれば準動詞のこともあります（受身不定詞、受身動名詞、受身現在分詞、完了不定詞、完了動名詞、完了現在分詞の場合は準動詞です）。
　　裸の過去分詞形 → 過去分詞形容詞用法か分詞構文で、必ず準動詞です。
　　着物を着ている ing 形 → 進行形で、述語動詞のこともあれば準動詞のこともあります（進行形不定詞の場合は準動詞です）。
　　裸の ing 形 → 動名詞か現在分詞形容詞用法か分詞構文で、必ず準動詞です。

　以上の分析から「必ず述語動詞になる活用は（着物を着ている原形）と（現在形）と（過去形）である」「必ず準動詞になる活用は（裸の過去分詞）と（裸の ing）である」と言えます。

50　関係代名詞の what の訳語は原則として（こと・もの）である。☞ [リー教] p. 112］

（解説）関係代名詞の what に含まれている先行詞は通常は the thing, the things ですから「こと、もの」と訳します。しかし、文の構造から、what に含まれている先行詞を推測できるときは、the thing, the things 以外の先

行詞であっても what に含ませることができます。その場合には、その先行詞を表に出して訳します。

51 必ず述語動詞になる活用は（現在形）と（過去形）である。☞ [リー教 p. 5]
（解説）No. 49 の解説で検討したように、厳密に言えば、必ず述語動詞になる活用は（着物を着ている原形）と（現在形）と（過去形）です。しかし、着物を着ている原形動詞が必ず述語動詞になるのは「現在形と過去形があれば、そこは必ず述語動詞である」というルールに原因があります。詳しく説明すると、原形動詞が着る着物、すなわち助動詞は一般助動詞（＝be 助動詞と have 助動詞以外の助動詞）です。一般助動詞に限らず、助動詞が現在形か過去形だと、後に続く動詞は（何形であっても）必ず述語動詞になります（こういう決まりなのです）。ところで、一般助動詞は現在形と過去形しかありません。ですから、一般助動詞がついている動詞、すなわち、「着物を着ている原形動詞」は必ず述語動詞になるのです。こういう次第ですから、F.o.R. では「必ず述語動詞になる活用は？」と問われたら、「着物を着ている原形」は答えから外して、「現在形と過去形である」と答えることにしているのです。もちろん厳密を期して「必ず述語動詞になる活用は（着物を着ている原形）と（現在形）と（過去形）である」と答えても何ら差し支えありません。

52 動詞に直接ついていて、かつ主語ないし目的語とイコールの関係に立つ名詞を（補語）という。☞ [リー教 p. 13]
（解説）「動詞に直接ついていて」は No. 28 の解説参照。

53 be 助動詞の後には（過去分詞形）か（ing 形）の動詞がくる。☞ [リー教 p. 33]
（解説）「be 助動詞＋過去分詞形の動詞」は、動詞が他動詞なら受身、自動詞なら完了です。「be 助動詞＋ing 形の動詞」は進行形です。

54 been が助動詞のときは必ず（完了進行形）か（受身完了）のどちらかで使われる。☞ [p. 90 リー教 p. 40 ペー教 p. 176]
（解説）be 助動詞は進行形か受身か完了を作ります。「be 助動詞の過去分詞形である been」はこのうち進行形と受身を作ります。進行形は「been＋ing

Chapter 1　F.o.R. の基礎知識

形の動詞」で、受身は「been＋過去分詞形の動詞」です。ところで、「been＋ing 形の動詞」はこれ全体が「進行形を表す 1 つの動詞の過去分詞形」です。また「been＋過去分詞形の動詞」はこれ全体が「受身を表す 1 つの動詞の過去分詞形」です。この 2 つの過去分詞形の動詞は、一般動詞の過去分詞形と異なり、「完了」でしか使えません。別の言い方をすれば、「been＋ing 形の動詞」と「been＋過去分詞形の動詞」は常に have 助動詞をつけて使うということです。have been −ing は「完了進行形」です。have been p.p. は「受身完了」です。したがって、助動詞の been は必ず「have been −ing, has been −ing, had been −ing, having been −ing」「have been p.p., has been p.p., had been p.p., having been p.p.」のどれかで使われます。

55　裸の過去分詞とは (be) も (have) もつかないで使われた過去分詞のことである。☞ [リー教 p. 70]
　　（解説）裸というのは助動詞がついていないということです。過去分詞形につく助動詞は be と have だけです。

56　不定詞名詞用法の「前の働き」は（主語）（動詞の目的語）（補語）である。
　　☞ [リー教 p. 40, 290　ペー教 p. 173]
　　（解説）「前の働き」は No. 48 の解説参照。不定詞名詞用法は前置詞の目的語にはなりません。

57　being が動詞のときは（進行形）（動名詞）（現在分詞形容詞用法）（分詞構文）のすべての可能性がある。☞ [p. 91]
　　（解説）「be 動詞の ing 形である being」は、一般動詞の ing 形とまったく同じように使われます。すなわち、be 助動詞をつけると進行形（＝be being）になり、裸だと動名詞・現在分詞形容詞用法・分詞構文になります。

58　動詞と副詞を兼ねる準動詞は（不定詞副詞用法）（分詞構文）である。☞ [リー教 p. 32, 38, 59]
　　（解説）No. 19 の解説参照。

59　①番の動詞が「裸の過去分詞」で使われるのは、（往来発着）動詞の他は (happened, fallen, retired, gathered など) に限られる。☞ [リー教 p. 75]

46

Questions and Answers 解答と解説

（解説）自動詞を裸の過去分詞で使ったときは「完了」の意味を表します。したがって、come（来てしまった）、arrived（到着してしまった）、happened（起こってしまった）、fallen（落ちてしまった）、retired（引退してしまった）、gathered（集まってしまった）となります。

60 受身にできる動詞は（他動詞）に限られる。☞ [リー教 p. 26]
（解説）受身は、能動態の文の目的語を主語にした文ですから、目的語を伴う動詞、すなわち他動詞でなければ受身にできません。ただし、「群動詞の受身」の場合は自動詞でも受身になることがあります（☞ [p. 196]）。

61 to have p.p. は（1つの不定詞）として扱われる。☞ [リー教 p. 100]
（解説）to have p.p. は完了不定詞と呼ばれ、これ全体が1つの不定詞として扱われます（☞ [p. 190 No. 5, p. 239 No. 4]）。

62 名詞の基本的働きは（主語）（動詞の目的語）（前置詞の目的語）（補語）である。☞ [リー教 p. 25]
（解説）名詞は、4つの基本的働きの他に2つの例外的働きがあります。名詞の例外的働きは副詞的目的格と同格です。

63 裸の過去分詞は（自動詞なら完了）、（他動詞なら受身）の意味を表す。☞ [リー教 p. 75, 78]
（解説）裸の過去分詞の動詞型は① ② -③ -④ -⑤で、① ②（＝自動詞）のときは完了の意味（＝～してしまった）、-③ -④ -⑤（＝他動詞）のときは受身の意味（＝～される、～された）を表します。

64 完了準動詞の形態は（to have p.p.）と（having p.p.）である。☞ [リー教 p. 100]
（解説）to have p.p. は完了不定詞、having p.p. は完了動名詞か完了現在分詞です。

65 過去分詞の可能性は（受身）（完了）（過去分詞形容詞用法）（分詞構文）である。☞ [リー教 p. 32]
（解説）動詞の過去分詞形は助動詞がつく（＝着物を着ている）場合と助動詞

47

Chapter 1　F.o.R. の基礎知識

がつかない（＝裸）場合に二分され、前者は受身と完了、後者は過去分詞形容詞用法、分詞構文です。別の視点から捉えると、動詞の過去分詞形は述語動詞になる場合と準動詞になる場合に二分され、前者は受身と完了、後者は過去分詞形容詞用法と分詞構文です。ただし、受身であっても「受身不定詞（＝to be p.p.）」と「受身動名詞（＝being p.p. が名詞になる場合）」と「受身の現在分詞形容詞用法（＝being p.p. が形容詞になる場合）」と「受身の分詞構文（＝being p.p. が副詞になる場合）」は準動詞です。また、完了であっても「完了不定詞（＝to have p.p.）」と「完了動名詞（＝having p.p. が名詞になる場合）」と「完了分詞構文（＝having p.p. が副詞になる場合）」は準動詞です。したがって、厳密に言い直すと、動詞の過去分詞形が述語動詞になるのは、「受身不定詞」「受身動名詞」「受身の現在分詞形容詞用法」「受身の分詞構文」以外の受身と、「完了不定詞」「完了動名詞」「完了現在分詞形容詞用法」「完了分詞構文」以外の完了の場合です。以上の枠組みに基づいて、次の質問に答えてください。

Q: 着物を着ている過去分詞の可能性は？
A: 受身、完了

Q: 裸の過去分詞の可能性は？
A: 過去分詞形容詞用法、分詞構文

Q: 過去分詞形の動詞につく助動詞は？
A: be 助動詞と have 助動詞。

Q: 過去分詞が述語動詞になるのはどういう場合か？
A: 受身と完了の場合。ただし、「受身不定詞」「受身動名詞」「受身の現在分詞形容詞用法」「受身の分詞構文」「完了不定詞」「完了動名詞」「完了現在分詞形容詞用法」「完了分詞構文」を除く。

Q: 過去分詞が準動詞になるのはどういう場合か？
A: 着物を着ているときは「受身不定詞」「受身動名詞」「受身の現在分詞形容詞用法」「受身の分詞構文」「完了不定詞」「完了動名詞」「完了現在分詞形容詞用法」「完了分詞構文」の場合、裸のときはすべて準動詞にな

Questions and Answers 解答と解説

る。

66 −③の後には（目的語）も（補語）もこない。☞ [リー教 p. 27]
（解説）−③は「第 3 文型を作る動詞」すなわち「完全他動詞」の受身形で、後ろには目的語も補語もきません。

67 been doing の活用は（過去分詞）形である。[p. 91 リー教 p. 35]
（解説）この 2 語を別々に捉えると、been は進行形を作る be 助動詞の過去分詞形で、doing は動詞の ing 形です。この 2 語を一体として捉えると、been doing は「（進行形を表す）1 つの動詞の過去分詞形」です。ただし、been doing は過去分詞形の 4 つの可能性のうち完了でしか使えません。have been doing は完了進行形です。

　ちなみに、have been doing の doing に being p.p.（＝受身を表す動詞の ing 形）を入れると have been being p.p. になります。これは「受身の完了進行形」です。being p.p. の部分が受身（を表す 1 つの動詞の ing 形）、been being p.p. の部分が受身進行形（を表す 1 つの動詞の過去分詞形）、have been being p.p. が「受身の完了進行形」です。意味は「〜され続けている」です。しかし、このような複雑な形は、実際に用いられることは稀です。

68 すべての従属接続詞が（副詞）節を作る。☞ [リー教 p. 48]
（解説）すべての従属接続詞が副詞節を作ります。したがって「従属接続詞は副詞節を作る言葉である」と言えます。ただし、that と if と whether は副詞節の他に名詞節も作ります。

69 being p.p. は 1 つの動詞の（ing）形で、（進行形）（動名詞）（現在分詞形容詞用法）（分詞構文）のすべての可能性がある。☞ [p. 92 リー教 p. 40 ペー教 p. 127]
（解説）この 2 語を別々に捉えると、being は受身を作る be 助動詞の ing 形で、p.p. は動詞の過去分詞形です。この過去分詞形の動詞の使い方は受身です。この 2 語を一体として捉えると、being p.p. は「（受身を表す）1 つの動詞の ing 形」で、4 つの可能性のすべてを持っています。たとえば、being p.p. の前に進行形を作る be 助動詞をつければ「be being p.p.」で進行形（＝受身進行形）になります。この場合、この ing 形の動詞（＝being p.p.）は現

49

Chapter 1　F.o.R. の基礎知識

在分詞で、使い方は進行形です。

70　未来形は（活用）ではない。☞ [リー教 p. 5　ベー教 p. 83]
（解説）活用は「原形・現在形・過去形・過去分詞形・ing 形」の 5 つだけです。未来形というのは「will＋原形動詞」「shall＋原形動詞」という表現の呼び名（＝名称）にすぎません。未来形の活用を正確に言うと「will と shall は助動詞の現在形で、その後に続く動詞は原形である」となります。

71　一般助動詞がついた動詞は絶対に（述語動詞）である。☞ [リー教 p. 17]
（解説）現在形か過去形の助動詞がついた動詞は必ず述語動詞になります。ところで、一般助動詞（＝be 助動詞と have 助動詞以外の助動詞で、たとえば can, may, must など）は現在形と過去形しかありません。したがって、一般助動詞がついた動詞は絶対に述語動詞です。

　ただし、厳密に言うと「一般助動詞は現在形と過去形しかない」というルールには例外があります。それは助動詞の do です。たとえば Don't sit down.（座るな）のように、命令文で使われた助動詞 do は原形です。しかし、この場合でも助動詞 do がついた動詞（たとえば Don't sit down. の sit）は述語動詞です。したがって、やはり「一般助動詞がついた動詞は絶対に述語動詞である」と言って差し支えありません。

72　裸の過去分詞に目的語も補語もついていなかったら（①番か-③）番である。☞ [リー教 p. 75]
（解説）裸の過去分詞の動詞型は① ② -③ -④ -⑤です。このうち目的語も補語も伴わない動詞型は①（＝完全自動詞）と-③（＝完全他動詞の受身形）です。

73　形容詞の what の働きは（名詞修飾だけ）である。☞ [リー教 p. 116]
（解説）形容詞の what は疑問形容詞、感嘆形容詞、関係形容詞の 3 種類があります。働きはどれも名詞修飾で、形容詞の what が補語になることはありません。what が補語になっている場合は必ず代名詞（＝疑問代名詞か関係代名詞）です。ちなみに補語の形容詞を疑問詞に変えるときは、疑問形容詞の what ではなく、疑問副詞の how を使います。

Questions and Answers 解答と解説

74 have 助動詞の活用は（過去分詞形だけがない）。☞ [リー教 p. 17]
（解説）have 助動詞は原形、現在形、過去形、ing 形はありますが、過去分詞形はありません。

75 was begun の ing 形は（being begun）である。☞ [リー教 p. 28]
（解説）was begun は「受身を表す 1 つの動詞」の過去形です。この動詞の活用をすべて言うと、原形が be begun、現在形が am begun, is begun, are begun、過去形が was begun, were begun、過去分詞形が been begun、ing 形が being begun です。

76 動名詞に「意味上の主語」を特別につけるときは直前に（所有格または目的格の名詞・代名詞）を置く。☞ [リー教 p. 88]
（解説）口語では目的格を使うことが多いです。ただ、目的格と言っても、名詞の場合は特別な形があるわけではないので、動名詞の前に名詞をそのまま置けばよいのです。たとえば、次の文を見てください。

He complained of the room being too hot.
　S　　①　　前　　　S′　　n　②　ad　aC
　　　　　　　　　　ad
彼は部屋が暑すぎると文句を言った。

the room は目的格の名詞で being の意味上の主語です。being は of の目的語です。the room being too hot は「その部屋が暑すぎること」という意味です。

77 裸の ing の可能性は（動名詞）（現在分詞形容詞用法）（分詞構文）である。☞ [リー教 p. 38]
（解説）No. 37、49 の解説参照。

78 接続詞には（等位接続詞）と（従属接続詞）の 2 種類がある。☞ [リー教 p. 291]
（解説）等位接続詞の主要なものは and, but, or, for です。

79 活用は通常（原形）（過去形）（過去分詞形）の 3 つを示すことによって表さ

Chapter 1　F.o.R. の基礎知識

れる。☞ [リー教] p. 5]
（解説）No. 22 の解説参照。

80　having p.p. は（1 つの動名詞）あるいは（1 つの現在分詞）として扱われる。
☞ [リー教] p. 100]
（解説）この 2 語を別々に捉えると、having は完了を作る have 助動詞の ing 形で、p.p. は動詞の過去分詞形です。通常は have 助動詞と過去分詞形の動詞は別々に扱うのですが、having p.p. と to have p.p. の場合は、例外的に have 助動詞と過去分詞形の動詞を合わせて、全体を 1 つの動詞として扱います。したがって、having p.p. はこれ全体が 1 つの ing 形の動詞とみなされ、to have p.p. の have p.p. はこれ全体が 1 つの原形の動詞とみなされます。having p.p. は「完了動名詞」「完了現在分詞形容詞用法」「完了分詞構文」のどれかになり、to have p.p. は「完了不定詞」です。

81　前置詞は名詞と結びついて（形容詞句）または（副詞句）を作る。☞ [リー教] p. 10]
（解説）「前置詞 + 名詞」を前置詞句という呼び方をすることがあります（F.o.R. ではこの呼び方は使いません）。これは「前置詞が作っている句」という意味です。構造上は、あくまでも「前置詞 + 名詞」は形容詞句か副詞句です。

82　着物を着ている ing の可能性は（進行形）である。☞ [リー教] p. 38]
（解説）No. 37 の解説参照

83　分詞に「意味上の主語」を特別につけるときは直前に（主格の名詞・代名詞）を置く。☞ [リー教] p. 89]
（解説）「分詞に意味上の主語を特別につける」のは、実際には「分詞構文に意味上の主語をつける」場合に限られます。「意味上の主語がついた分詞構文」は文法用語では「独立分詞構文」と呼ばれます。主格と言っても、名詞の場合は特別な形があるわけではないので、分詞の前に名詞をそのまま置けばよいのです。次の文を見てください。

The room being too hot, he turned the heating off.
　　S'　　ad ② ad　aC S ③　　　　　O　　ad

部屋が暑すぎるので、彼は暖房を切った。

　The room は主格の名詞で being の意味上の主語です。being は「理由」を表す分詞構文です。The room being too hot は「その部屋が暑すぎるので」という意味です。
　なお、動名詞の意味上の主語は No. 76 の解説参照。

84　一人二役とは（動詞が動詞以外に名詞・形容詞・副詞の働きをすること）である。☞ [リー教 p. 2]
　（解説）このように一人二役をする動詞は準動詞と呼ばれます。

85　一般助動詞の後には（原形）の動詞がくる。☞ [リー教 p. 16]
　（解説）助動詞は be 助動詞、have 助動詞、一般助動詞の 3 種類があります。be 助動詞の後には過去分詞形か ing 形の動詞がきます。have 助動詞の後には過去分詞形の動詞がきます。一般助動詞の後には原形の動詞がきます。

86　副詞の働きは（動詞修飾）（形容詞修飾）（他の副詞修飾）（文修飾）である。☞ [リー教 p. 289]
　（解説）副詞は主語、目的語にはなりません。補語になることはありますが、特定の副詞に限られます。たとえば、The rain was over.（雨はあがった）の over は副詞ですが補語になっています。しかし、最近は補語で使われる副詞を形容詞と表示する辞書が増えてきています。

87　関係形容詞の what の訳語は（すべての）である。☞ [リー教 p. 131]
　（解説）形容詞の what は疑問形容詞、感嘆形容詞、関係形容詞の 3 種類があり、いずれも働きは名詞修飾のみです。疑問形容詞と感嘆形容詞の what は独立文（＝疑問文、感嘆文）を作りますが、従属節を作ることもあり、その場合は必ず名詞節です。関係形容詞の what は独立文を作ることはなく、必ず従属節を作ります。その従属節は必ず名詞節です。次の文を見てください。

I gave him [what money I had with me.]
S ④ O O a ＼＿＿／ O S ③ ＼＿／ ad

私は持ち合わせていたお金をすべて彼に与えた。

what は関係形容詞で money を修飾し、money は had の目的語です。what money I had with me は「私が持ち合わせていたすべてのお金」という意味の名詞節で、この名詞節は gave の直接目的語です。

88 受身文とは（能動態の文の目的語を主語にした）文である。☞ [リー教 p. 25]
（解説）受身文は「能動態の文の目的語を主語にした文」です。したがって、目的語を必要とする動詞、すなわち他動詞（＝③④⑤）しか受身にはできません。

89 being が助動詞のときは（進行形）で使われることはなく、（受身）か（完了）で使われる。☞ [p. 92]
（解説）be 助動詞は進行形か受身か完了を作ります。しかし「be 助動詞の ing 形である being」は進行形を作ることはありません（すなわち「being ＋ ing 形の動詞」という進行形は存在しません）。それに対して、受身は作れます（「being p.p.」という形になります）。being p.p. はこれ全体が「受身を表す 1 つの動詞の ing 形」で、進行形・動名詞・現在分詞形容詞用法・分詞構文のすべての可能性があります。なお、being p.p. の p.p. が自動詞で、これ全体が「完了を表す 1 つの動詞の ing 形」になることは極めて稀です。

90 関係副詞は（形容詞）節か（名詞）節を作る。☞ [リー教 p. 123]
（解説）この質問の趣旨は「関係副詞は副詞節を作るのではない」ことを確認することにあります。

　関係副詞は when, where, why, how, that の 4 つです。

　関係副詞の when と where と why は形容詞節を作ります。ただし、先行詞が省略された場合は名詞節を作ります。

　関係副詞の how は、how 自体を省略するか、先行詞を省略するか、のどちらかで使います。how 自体を省略した場合は、省略された how は形容詞節を作ります。先行詞を省略した場合の how は名詞節を作ります。

　関係副詞の that は形容詞節を作ります。関係副詞の that は先行詞を省略することはありません。

Questions and Answers 解答と解説

91 準動詞の短い定義は（一人二役の動詞）で、長い定義は（構造上の主語を伴わないので文は作れないが、その代わり名詞・形容詞・副詞の働きを兼ねる動詞）である。☞ [リー教 p. 2]
（解説）「一人二役」と「文は作れない」が準動詞の特徴です。

92 後ろに補語だけを必要とする動詞型は（②）番と（-⑤）番である。☞ [リー教 p. 9, 27]
（解説）文の要素として補語を必要とする動詞型は②と⑤と-⑤の3つですが、⑤は補語の他に目的語も必要とします。

93 疑問代名詞の what の訳語は（何）である。☞ [リー教 p. 263]
（解説）代名詞の what は疑問代名詞と関係代名詞の2種類があり、どちらも働きは主語・動詞の目的語・前置詞の目的語・補語です。疑問代名詞の what は独立文（＝疑問文）を作りますが、従属節を作ることもあり、その場合は必ず名詞節です。関係代名詞の what は独立文を作ることはなく、必ず従属節を作ります。その従属節は原則として名詞節ですが、例外的に副詞節を作ることもあります。関係代名詞の what が作る副詞節は、形が決まった慣用表現です（☞ [リー教 p. 118]）。

94 being p.p. の p.p. は（着物を着ている）が、being p.p. 自体は（裸）である。
☞ [p. 92 リー教 p. 40 ペー教 p. 127]
（解説）具体的に being stolen で考えてみましょう。stolen は steal（こっそり盗む）の過去分詞形です。being という着物（これは受身を作る be 助動詞の ing 形です）を着て「受身」で使われています。これに対し、being stolen の全体は「受身を表す1つの動詞の ing 形」です。このままでは being stolen は「裸の ing」です。したがって「動名詞」「現在分詞形容詞用法」「分詞構文」のどれかになります。これに着物を着せると be being stolen となります（be は進行形を作る be 助動詞です）。これは受身進行形と呼ばれる形です。being stolen（という ing 形の動詞）が be という着物を着ていて、stolen（という過去分詞形の動詞）が being という着物を着ています。

95 形容詞節を作る that の品詞は（関係代名詞）か（関係副詞）である。☞
[リー教 p. 101, 123, 126]

55

Chapter 1　F.o.R. の基礎知識

（解説）that は関係副詞の when, where, why, how の代わりに用いられることがあります。

96　進行形の動詞は原則として（述語動詞）であるが、（進行形不定詞）の場合は（準動詞）になる。☞ [リー教 p. 35]
（解説）No. 37 の解説参照

97　可算名詞の単数形は原則として（限定詞なしでは）使えない。☞ [リー教 p. 44]
（解説）定冠詞（＝the）、不定冠詞（＝a, an）、所有格、数詞、this、that、these、those、some、any、no などを限定詞といいます。可算名詞（＝数えられる名詞）の単数形はなんらかの限定詞をつけて使うのが原則です。

98　be 助動詞か have 助動詞がついた動詞は（述語動詞）のこともあれば（準動詞）のこともある。☞ [リー教 p. 35, 99]
（解説）「be 助動詞か have 助動詞がついた動詞」は次の 3 つです。
1. be＋p.p. → 受身不定詞、受身動名詞、受身現在分詞の場合は準動詞ですが、それ以外は述語動詞です。
2. be＋-ing → 進行形不定詞の場合は準動詞ですが、それ以外は述語動詞です。
3. have＋p.p. → 完了不定詞、完了動名詞、完了現在分詞の場合は準動詞ですが、それ以外は述語動詞です。

99　「can 原形動詞」の否定形は（cannot 原形動詞）か（can't 原形動詞）である。☞ [ペー教 p. 46]
（解説）「can not」にはしません。「cannot」か「can't」にします。

100　主語には（構造上の主語）と（意味上の主語）の 2 種類がある。☞ [リー教 p. 2]
（解説）述語動詞の主語が「構造上の主語」で、準動詞の主語が「意味上の主語」です。述語動詞には必ず「構造上の主語」がつき「構造上の主語＋述語動詞」を「文」と呼びます。準動詞には「意味上の主語」がつく場合とつかない場合があり、ついた場合でも「意味上の主語＋準動詞」は「文」

とは呼びません。

101 後ろに目的語を2つ必要とする動詞型は（④）番である。☞ [リー教 p. 9]
（解説）④の動詞は正式には授与動詞といいます。V＋O＋Oの最初の目的語は「間接目的語」と呼ばれ、後の目的語は「直接目的語」と呼ばれます。

102 副詞節を作る whether の意味は（～であろうとなかろうと）である。☞ [リー教 p. 119]
（解説）名詞節を作る whether の意味は（～かどうか）です。

103 ③の後には（動詞の目的語）がくる。☞ [リー教 p. 8]
（解説）③の動詞は正式には完全他動詞といいます。

104 従属節の内側とは（従属節の中がどんな構造になっているか）ということである。☞ [リー教 p. 45]
（解説）従属節の構造は「外側（の構造）」と「内側（の構造）」に分けて認識します。No. 112 参照。

105 疑問詞は（名詞）節を作る。☞ [リー教 p. 54]
（解説）疑問詞には疑問代名詞・疑問形容詞・疑問副詞の3種類があります。このいずれもが、独立文（＝疑問文）を作る他に、名詞節も作ります。疑問詞が作る名詞節は「間接疑問文」と呼ばれます。

106 ①の後にくる語句節は（副詞）である。☞ [リー教 p. 8]
（解説）①の動詞は正式には完全自動詞といいます。完全自動詞は目的語も補語も伴わないので、後にくる語句節は副詞要素（＝副詞、副詞句、副詞節）です。

107 後ろに目的語も補語も伴わない動詞型は（①）番と（-③）番である。☞ [リー教 p. 8, 27]
（解説）③の動詞は、補語は伴わず、目的語を1つ伴います。-③（＝③の受身形）になると、この目的語が主語に移るので、後ろには目的語も補語もきません。

Chapter 1　F.o.R. の基礎知識

108　形容詞の働きは（名詞修飾）と（補語）である。☞ [リー教 p. 13]
（解説）名詞修飾は「限定用法」、補語は「叙述用法」ともいいます。

109　裸の ing は絶対に（準動詞）である。☞ [リー教 p. 39]
（解説）No. 24、37 の解説参照。

110　一般助動詞の活用は（現在形と過去形しかない）。ただし（do）は（原形）のことがある。☞ [リー教 p. 17　ペー教 p. 80]
（解説）No. 71 の解説参照。

111　助動詞には（be 助動詞）（have 助動詞）（一般助動詞）の 3 種類がある。☞ [リー教 p. 16　ペー教 p. 71]
（解説）No. 29 の解説参照。

112　従属節の外側とは（どこからどこまでが何節で、どんな働きをしているか）ということである。☞ [リー教 p. 45]
（解説）No. 104、160 参照。

113　不定詞に「意味上の主語」を特別につけるときは直前に（for 名詞）を置く。☞ [リー教 p. 88]
（解説）F.o.R. では、意味上の主語として不定詞の直前に置かれた「for 名詞」は、これ全体を「S′（← 意味上の主語の記号）」と表示します。

114　動詞は「補語を伴うか否か」という視点から（不完全動詞）と（完全動詞）に分かれる。☞ [リー教 p. 8]
（解説）補語を必要とする動詞を「不完全動詞」といい、補語を必要としない動詞を「完全動詞」といいます。さらに、不完全動詞は、目的語を必要としない「不完全自動詞（＝②）」と目的語を必要とする「不完全他動詞（＝⑤）」に分かれます。完全動詞は、目的語を必要としない「完全自動詞（＝①）」、目的語を 1 つ必要とする「完全他動詞（＝③）」、目的語を 2 つ必要とする「授与動詞（＝④）」に分かれます。

115　裸の過去分詞に補語がついていたら（②番か⑤）番である。☞ [リー教

p. 75]

(解説) 裸の過去分詞の番号 (＝動詞型) は、自動詞なら①、②、他動詞なら-③、-④、-⑤です。この5つの番号のうち、後ろに補語がつくのは②と-⑤です。したがって、裸の過去分詞に補語がついていたら必ず②か-⑤です。No. 38 の解説参照。

116 関係詞は (形容詞) 節を作る言葉であるが、例外的に関係詞でも (what) と (先行詞が省略された関係副詞) は名詞節を作り、(関係詞＋ever) は名詞節と副詞節を作る。☞ [リー教 p. 115, 125, 127　学　校 p. 152, 158]

(解説) 関係詞の what (＝関係代名詞の what と関係形容詞の what) は名詞節を作ります (関係代名詞の what は例外的に副詞節を作ることもあります☞ [リー教 p. 118])。「関係詞＋ever (＝関係詞の末尾に ever をつけた語)」は名詞節と副詞節を作ります。リー教では「関係詞＋ever」は whenever しか扱っていません。しかし、他に whoever, whomever, whosever, whichever, whatever, wherever, however があります (whyever だけはありません)。そして、however は副詞節しか作りませんが、それ以外は名詞節と副詞節を作ります (ただし whenever と wherever が名詞節を作ることは稀です)。リー教では whenever が作る副詞節しか紹介していません。「先行詞が省略された関係副詞」は名詞節を作ります。

117 been p.p. の p.p. は (着物を着ている) が、been p.p. 自体は (裸) である。☞ [p. 91　リー教 p. 40　ベー教 p. 127]

(解説) 具体的に been stolen で考えてみましょう。stolen は steal (こっそり盗む) の過去分詞形です。been という着物 (これは受身を作る be 助動詞の過去分詞形です) を着て「受身」で使われています。これに対し、been stolen の全体は「受身を表す1つの動詞の過去分詞形」です。このままでは前に助動詞がついていないので、been stolen 自体は「裸の過去分詞」です。しかし、been p.p. という過去分詞形は裸では使えません。been p.p. は「過去分詞の4つの可能性」のうち「完了」でしか使えないのです。別の言い方をすれば、been p.p. は常に have 助動詞をつけて使うということです。have been p.p. は受身完了形です。したがって、been stolen は必ず have been stolen, has been stolen, had been stolen, having been stolen のどれかで使われます。

Chapter 1　F.o.R. の基礎知識

118　裸の過去分詞は絶対に（準動詞）である。☞ [リー教 p. 75]
（解説）裸の過去分詞は「過去分詞形容詞用法」か「分詞構文」になります。No. 65 の解説参照。

119　裸の ing の前の品詞は（名詞）（形容詞）（副詞）である。☞ [リー教 p. 38, 40]
（解説）裸の ing（＝be 助動詞をつけないで使った ing 形の動詞）は動名詞、現在分詞形容詞用法、分詞構文のどれかです。したがって、前の品詞は名詞（← 動名詞の場合）、形容詞（← 現在分詞形容詞用法の場合）、副詞（← 分詞構文の場合）のどれかです。No. 24、37 の解説参照。

120　疑問形容詞の what の訳語は（どんな）である。☞ [リー教 p. 131]
（解説）形容詞の what は疑問形容詞、感嘆形容詞、関係形容詞の 3 種類があります。疑問形容詞の what の訳語は「どんな」、感嘆形容詞の what の訳語は、独立文（＝感嘆文）を作っているときは「なんて」、名詞節を作っているときは「いかに」または「どんなに」、関係形容詞の what の訳語は「すべての」です。No. 87 の解説参照。

121　裸の過去分詞は絶対に（述語動詞）にはなれない。☞ [リー教 p. 75]
（解説）過去分詞形の動詞は、助動詞（＝be 助動詞か have 助動詞）をつけないで使うと「過去分詞形容詞用法」か「分詞構文」になり、必ず準動詞で、絶対に述語動詞にはなれません。別の言い方をすれば、裸の過去分詞で文を作ることは絶対にできません。No. 65 の解説参照。

122　名詞の what には（疑問代名詞）と（関係代名詞）の 2 種類がある。☞ [リー教 p. 115]
（解説）「名詞の what」というのは「構造上、名詞の働きをする what」という意味です。厳密には「代名詞の what」です。No. 93 の解説参照。

123　形容詞・副詞を修飾する副詞的目的格は必ず（形容詞・副詞の直前）に置く。☞ [リー教 p. 99]
（解説）前置詞がついていない名詞が副詞の働きをする現象を「副詞的目的格」といいます。したがって、副詞的目的格になっている語の品詞は「名

詞」で、働きは「動詞修飾・形容詞修飾・副詞修飾・文修飾」です。動詞修飾あるいは文修飾の副詞的目的格の位置は一概に言えませんが、形容詞修飾あるいは副詞修飾の副詞的目的格は必ず被修飾語の形容詞・副詞の直前に置きます。次の文の太字部分が副詞的目的格で、いずれも直後の形容詞・副詞を修飾しています。

He is **fifty years** old.
　S　②　副詞的目的格　aC

彼は 50 歳です。

Stars were **diamond** bright.
　S　②　副詞的目的格　aC

星はダイアモンドのように輝いていた。

I saw him **three weeks** ago.
　S　③　O　副詞的目的格　ad

私は彼に 3 週間前に会った。

124 副詞節を作る語は（従属接続詞（that・if・whether も含む））と（関係詞＋ever）である。☞ [リー教 p. 48, 127]
（解説）名詞節を作る従属接続詞である that, if, whether を含めて、すべての従属接続詞が副詞節を作ります。「関係詞＋ever」は名詞節か副詞節を作ります（ただし、however は、名詞節は作らず、副詞節だけを作ります）。No. 116 の解説参照。

125 be の品詞は（動詞）か（助動詞）である。☞ [リー教 p. 33　ベー教 p. 37]
（解説）学校文法では、一般にこの 2 つを区別せず、すべてを be 動詞と呼んでいます（ただし、辞書は区別しています）。F.o.R. では、この 2 つを峻別し、動詞の場合は be 動詞、助動詞の場合は be 助動詞と呼んでいます。No. 16 の解説参照。

126 副詞節を作る that の品詞は（従属接続詞）である。☞ [リー教 p. 126]
（解説）that という語は名詞節、形容詞節、副詞節のすべてを作ります。名詞節を作る that は従属接続詞、形容詞節を作る that は関係代名詞か関係副

Chapter 1　F.o.R. の基礎知識

詞、副詞節を作る that は従属接続詞です。したがって、that が名詞節か副詞節を作っているときは、that の働きは考える必要はありません（従属接続詞は内側では働かないからです）。that が形容詞節を作っているときは、that は内側で主語・動詞の目的語・前置詞の目的語・補語（← 関係代名詞の場合）、あるいは動詞修飾（← 関係副詞の場合）の働きをしているので、このいずれであるか考えなければいけません。No. 5 の解説参照。

127　述語動詞ではない動詞は（準動詞）である。☞ [リー教 p. 2]
（解説）動詞は必ず述語動詞か準動詞で使われます。どちらともつかないということは絶対にありません。述語動詞か準動詞かは常に明瞭に識別できます。したがって、述語動詞でなければ、必ず準動詞です。

128　裸の過去分詞の番号は（① ② −③ −④ −⑤）である。☞ [リー教 p. 75]
（解説）他動詞の過去分詞を裸で使った場合、動詞型が③ ④ ⑤になることは絶対にありません。他動詞の裸の過去分詞の動詞型は−③ −④ −⑤のどれかです。

129　着物を着ている過去分詞の可能性は（受身）（完了）である。☞ [リー教 p. 69]
（解説）No. 65 の解説参照。

130　裸の過去分詞の「前の品詞」は（形容詞）か（副詞）である。☞ [リー教 p. 75]
（解説）裸の過去分詞（＝be 助動詞をつけないで使った過去分詞形の動詞）は過去分詞形容詞用法か分詞構文のどちらかです。したがって、前の品詞は形容詞（← 過去分詞形容詞用法の場合）、副詞（← 分詞構文の場合）のどちらかです。裸の ing とは異なり、裸の過去分詞が名詞として使われることはありません。No. 65 の解説参照。

131　形容詞の what には（疑問形容詞）（感嘆形容詞）（関係形容詞）の 3 種類がある。☞ [リー教 p. 115, 131]
（解説）No. 120 の解説参照。

Questions and Answers 解答と解説

132 準動詞を否定する not は（準動詞の直前）に置く。☞ [ペー教 p. 134, 144]
（解説）不定詞を否定するときは「not to 原形」になります。また having p.p.（＝完了動名詞、完了現在分詞）を否定するときは、having not p.p. ではなく、not having p.p. にします。ただし、never で否定するときは having never p.p. も許されます（もちろん never having p.p. は正しい英語です）。p. 94 の（例文 4–3）参照。

133 関係詞には（関係代名詞）（関係形容詞）（関係副詞）の 3 種類がある。☞ [リ－教 p. 59, 122, 131]
（解説）「関係代名詞は名詞節を作り、関係形容詞は形容詞節を作り、関係副詞は副詞節を作る」という考えは重大な誤解です。関係詞は原則として形容詞節を作り、その形容詞節の中で名詞として働くものを関係代名詞、形容詞として働くものを関係形容詞、副詞として働くものを関係副詞と呼んでいるのです。なお、関係詞が名詞節や副詞節を作る例外は No. 137 の解説を参照してください。関係形容詞については No. 165 を参照してください。

134 動名詞の「前の働き」は（主語・動詞の目的語・前置詞の目的語・補語）である。☞ [リ－教 p. 40]
（解説）動名詞の「前の品詞」は名詞です。したがって、「前の働き」は主語・動詞の目的語・前置詞の目的語・補語です。厳密にいうと、この 4 つ以外に「同格」になることがあります。しかし、動名詞が副詞的目的格になることはありません。

135 副詞節を作る if の意味は（もしも）である。☞ [リ－教 p. 119]
（解説）名詞節を作る if の意味は（～かどうか）です。

136 裸の過去分詞の番号が（③ ④ ⑤）になることは絶対にない。☞ [リ－教 p. 72]
（解説）No. 128 の解説参照。

137 形容詞節を作る語は（関係詞）である。ただし、(what) と（関係詞＋ever）と（先行詞が省略された関係副詞）は除く。☞ [リ－教 p. 115, 125, 127]

63

Chapter 1　F.o.R. の基礎知識

（解説）関係詞の what（＝関係代名詞の what と関係形容詞の what）は名詞節を作ります（関係代名詞の what は、特定の形では、副詞節を作ることもあります）。関係詞＋ever は名詞節と副詞節を作ります。先行詞が省略された関係副詞は名詞節を作ります。No. 116 の解説参照。

138　ing 形の動詞は（動名詞）か（現在分詞）である。☞ [リー教 p. 38]
（解説）No. 37 の解説参照。

139　be 動詞の現在進行形は（am being）（is being）（are being）である。☞ [ベー教 p. 115]
（解説）be 動詞の ing 形である being は、一般動詞の ing 形とまったく同じように使われます。したがって、「進行形を作る be 助動詞の現在形である am, is, are」を「be 動詞の現在分詞である being」の前につければ現在進行形になります。本書 p. 92 を参照してください。

He is being patient.
　S　②　ªC
彼は今一時的に忍耐強くしている。

この英文は He is patient. を現在進行形にしたものです。この進行形の文は、He is patient. の is と patient の間に being を入れたのではありません。is patient を being patient に変え（being は be 動詞の ing 形です）、その前に is（＝進行形を作る be 助動詞の現在形）を置いたのです。

140　従属節の構造は（外側）と（内側）の 2 つに分けて認識しなければならない。☞ [リー教 p. 45]
（解説）No. 104、112 の解説参照。

141　−③の後にくる語句節は（副詞）である。☞ [リー教 p. 27]
（解説）−③の後には目的語も補語もきません。したがって、後にくる語句節は副詞要素（＝副詞、副詞句、副詞節）です。No. 66 の解説参照。

142　裸の過去分詞の可能性は（過去分詞形容詞用法）（分詞構文）である。☞ [リー教 p. 69]

Questions and Answers 解答と解説

(解説) No. 65 の解説参照。

143 過去分詞形容詞用法の「前の働き」は（名詞修飾）（補語）である。☞ [リー教 p. 13　ベー教 p. 121]
(解説) 過去分詞形容詞用法の「前の品詞」は形容詞、「前の働き」は名詞修飾か補語です。

144 同格とは（名詞を別の名詞で言い換えること）である。☞ [リー教 p. 97　パズル p. 179]
(解説) 本来「(名詞を別の名詞で) 言い換えること」を同格というのですが、この「(言い換えている) 名詞の働き」も同格と呼んでいます。また、文の内容を、文末に置いた名詞で総括することがあります。この場合も「文末に置かれて、文の内容を総括している名詞の働き」を同格と呼んでいます。ただ、あくまでも「同格」は名詞に関する概念ですから、形容詞を別の形容詞で言い換えているような場合は「同格」とは呼びません。この場合は、単なる「言い換え」です。

His index and middle fingers had been joined since birth, a not too
　　　　　S　　　　　　　　aux　　－③　　　　　ad　　　　　ad ⌣ ad
uncommon condition.
　　　　a　　　　　　　　同格

彼は、人差し指と中指が生まれつき癒着していた。これはそれほど珍しい症例ではない。

　His index and middle fingers had been joined since birth を a not too uncommon condition で総括しています。condition の働きは同格です。
　次は同格名詞節の例です。

What proof have you [that this was ordered]?
　　a　　O　③　S　　　接　S　　－③
　　　　同格

君は、これが注文されたというどんな証拠を持っているんだ？

　that this was ordered は名詞節で、働きは proof と同格です。proof は have の目的語です。What は疑問形容詞で proof を修飾しています。

なお、No. 172 の解説も参照してください。

145 being が助動詞のときは必ず (being p.p.) という形になり、これは (進行形・動名詞・現在分詞形容詞用法・分詞構文) のすべてで使われる。☞ [p. 92 (リー教) p. 41]
(解説)「be 助動詞の ing 形である being」は、進行形は作らず、受身か完了を作ります (ただし、完了を作ることは極めて稀です)。したがって、必ず「being p.p.」という形になります。being p.p. はこれ全体が「受身を表す 1 つの動詞の ing 形」です。進行形を作る be 助動詞をつけて「be being p.p.」にすれば受身進行形になります。being p.p. のままだと「裸の ing」ですから、動名詞・現在分詞形容詞用法・分詞構文になります。No. 89 の解説参照。

146 関係代名詞が省略されるのは (関係代名詞が形容詞節の先頭にあり) かつ (関係代名詞が形容詞節の中で動詞の目的語か前置詞の目的語になっている) 場合である。☞ [(リー教) p. 90]
(解説) 関係代名詞を省略するためには次の 2 つの条件を満たす必要があります。

1. 関係代名詞が形容詞節の先頭にある。
    関係代名詞が形容詞節の先頭にあればよく、必ずしも先行詞と接触している必要はありません。次の英文を見てください。

    The only female on earth (I can imagine spending the rest of my life with) is The Object.
    私がこれからの人生をともにすることを想像できる、この地上でたった一人の女性こそ、人生の目的なのだ。

2. 関係代名詞が形容詞節の中で動詞の目的語か前置詞の目的語になっている。
    たとえ関係代名詞が前置詞の目的語になっていても、関係代名詞の前に前置詞があってはダメです (＝その関係代名詞は省略できません)。これ

Questions and Answers 解答と解説

では関係代名詞が形容詞節の先頭にこないからです。

なお、ごくわずかな特定の形では、主格の関係代名詞が省略されることがあります。これは、この設問では考慮していません。

147 従属接続詞の働きは（副詞節を作る、ただし that・if・whether は名詞節も作る）である。☞ [リー教 p. 48]
（解説）従属接続詞を「that, if, whether」と「それ以外の従属接続詞」に分けると、前者は名詞節と副詞節を作り、後者は副詞節だけを作ります。No. 124 の解説参照。

148 having p.p. は（完了動名詞）（完了現在分詞形容詞用法）（完了分詞構文）のどれかである。☞ [リー教 p. 100]
（解説）No. 80 の解説参照。

149 感嘆形容詞の what の訳語は（なんて・いかに・どんなに）である。☞ [リー教 p. 131]
（解説）感嘆形容詞の what の訳語は、独立文（＝感嘆文）を作っているときは「なんて」、名詞節を作っているときは「いかに」または「どんなに」です。次の英文を見てください。

What a pretty flower this is!
　a　　a　　C　S ②

これはなんてきれいな花なんだろう！

I wish [I could tell you [what a pretty flower this is.]]
S ③ O S 　④　O O a　a　C　S ②

これがいかにきれいな花であるかを、あなたに伝えられたらいいのになあ。

150 have 助動詞の原形が使われるのは（前に一般助動詞がついている）場合と（前に to がついている）場合だけである。☞ [ペー教 p. 109]
（解説）have が助動詞のときは「must have p.p.」のように前に一般助動詞がついている場合と、「to have p.p.（完了不定詞）」の場合は原形ですが、それ以外は現在形です。

Chapter 1　F.o.R. の基礎知識

151　whoever は（名詞）節か（副詞）節のどちらかを作り、内側では（名詞）の働きをする。☞ [リー教 p. 127　 学校 p. 152]
（解説）whoever は内側では主語になり、内側で目的語の場合は whomever を使うのが文法の理屈ですが、実際には、内側で目的語になっている場合にも whoever を使うことがよくあります。これを考慮して、解答は「内側では（主語）の働きをする」ではなく「内側では（名詞）の働きをする」にしてあります。リー教では「関係詞＋ever」は whenever しか扱っていません。No. 116 の解説参照。

152　副詞節と名詞節の両方を作る従属接続詞は（that）（if）（whether）である。☞ [リー教 p. 48]
（解説）No. 147 の解説参照。

153　when S + V が従属節になると（名詞節）か（形容詞節）か（副詞節）である。☞ [リー教 p. 48, 54, 122, 125]
（解説）名詞節の場合 when は疑問副詞（このとき全体は「いつ S が V するのか（ということ）」という意味になります）か、関係副詞（このときは先行詞の the time が省略されていて、全体は「S が V するとき」という意味になります）です。形容詞節の場合 when は関係副詞で、全体は「S が V する（先行詞）」という意味になります。副詞節の場合 when は従属接続詞で、全体は「S が V するときに」という意味になります。

154　（活用）の 5 番目の形である ing 形は大きく分けると（動名詞）と（現在分詞）の 2 つに分かれる。このうち（現在分詞）は（進行形）（現在分詞形容詞用法）（分詞構文）の 3 つの可能性がある。☞ [リー教 p. 38]
（解説）No. 37 の解説参照

155　been p.p. は 1 つの動詞の（過去分詞）形で、前に（have）をつけて（完了）だけで用いられる。☞ [p. 91　 リー教 p. 40]
（解説）この 2 語を別々に捉えると、been は受身を作る be 助動詞の過去分詞形で、p.p. は動詞の過去分詞形です。この 2 語を一体として捉えると、been p.p. は（受身を表す）1 つの動詞の過去分詞形です。ただし、been p.p. は過去分詞形の 4 つの可能性のうち完了でしか使えません（have been p.p. は

68

受身の完了形です）。been p.p.（という1つの過去分詞形の動詞）は受身、過去分詞形容詞用法、分詞構文では使えません（been p.p. はこれ自体が受身ですから、いくら過去分詞形だからといって、この前にさらに受身を作る be 助動詞をつけて be been p.p. などという受身形がありえないのは当然です）。ちなみに、be being p.p. は、受身を表す動詞の ing 形（＝ being p.p.）の前に、進行形を作る be 助動詞をつけたもので受身進行形（意味は「～されつつある」）です。No. 69 の解説参照。

　なお、この動詞の活用を全部いうと、原形＝be p.p.、現在形＝am p.p.、is p.p.、are p.p.、過去形＝was p.p.、were p.p.、過去分詞形＝been p.p.、ing 形＝being p.p. です。

156　is made の過去形は（was made）である。☞［リー教 p. 28］
（解説）この2語を別々に捉えると、is は受身を作る be 助動詞の現在形で、made は動詞の過去分詞形です。この2語を一体として捉えると、is made は（受身を表す）1つの動詞の現在形です。この動詞を過去形にすると was made になります。ちなみに are made の過去形は were made です。

157　名詞節を作る語は（従属接続詞の that, if whether）（疑問詞）（関係詞の what）（関係詞＋ever）（先行詞が省略された関係副詞）である。☞［リー教 p. 48, 54, 115, 125, 127　学校 p. 152, 158］
（解説）疑問詞には「疑問代名詞」「疑問形容詞」「疑問副詞」の3種類があり、このいずれも名詞節を作ります。
　関係詞の what には関係代名詞と関係形容詞がありますが、このどちらも名詞節を作ります。
　関係詞＋ever は、however 以外は、すべて名詞節と副詞節を作ります（ただし、whenever と wherever が名詞節を作ることは稀です）。however は副詞節だけを作り、名詞節は作りません。
　先行詞が省略されていない関係副詞は形容詞節を作りますが、先行詞が省略された関係副詞は名詞節を作ります。

158　従属接続詞は内側で（働かない）。☞［リー教 p. 48］
（解説）従属接続詞は完全な文を従属節に変える働きだけをしていて、従属接続詞自体が従属節の中で文の要素として働くことはありません。

Chapter 1　F.o.R. の基礎知識

159　述語動詞の短い定義は（一人一役の動詞）で、長い定義は（構造上の主語を伴って文を作る動詞）である。☞ [リー教 p. 2]
（解説）「一人一役」と「文を作る」が述語動詞の特徴です。No. 91 の解説参照。

160　従属節の外側の 3 要素は（範囲）（品詞）（働き）である。☞ [リー教 p. 45]
（解説）範囲（＝どこからどこまでか）と品詞（＝名詞節、形容詞節、副詞節のどれか）と働き（＝その従属節はどんな働きをしているか）の 3 つを確認しないと、従属節の外側（の構造）を考えたことになりません。

161　動詞は「be かそれ以外か」という視点から（be 動詞）と（一般動詞）に分かれる。☞ [ベー教 p. 37]
（解説）一般動詞は「be 動詞以外のすべての動詞」です。

162　分詞構文には（現在分詞の分詞構文）と（過去分詞の分詞構文）の 2 つがある。☞ [リー教 p. 32, 38]
（解説）過去分詞も、現在分詞と同じように、分詞構文になれます。分詞構文は必ず ing 形だと決めつけて、過去分詞の分詞構文の場合、前に being を補う人がいますが、この考えは不適切です。p.p. という分詞構文（これは過去分詞が作る分詞構文です）と being p.p. という分詞構文（これは現在分詞が作る分詞構文です）は別物です（ニュアンスが違います）。過去分詞は being を必要とせず、過去分詞だけで分詞構文になれるのです。もし分詞構文が必ず ing 形なのだとしたら、分詞構文といわず、現在分詞構文というはずです。

163　従属接続詞の if は（名詞）節か（副詞）節を作る。☞ [リー教 p. 119]
（解説）if は名詞節を作るときは「～かどうか（ということ）」という意味を表し、副詞節を作るときは「もし～なら」という意味を表します。if が作る名詞節は「真主語」と「動詞の目的語」にはなれますが、「普通の主語」と「前置詞の目的語」と「補語」にはなれません。

164　動詞と名詞を兼ねる準動詞は（不定詞名詞用法）（動名詞）である。☞ [リー教 p. 38, 58]

（解説）分詞（＝現在分詞と過去分詞）には「名詞用法（＝動詞と名詞を兼ねる用法）」はありません。No. 19 の解説参照

165 関係形容詞は (whose)(which)(what) の3つである。☞ [リー教] p. 131 [学 校] p. 44]
（解説）名詞を修飾する形容詞を関係詞に置き換えることによって、文全体を形容詞節あるいは名詞節に変えることができます。このような関係詞は、働きが名詞修飾ですから、関係形容詞です。関係形容詞には whose, which, what の3種類があります。

　His name is James. の His を whose に変えて whose name is James にすると、全体は、たとえば a brother を修飾する形容詞節になります。a brother whose name is James は「名前がジェームズである兄 → ジェームズという名前の兄」という意味です。

　In that city she has lived for ten years. の that を which に変えて in which city she has lived for ten years にすると、全体は、たとえば Tokyo を説明する形容詞節になります。Tokyo, in which city she has lived for ten years は「東京、その都市で彼女は10年暮らしている」という意味になります。

　All the help is possible. の All the を what に変えて what help is possible にすると、全体は「可能であるすべての助力」という意味の名詞節になります。

166 補語になれる品詞は (名詞) と (形容詞) である。☞ [リー教] p. 13]
（解説）名詞と形容詞では「補語の判断基準」が異なります。名詞の場合は「主語とイコールの関係に立つ名詞（← 第2文型のとき）」「目的語とイコールの関係に立つ名詞（← 第5文型のとき）」の働きが補語です。形容詞の場合は「動詞の助けを借りて、間接的に名詞の状態を説明する形容詞」の働きが補語です。なお、一部の特定の副詞は補語になれます。No. 86 の解説参照

167 have to 原形動詞（〜しなければならない）は、通常 (助動詞＋述語動詞) として扱われるが、(to have to 原形動詞) や (having to 原形動詞) という形になる場合は、全体が1つの (不定詞)(動名詞)(現在分詞) として扱われる。☞ [ベー教] p. 68]

Chapter 1　F.o.R. の基礎知識

（解説）have to は、ought to や used to と同じように、1 つの助動詞として扱われます。しかし、本来この形は「動詞の have ＋ to 不定詞」なので、不定詞（＝ to have to 原形動詞）や動名詞・現在分詞（＝ having to 原形動詞）になります。この場合、本当は to have が不定詞であり、having が動名詞・現在分詞なのですが、便宜上、「to have to 原形動詞」の全体を 1 つの不定詞として扱い、「having to 原形動詞」の全体を動名詞・現在分詞として扱います（☞ p. 241）。

I hate having to go to work in the rain.
S　③　　O　①　　　ad　　　　ad
私は雨の中を仕事に行かなければならないのが嫌だ。

I do not want to have to leave this house.
S　　　　③　　　O　③　　a　O
私はこの家を去らなければならないことを望んでいない。

　また、一般助動詞は 2 つ重ねて使うことはできない（＝ S must can V のようなことはできない。S must be able to V にしなければならない）のですが、have to は前に一般助動詞を置くことができます。たとえば I may have to rely on your help in business and in private life. （私は仕事でも私生活でも、あなたの援助に頼らなくてはならないかもしれない）とか She doesn't have to leave this evening. （彼女は今晩出発する必要はない）のような具合です。

168　ing 形の動詞を述語動詞にするには（進行形）にするしかない。☞ [リー教 p. 35]
（解説）ing 形の動詞は、それだけでは述語動詞にはなれません。be 助動詞をつけて進行形にすれば述語動詞になれます。ただし、進行形でも、それを不定詞（＝進行形不定詞＝ to be -ing）にした場合は準動詞です。No. 96 参照。

169　不定詞名詞用法は（前置詞の目的語）になれない。☞ [リー教 p. 290]
（解説）No. 56 の解説参照。

Questions and Answers 解答と解説

170　ing 形の動詞で文を作るには（進行形）にするしかない。☞ [リー教] p. 35］
（解説）ing 形の動詞は be 助動詞をつけて進行形にすれば述語動詞になれるので、文を作れます。ただし、進行形不定詞（= to be -ing）にした場合は準動詞ですから文は作れません。No. 96、168 参照

171　裸の過去分詞に目的語が（2 個つくこと）は絶対にない。☞ [リー教] p. 75］
（解説）目的語が 2 個つく動詞型は④です。しかし、裸の過去分詞の動詞型は「①②-③-④-⑤」のどれかで、裸の過去分詞が④になることはありません。したがって、裸の過去分詞に目的語が 2 個つくことは絶対にありません。

172　名詞が余っているときは（同格）（副詞的目的格）（being が省略された分詞構文）のどれかである。☞ [リー教] p. 97　[パズル] p. 178］
（解説）名詞が基本的働き（= 主語・動詞の目的語・前置詞の目的語・補語）のいずれでもないとき「その名詞は余っている」といいます。そのようなときは、「同格」「副詞的目的格」「being が省略された分詞構文」のどれだろうか？ と考えます。「being が省略された分詞構文」の場合、余っている名詞の働きは「省略されている being の意味上の主語」または「省略されている being の補語」です。この場合は「（意味上の）主語」「補語」という基本的働きをしているわけですから、この名詞は一見余っているように見えるだけで、本当は余っていません。

　　　　A poor student, he could not afford such extravagance.
　Being　a　　nC　　S　aux　ad　③　　a　　O
　ad ②
貧しい学生だったので、彼はそんなぜいたくはできなかった。

　　he could not afford such extravagance は完全な文（= 構造上必要な要素がすべて揃った文）ですから、A poor student は余っています。A poor student は Being a poor student から Being が省略された形で、A poor student は Being の補語です。

73

Her father dead, she had to give up school.
　　　S′ being ᵃC　　S　　aux　③　ad　　O
　　　　　ad ②

父親が死んだので、彼女は学校をやめなければならなかった。

　she had to give up school は完全な文ですから、Her father は余っています。Her father dead は Her father being dead から being が省略された形で、Her father は being の意味上の主語です。なお、dead は being の補語であって、Her father を修飾しているのではありません。

173 名詞の what の働きは（主語）（動詞の目的語）（前置詞の目的語）（補語）である。☞ [リー教 p. 116]
（解説）「what の品詞・働き」と「what 節の品詞・働き」は別物です。はっきり分けて認識しなければいけません。次の文を見てください。

The village is now very different from [what it was ten years ago.]
　　S　②　ad　ad　　ᵃC　　ad　　ⁿC　S　②　副詞的目的語　ad

村は10年前の姿とは今はまったく違っている。

　what の品詞・働き → what は関係代名詞で、was の補語です。
　what 節の品詞・働き → what it was ten years ago は名詞節で、from の目的語です。
　名詞の what（厳密に言えば、代名詞の what）は「名詞の基本的働き（＝主語、動詞の目的語、前置詞の目的語、補語）」の必ずどれかになります。「名詞の例外的働き（＝副詞的目的格、同格）」にはなりません。ちなみに what が作る名詞節は「名詞の基本的働き」の他に「同格」になることがあります。ただし、副詞的目的格にはなりません。No. 122 の解説参照。

174 関係副詞は（when）（where）（why）（how）（that）の5つである。☞ [リー教 p. 122]
（解説）関係副詞は「時を表す語を先行詞にする when」「場所を表す語を先行詞にする where」「理由を表す語を先行詞にする why」「方法を表す語を先行詞にする how」「when, where, why, how の代わりに使うことができる that」の5種類があります。

Questions and Answers 解答と解説

175 分詞構文は（時）（理由）（条件）（譲歩）（付帯状況）（言い換え）の意味を表す。☞ [リー教 p. 114　ベー教 p. 131]
（解説）「言い換え」というのは主文の内容を、再び分詞構文で言い直しているケースです。

176 when S + V が名詞節のときは（いつ S が V するのか）と（S が V するとき）の 2 つの意味がある。☞ [リー教 p. 54, 125]
（解説）No. 153 の解説参照。

177 関係詞 + ever は（名詞）節か（副詞）節を作る。☞ [リー教 p. 127　学校 p. 152, 158]
（解説）関係詞の末尾に ever をつけた語は「複合関係詞」と呼ばれ、however 以外は、すべて名詞節と副詞節を作ります（ただし、whenever と wherever が名詞節を作ることは稀です）。however は副詞節だけを作り、名詞節は作りません。No. 116 の解説参照。

178 不定詞形容詞用法の「前の働き」は（名詞修飾）（補語）である。☞ [リー教 p. 40]
（解説）不定詞形容詞用法の「前の品詞」は形容詞です。

179 過去分詞形の動詞を述語動詞にするには（受身）か（完了）にするしかない。☞ [リー教 p. 69　ベー教 p. 150]
（解説）裸の過去分詞は必ず準動詞ですから、過去分詞形の動詞を述語動詞にするには be 助動詞か have 助動詞をつけて受身か完了にするしかありません。ただし、受身か完了にすれば、すべて述語動詞になるわけではなく、「受身不定詞」「受身動名詞」「受身の現在分詞形容詞用法」「受身の分詞構文」「完了不定詞」「完了動名詞」「完了現在分詞形容詞用法」「完了分詞構文」は準動詞です。No. 65 の解説参照

180 関係代名詞の内側の働きは（主語）（動詞の目的語）（前置詞の目的語）（補語）である。☞ [リー教 p. 63]
（解説）関係代名詞は「名詞の例外的働き（＝同格と副詞的目的格）」にはなりません。

75

Chapter 1　F.o.R. の基礎知識

181 裸の過去分詞の「前の品詞」が（名詞）になることはない。☞ [リー教 p. 75]
（解説）裸の過去分詞は過去分詞形容詞用法か分詞構文のどちらかです。したがって、裸の過去分詞の前の品詞は形容詞か副詞のどちらかで、名詞になることはありません。

182 原形動詞を用いる場所は（to の後）（一般助動詞の後）（命令文）（使役動詞・知覚動詞の補語）（仮定法現在）である。☞ [リー教 p. 7]
（解説）原形動詞が使われるのは原則としてこの 5 ヶ所です。これ以外で原形動詞が使われるのは、「cannot but 原形（〜せざるをえない）」のような定型的な慣用表現に限られます。
　ここで原形動詞の枠組みについて説明しましょう。ただし、これは F.o.R. の捉え方であって、別の文法体系では別の捉え方もありうることに注意してください。

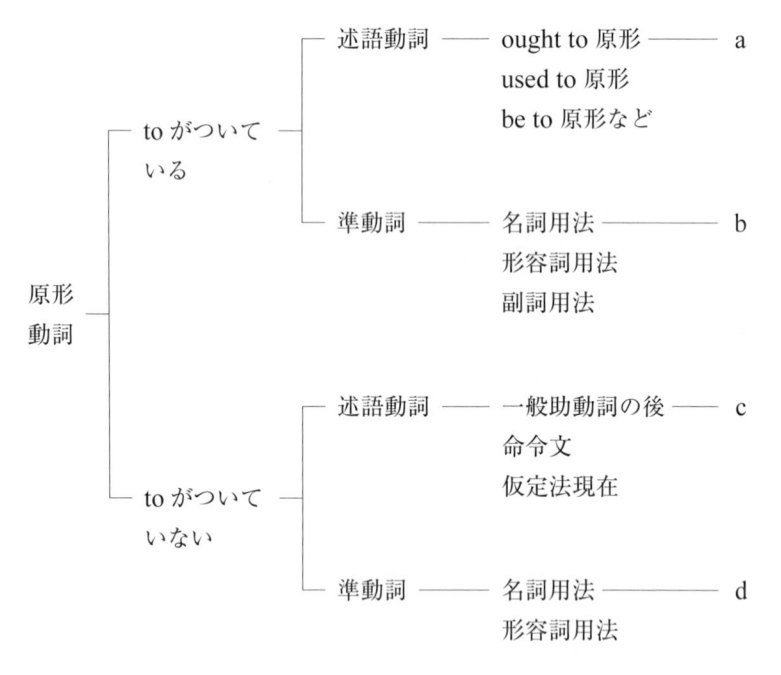

```
                    ┌─ 述語動詞 ─── ought to 原形 ─── a
                    │               used to 原形
          ┌ to がついて ┤               be to 原形 など
          │  いる     │
          │         └─ 準動詞 ──── 名詞用法 ─────── b
          │                       形容詞用法
原形       │                       副詞用法
動詞 ─────┤
          │         ┌─ 述語動詞 ─── 一般助動詞の後 ── c
          │         │               命令文
          │ to がついて ┤               仮定法現在
          └  いない    │
                    └─ 準動詞 ──── 名詞用法 ─────── d
                                   形容詞用法
```

＊「to がついた原形動詞（a と b）」と「to がつかない原形動詞で準動詞になっているもの（d）」を不定詞と呼びます。前者が to 不定詞、後者が原形不定詞です。

Questions and Answers 解答と解説

＊「to がつかない原形動詞で述語動詞になっているもの (c)」は不定詞とは呼びません。
＊原形不定詞 (d) は、形容詞用法 (=「使役動詞・知覚動詞の補語」になる場合) がほとんどですが、定型的な慣用表現では名詞用法になることもあります。たとえば、All you have to do is write your name here.（あなたがしなければいけないすべてのことは、ここに名前を書くことです → あなたはここに名前を書きさえすればよい）のような表現です（write は原形不定詞名詞用法で is の補語です）。原形不定詞は副詞用法では使われません。
＊原形動詞は、不定詞の場合は「助動詞の一部＋述語動詞 (a)」だけが述語動詞で、それ以外 (b と d) はすべて準動詞です。不定詞でない場合 (c) はすべて述語動詞です。
＊「原形動詞を用いる5つの場所」は「to の後」がaとb、「一般助動詞の後」「命令文」「仮定法現在」がc、「使役動詞・知覚動詞の補語」がdです。「to の後」と「一般助動詞の後」は「ought to 原形」や「used to 原形」の場合には重なることに注意してください。つまり、ought to 原形の原形は「to の後」と捉えることもできますし、「一般助動詞の後」と捉えることもできます。前者の捉え方をすれば、この原形動詞は不定詞 (to 不定詞) ですし、後者の捉え方をすれば、この原形動詞は不定詞ではありません。
＊「不定詞の4つの可能性」は「助動詞の一部＋述語動詞」がa、不定詞名詞用法と不定詞形容詞用法がbとd、不定詞副詞用法がbです。

さて、以上のような枠組みですから、原形は活用（より正確に言えば活用形）ですが、不定詞は活用ではありません。これは、ちょうど ing 形は活用ですが、動名詞と現在分詞は活用ではないのと同じ関係です。

183 whatever は（名詞）節か（副詞）節のどちらかを作り、内側では（名詞）か（形容詞）のどちらかの品詞で働く。☞ [リー教] p. 127　[学　校] p. 158
（解説）whatever は単に疑問詞 what の強調形にすぎないこともあります。また、単に any の強調形にすぎないこともあります。あるいは、単に at all ＝ in any way と同じ意味を表すこともあります。しかし、これらはあくまでも例外で、原則として whatever は次の4つのどれかになります。

1. whatever は名詞で、名詞節を作る。

77

2. whatever は名詞で、副詞節を作る。
3. whatever は形容詞で、名詞節を作る。
4. whatever は形容詞で、副詞節を作る。

184　疑問詞に導かれた疑問文は（語順を平叙文の語順に変えるだけ）で全体が名詞節になる。☞ [リー教 p. 54]
（解説）疑問詞が主語になっているときは、疑問文の語順と平叙文（＝疑問文以外の普通の文）の語順は同じですから、語順を変えずに、そのまま名詞節になります。疑問詞が作る名詞節は「間接疑問文」と呼ばれます。

185　名詞節を作る that の品詞は（従属接続詞）である。☞ [リー教 p. 126]
（解説）No. 126 の解説参照。

186　大黒柱とは（主節の述語動詞）のことである。☞ [リー教 p. 45]
（解説）F.o.R. では述語動詞を「主節の述語動詞」と「従属節の述語動詞」に分け、前者を（英文の）大黒柱と呼んで、特に重視します。

187　現在形と過去形は必ず（述語動詞）になる。☞ [リー教 p. 5]
（解説）No. 51 の解説参照。

188　（意味上の）主語＋（準）動詞は、主語＋動詞ではあるが、文ではない。☞ [リー教 p. 3]
（解説）英文法では「（構造上の）主語＋述語動詞」という構成をもつ語群だけを「文」と呼びます。なお、F.o.R. では「大文字で始まり、ピリオドで終わる語群全体」を「英文」と呼んで、「文」と区別しています。したがって、複文（＝従属節を含んだ英文）の場合は、1つの英文の中に複数の文があることになります。ちなみに短文と単文は違う概念です。短文は「長さが短い英文」を指す言葉で、短文でも複文のことはいくらでもあります。単文は「従属節を含んでいない英文」のことです。単文でも長文（＝長さが長い英文）のことはいくらでもあります。また文章というのは英文が複数集まったもので、長い文章を長文と呼ぶこともあります（長文読解など）。さらに重文という言葉もあります。これは「文と文が等位接続詞でつながれている英文」を指します（したがって、重文の場合も、1つの英文の中に複数の

文があることになります)。頭がこんがらがってしまいますが、皆さんは「英文」と「文」の違い、「単文」と「複文」の違いを押さえておけば重文 . . . じゃなかった、十分です。

189 名詞の働きをすべて言うと(主語)(動詞の目的語)(前置詞の目的語)(補語)(同格)(副詞的目的格)である。☞ [リー教 p. 25]
(解説)「主語・動詞の目的語・前置詞の目的語・補語」を名詞の基本的働きと呼び、「同格・副詞的目的格」を名詞の例外的働きと呼びます。

190 ②番の動詞が「裸の過去分詞」で使われるのは(〜になる)という意味の動詞で、具体的には(become, turned, gone)である。☞ [リー教 p. 76]
(解説)②(=不完全自動詞)の過去分詞を裸で(=助動詞をつけずに)使うのは珍しい現象で、「〜になる」という意味の動詞に限られます。具体的には become, turned, gone の3つです。自動詞を裸の過去分詞で使ったときは「完了」の意味を表すので、いずれも「〜になってしまった」という意味を表します。

191 不定詞の4つの可能性は(助動詞の一部+述語動詞)(不定詞名詞用法)(不定詞形容詞用法)(不定詞副詞用法)である。☞ [リー教 p. 58]
(解説)「ought to 原形動詞」や「used to 原形動詞」の「to 原形動詞」の部分を不定詞と捉えると、この不定詞は「to の部分が助動詞の一部に組み込まれ」「原形動詞の部分が述語動詞」になっています。これが「助動詞の一部+述語動詞」です。ただし、通常はこの部分を不定詞と捉えることはしないので、不定詞は「名詞用法・形容詞用法・副詞用法」のどれかと考えればよいのです。なお、原形と不定詞の関係については No. 182 の解説参照。

192 名詞の例外的働きは(同格)(副詞的目的格)である。☞ [リー教 p. 25, 97]
(解説) No. 172、189 の解説参照。

193 whenever は原則として(副詞)節を作り、内側では(副詞)の働きをする。☞ [リー教 p. 127]
(解説) whenever は関係副詞の when の末尾に ever をつけた語ですから、内

側では副詞の働き（具体的には動詞修飾）をします。外側では副詞節か名詞節を作りますが、名詞節を作ることは稀です。

194　being p.p. に着物を着せると（be being p.p.）となり、これは（受身進行形）と呼ばれる。☞ [p. 92　リー教 p. 40　ベー教 p. 111]
（解説）No. 89 の解説参照。

195　完了準動詞には（完了不定詞）（完了動名詞）（完了現在分詞）の 3 種類がある。☞ [リー教 p. 100]
（解説）to have p.p. と having p.p. を完了準動詞と呼び、これ全体を 1 つの準動詞として扱います。to have p.p. は完了不定詞、having p.p. は完了動名詞または完了現在分詞です。完了現在分詞の場合は「完了現在分詞形容詞用法」か「完了分詞構文」になります。No. 80 の解説参照。

196　従属接続詞の that が作る名詞節が（前置詞の目的語）になるときは（in, except, but, save 以外の前置詞）は省略しなければいけない。☞ [リー教 p. 136]
（解説）従属接続詞の that が作る名詞節が前置詞の目的語になるときは、前置詞を省略するのが原則です。しかし、in, except, but, save の 4 つの前置詞は省略しません。in that S + V は「S + V という点で、S + V なので」という意味です。except that S + V と but that S + V と save that S + V はいずれも「S + V ということ以外は」という意味を表します。

197　裸の現在分詞の可能性は（現在分詞形容詞用法）（分詞構文）である。☞ [リー教 p. 38　ベー教 p. 125]
（解説）No. 37 の解説参照。

198　名詞節を作る if の意味は（〜かどうか）である。☞ [リー教 p. 119]
（解説）if が作る名詞節は動詞の目的語として使うのが原則です（真主語になることも稀にあります）。副詞節を作る if の意味は「もしも」です。No. 163 の解説参照

199　名詞節を作る whether の意味は（〜かどうか）である。☞ [リー教 p. 119]
（解説）whether が作る名詞節は主語・動詞の目的語・前置詞の目的語・補

語・同格のどれにでもなれます。副詞節を作る whether の意味は（〜であろうとなかろうと）です。

200 受身の過去進行形は (was being p.p.) (were being p.p.) である。☞ [ペー教 p. 127]
（解説）受身を表す ing 形の動詞は「being p.p.」です。この前に「進行形を作る be 助動詞の過去形」をつければ「受身の過去進行形」になります。

Chapter 1　F.o.R. の基礎知識

Questions II　Grouped by Topic

　ここでは、Questions I でやった問題を項目別に編成しています。各項目の理解ができているかどうかを確認するのに活用してください。

Section 1　文・品詞・動詞型・受身

4　-④の後には（　　）がくる。
6　動詞の働きは（　　）である。
15　-⑤の後には（　　）がくる。
27　動詞は「動詞型」という視点から（　　）に分かれる。
30　疑問詞には（　　）（　　）（　　）の3種類がある。
32　②の後には（　　）がくる。
33　後ろに目的語を1つ必要とする動詞型は（　　）番と（　　）番である。
35　文とは（　　）＋（　　）である。
42　動詞は「目的語を伴うか否か」という視点から（　　）と（　　）に分かれる。
60　受身にできる動詞は（　　）に限られる。
66　-③の後には（　　）も（　　）もこない。
78　接続詞には（　　）と（　　）の2種類がある。
88　受身文とは（　　）文である。
92　後ろに補語だけを必要とする動詞型は（　　）番と（　　）番である。
97　可算名詞の単数形は原則として（　　）使えない。
101　後ろに目的語を2つ必要とする動詞型は（　　）番である。
103　③の後には（　　）がくる。
106　①の後にくる語句節は（　　）である。
107　後ろに目的語も補語も伴わない動詞型は（　　）番と（　　）番である。
114　動詞は「補語を伴うか否か」という視点から（　　）と（　　）に分けかる。
141　-③の後にくる語句節は（　　）である。
188　（　　）主語＋（　　）動詞は、主語＋動詞ではあるが、文ではない。

200 受身の過去進行形は（　）（　）である。

> **Section 1**　解答
>
> 4 動詞の目的語　6 ① ② ③ ④ ⑤ －③ －④ －⑤　15 補語　27　① ② ③ ④ ⑤ －③ －④ －⑤　30 疑問代名詞 / 疑問形容詞 / 疑問副詞 32 補語 33 ③ / －④ 35 構造上の主語 / 述語動詞 42 他動詞 / 自動詞 60 他動詞 66 目的語 / 補語 78 等位接続詞 / 従属接続詞 88 能動態の文の目的語を主語にした 92 ② / －⑤ 97 限定詞なしでは 101 ④ 103 動詞の目的語 106 副詞 107 ① / －③ 114 不完全動詞 / 完全動詞 141 副詞 188 意味上の / 準 200 was being p.p. / were being p.p.

Chapter 1　F.o.R. の基礎知識

Section 2　働き

11　前置詞と結びついた名詞の働きを（　　）といい、前置詞＋名詞で（　　）または（　　）の働きをする。

28　動詞に直接ついていて、かつ主語とイコールの関係に立たない名詞を（　　）という。

41　（　　）の助けを借りて、間接的に名詞の状態を説明する形容詞の働きを（　　）という。

47　目的語になれる品詞は（　　）である。

52　動詞に直接ついていて、かつ主語ないし目的語とイコールの関係に立つ名詞を（　　）という。

62　名詞の基本的働きは（　　）（　　）（　　）（　　）である。

81　前置詞は名詞と結びついて（　　）または（　　）を作る。

86　副詞の働きは（　　）（　　）（　　）（　　）である。

100　主語には（　　）と（　　）の2種類がある。

108　形容詞の働きは（　　）と（　　）である。

123　形容詞・副詞を修飾する副詞的目的格は必ず（　　）に置く。

144　同格とは（　　）である。

166　補語になれる品詞は（　　）と（　　）である。

172　名詞が余っているときは（　　）（　　）（　　）のどれかである。

189　名詞の働きをすべて言うと（　　）（　　）（　　）（　　）（　　）（　　）である。

192　名詞の例外的働きは（　　）（　　）である。

Section 2　解答

11 前置詞の目的語 / 形容詞 / 副詞 28 動詞の目的語 41 動詞 / 補語 47 名詞だけ 52 補語 62 主語 / 動詞の目的語 / 前置詞の目的語 / 補語 81 形容詞句 / 副詞句 86 動詞修飾 / 形容詞修飾 / 他の副詞修飾 / 文修飾 100 構造上の主語 / 意味上の主語 108 名詞修飾 / 補語 123 形容詞・副詞の直前 144 名詞を別の名詞で言い換えること 166 名詞 / 形容詞 172 同格 / 副詞的目的格 / being が省略された分詞構文 189 主語 / 動詞の目的語 / 前置詞の目的語 / 補語 / 同格 / 副詞的目的格 192 同格 / 副詞的目的格

Section 3　活用

- 22　動詞は「活用」という視点から（　）（　）（　）（　）（　）の5つに分かれる
- 70　未来形は（　）ではない。
- 79　活用は通常（　）（　）（　）の3つを示すことによって表される。
- 156　is made の過去形は（　）である。
- 182　原形動詞を用いる場所は（　）（　）（　）（　）である。

Section 3　解答

22 原形 / 現在形 / 過去形 / 過去分詞形 / ing 形　70 活用　79 原形 / 過去形 / 過去分詞形　156 was made　182 to の後 / 一般助動詞の後 / 命令文 / 使役動詞・知覚動詞の補語 / 仮定法現在

Chapter 1　F.o.R. の基礎知識

Section 4　助動詞

29　「助動詞＋動詞」をまとめて1つの動詞にするのは（　　）と（　　）と（　　）の場合である。
43　have 助動詞の後には（　　）の動詞がくる。
53　be 助動詞の後には（　　）か（　　）の動詞がくる。
74　have 助動詞の活用は（　　）。
85　一般助動詞の後には（　　）の動詞がくる。
98　be 助動詞か have 助動詞がついた動詞は（　　）のこともあれば（　　）のこともある。
99　「can 原形動詞」の否定形は（　　）か（　　）である。
110　一般助動詞の活用は（　　）。ただし（　　）は（　　）のことがある。
111　助動詞には（　　）（　　）（　　）の3種類がある。
150　have 助動詞の原形が使われるのは（　　）場合と（　　）場合だけである。

Section 4　解答

29 受身 / 進行形 / 完了準動詞　43 過去分詞形　53 過去分詞形 / ing 形　74 過去分詞形だけがない　85 原形　98 述語動詞 / 準動詞　99 cannot 原形動詞 / can't 原形動詞　110 現在形と過去形しかない / do / 原形　111 be 助動詞 / have 助動詞 / 一般助動詞　150 前に一般助動詞がついている / 前に to がついている

Questions Ⅱ　Grouped by Topic

Section 5　述語動詞・準動詞

- 2　動詞は「文をつくるか否か」という視点から（　）と（　）に分かれる。
- 10　絶対に述語動詞と言えるのは（　）の場合と（　）場合である。
- 18　準動詞の「後の働き」は（　）である。
- 19　動詞と形容詞を兼ねる準動詞は（　）（　）（　）である。
- 20　動詞は「一人一役か一人二役か」という視点から（　）と（　）に分かれる。
- 23　一人一役とは（　）である。
- 49　必ず準動詞になる活用は（　）と（　）である。
- 51　必ず述語動詞になる活用は（　）と（　）である。
- 58　動詞と副詞を兼ねる準動詞は（　）（　）である。
- 71　一般助動詞がついた動詞は絶対に（　）である。
- 84　一人二役とは（　）である。
- 91　準動詞の短い定義は（　）で、長い定義は（　）である。
- 127　述語動詞ではない動詞は（　）である。
- 132　準動詞を否定する not は（　）に置く。
- 159　述語動詞の短い定義は（　）で、長い定義は（　）である。
- 164　動詞と名詞を兼ねる準動詞は（　）（　）である。
- 186　大黒柱とは（　）のことである。
- 187　現在形と過去形は必ず（　）になる。

Section 5　解答

2 述語動詞／準動詞 10 現在形・過去形／現在形・過去形の助動詞がついている 18 ①②③④⑤-③-④-⑤ 19 不定詞形容詞用法／現在分詞形容詞用法／過去分詞形容詞用法 20 述語動詞／準動詞 23 動詞が動詞の働きだけをすること 49 裸の過去分詞／裸の ing 51 現在形／過去形 58 不定詞副詞用法／分詞構文 71 述語動詞 84 動詞が動詞以外に名詞・形容詞・副詞の働きをすること 91 一人二役の動詞／構造上の主語を伴わないので文は作れないが、その代わり名詞・形容詞・副詞の働きを兼ねる動詞 127 述語動詞 132 準動詞の直前 159 一人一役の動詞／構造上の主語を伴って文を作る動詞 164 不定詞名詞用法／動名詞 186 主節の述語動詞 187 述語動詞

Chapter 1　F.o.R. の基礎知識

Section 6　be

3　be 助動詞の活用は（　　）。
16　be の可能性は（　　）（　　）（　　）（　　）（　　）である。
125　be の品詞は（　　）か（　　）である。
139　be 動詞の現在進行形は（　　）（　　）（　　）である。
161　動詞は「be かそれ以外か」という視点から（　　）と（　　）に分かれる。

Section 6　解答

3 すべての活用形がある　16 ① / ② / 進行形 / 受身 / 完了 / 助動詞 be to　125 動詞 / 助動詞　139 am being / is being / are being　161 be 動詞 / 一般動詞

Questions Ⅱ　Grouped by Topic

Section 7　been と being

　do（〜をする）、go（行く）、come（来る）、can（〜できる）、must（〜しなければいけない）というように、動詞や助動詞は、それ自体が他とは違うはっきりした意味をもっています。それに対し、be という語は「ある、いる、である」といったあまりインパクトのない意味を表しているので、つい軽視されがちで、中でも been と being は「あってもなくても大差ない、飾りのような言葉」くらいの認識で済ませている人がたくさんいます。もちろん、これでは正確に英語を運用することはできません。

　『英語リーディング教本』も『英語ベーシック教本』も「been と being の重要な勘所」は説明していますが、体系的な位置づけから説き起こして、全体像を明らかにする記載はありません（リー教 p. 40　ベー教 p. 127, 141, 176　学　校 p. 131）。そこで、ここで「been と being の全体像」を確認しておきましょう。

　be は動詞と助動詞があり、どちらも5つの活用形のすべてをもっています。原形は「be」、現在形は「am, is, are」、過去形は「was, were」、過去分詞形は「been」、ing 形は「being」です。したがって、been は「be 動詞の過去分詞形」と「be 助動詞の過去分詞形」の2つの可能性があり、being は「be 動詞の ing 形」と「be 助動詞の ing 形」の2つの可能性があります。

　次に、動詞の過去分詞形と ing 形の枠組みを確認しておきます。

　過去分詞形は「be 助動詞がついて受身か完了」「have 助動詞がついて完了」「助動詞がつかずに過去分詞形容詞用法か分詞構文」です。

　ing 形は「be 助動詞がついて進行形」「be 助動詞がつかずに動名詞か現在分詞形容詞用法か分詞構文」です。

　さらに、be 助動詞の枠組みを確認します。

　be 助動詞は「後に過去分詞形の動詞を伴うと受身か完了」になります（他動詞の過去分詞だと受身、自動詞の過去分詞だと完了です）。「**後に ing 形の動詞を伴うと進行形**」になります。

　以上の枠組みの中で been と being の可能性を検討してみましょう。まず結論だけを簡潔に示し、次にすべての可能性を検討します。〈すべての可能性の検討〉は〈結論〉と〈詳細〉に分かれています。〈詳細〉は煩雑ですから、参考程度にお読みになれば結構です。

89

Chapter 1　F.o.R. の基礎知識

〈結論〉

> been
> 動詞の been → 必ず have been になります。
> 　　具体的には have been, has been, had been, having been のどれかです。
> 助動詞の been → 必ず have been p.p. か have been -ing になります。
> 　　具体的には have been p.p., has been p.p., had been p.p., having been p.p. / have been -ing, has been -ing, had been -ing, having been -ing のどれかです。
> being
> 動詞の being → ing 形の 4 つの可能性のすべてがあります。
> 助動詞の being → 必ず being p.p. になり、being p.p. は ing 形の 4 つの可能性のすべてがあります。

〈すべての可能性の検討〉

> 動詞の been
> （結論）必ず前に have 助動詞がつきます。

（詳細）be 助動詞がついて受身か完了 → 動詞の been に be 助動詞がつくことはありません（＝ be been という形はありません）。
have 助動詞がついて完了 → 動詞の been に have 助動詞がつくと完了になります。具体的には have been, has been, had been, having been のどれかになります。
　　having been は完了動名詞（例文 1）、完了現在分詞形容詞用法、完了分詞構文（例文 2）のどれかになりますが、完了現在分詞形容詞用法は稀です。
助動詞がつかずに過去分詞形容詞用法か分詞構文 → 動詞の been は裸で（＝助動詞がつかずに）使われることはありません。

> 助動詞の been
> （結論）必ず前に have 助動詞がつき、後には過去分詞形か ing 形の動詞が続きます。

（詳細）後に過去分詞形の動詞を伴うと受身か完了 → 助動詞の been は後に他動詞の過去分詞形を伴って受身になります。「been p.p.」という形です（been p.p. の p.p. が自動詞で、完了になることはありません）。ところで「been p.p.」はこれ全体が 1 つの動詞の過去分詞形として扱われます。そこで、さらに「been p.p.」を「動詞の過去分詞形の枠組み」で検討します。

　　be 助動詞がついて受身か完了 → been p.p. に be 助動詞がつくことはありません（= be been p.p. という形はありません）。

　　have 助動詞がついて完了 → been p.p. に have 助動詞がつくと完了になります（受身完了です）。具体的には have been p.p., has been p.p., had been p.p., having been p.p. のどれかになります。

　　　having been p.p. は受身完了動名詞（例文 3）、受身完了分詞構文（例文 4）です。理論上は受身完了現在分詞形容詞用法も考えられますが、実際には使われません。

　　助動詞がつかずに過去分詞形容詞用法か分詞構文 → been p.p. は裸で（= 助動詞がつかずに）使われることはありません。

後に ing 形の動詞を伴うと進行形 → 助動詞の been は後ろに ing 形の動詞を伴って進行形になります。「been -ing」という形です。ところで「been -ing」はこれ全体が 1 つの動詞の過去分詞形として扱われます。そこで、さらに「been -ing」を「動詞の過去分詞形の枠組み」で検討します。

　　be 助動詞がついて受身か完了 → been -ing に be 助動詞がつくことはありません（= be been -ing という形はありません）。

　　have 助動詞がついて完了 → been -ing に have 助動詞がつくと完了になります（完了進行形です）。具体的には have been -ing, has been -ing, had been -ing, having been -ing のどれかになります。

　　　having been -ing は完了進行形動名詞（例文 5）、完了進行形分詞構文（例文 6）です。ただし完了進行形動名詞は稀です。また、理論上は完了進行形現在分詞形容詞用法も考えられますが、実際には使われません。

　　助動詞がつかずに過去分詞形容詞用法か分詞構文 → been -ing は裸で（= 助動詞がつかずに）使われることはありません。

動詞の being
（結論）一般動詞の ing 形と同様に、4 つの可能性のすべてがあります。

Chapter 1　F.o.R. の基礎知識

(詳細) be 助動詞がついて進行形 → 動詞の being に be 助動詞がつくと進行形になります。be being は be 動詞の進行形です (例文 7)。
be 助動詞がつかずに動名詞か現在分詞形容詞用法か分詞構文 → 動詞の being は、助動詞がつかず、裸で使われると動名詞 (例文 8) か現在分詞形容詞用法 (例文 9) か分詞構文 (例文 10) になります。ただし現在分詞形容詞用法は名詞修飾では使われません。必ず補語です。

助動詞の being
(結論) 必ず後に過去分詞形の動詞が続き、being p.p. は、一般動詞の ing 形と同様に、4 つの可能性のすべてがあります。

(詳細) 後に過去分詞形の動詞を伴うと受身か完了 → 助動詞の being は後に過去分詞形の動詞を伴って受身か完了になります。「being p.p.」という形です。ところで「being p.p.」はこれ全体が 1 つの動詞の ing 形として扱われます。そこで、さらに「being p.p.」を「動詞の ing 形の枠組み」で検討します。
　　　be 助動詞がついて進行形 → 動詞の being p.p. に be 助動詞がつくと進行形になります。be being p.p. は受身進行形です (例文 11)。be being p.p. の p.p. が自動詞で、(完了の意味を表す) 進行形になることはありません。
　　　be 助動詞がつかずに動名詞か現在分詞形容詞用法か分詞構文 → 動詞の being p.p. は、be 助動詞がつかず、裸で使われると受身動名詞 (例文 12) か受身現在分詞形容詞用法 (例文 13) か受身分詞構文 (例文 14) になります。ただし、受身分詞構文は being をつけず過去分詞だけで分詞構文にすることが多いです。being p.p. の p.p. が自動詞で、(完了の意味を表す) 動名詞、(完了の意味を表す) 現在分詞形容詞用法、(完了の意味を表す) 分詞構文になることは極めて稀です。
後に ing 形の動詞を伴うと進行形 → 助動詞の being は後に ing 形の動詞を伴って進行形になることはありません (= being -ing という進行形はありません)。

理論上はありえるが、実際には少ないか、使われないもの
　以上の詳細な検討の中には「理論上はありえるが、実際には少ないか、使われないもの」がいくつか指摘されています。これだけを取り出して、もう一度まとめてみましょう。

＊動詞の being は現在分詞形容詞用法のときは名詞修飾にはならない（補語にはなる）。
＊being p.p. の p.p. に自動詞が入って完了の意味を表すことは極めて稀である。
  → be being 自動詞の p.p. という（完了の意味を表す）進行形はない。
  → being 自動詞の p.p. という（完了の意味を表す）動名詞、現在分詞形容詞用法、分詞構文は極めて稀である。
＊having p.p. は、一般的に言うなら、完了現在分詞形容詞用法になる。しかし、p.p. に been あるいは been p.p. あるいは been -ing を入れると完了現在分詞形容詞用法になることは少ない。
  → having been は完了現在分詞形容詞用法になることは少ない（完了動名詞か完了分詞構文が多い）。
  → having been p.p. は受身完了現在分詞形容詞用法になることは少ない（受身完了動名詞か受身完了分詞構文が多い）。
  → having been-ing は完了進行形動名詞と完了進行形現在分詞形容詞用法になることは少ない（完了進行形分詞構文が多い）。

(例文1) ②の完了動名詞
Having been a soldier is not an essential qualification for commenting on a war.
兵士だった経験があることは、戦争について発言するために不可欠な資格ではない。

(例文2-1) ①の完了分詞構文
Having been in the same poor circumstances, he sympathized with her despair.
かつて同じような貧しい境遇にいたので、彼は彼女の絶望がよくわかった。

(例文2-2) ①の完了分詞構文
Vegetables are expensive this year, there **having been** no rain.
雨が降らなかったので、今年は野菜の価格が高騰している。

There is S. (S がある) の is を準動詞にするときは、誘導副詞の there が、あた

93

Chapter 1　F.o.R. の基礎知識

かも「意味上の主語」のような扱いを受けて、「意味上の主語」の位置にきます。そのあおりで、本当の「意味上の主語」は準動詞の後に置かれます。具体的に言うと、There is no rain.（雨が降らない）を動名詞・現在分詞にすると there being no rain となり、不定詞にすると for there to be no rain となります。there は「仮の S′」、no rain が「真の S′」です。この文は、単純形の分詞構文 there being no rain（雨が降らないので）を完了分詞構文 there having been no rain（雨が降らなかったので）に変えて使っています。

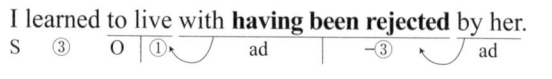

(例文 3) 受身完了動名詞
I learned to live with **having been rejected** by her.
　S　　③　　O　①　　ad　　　　-③　　　ad
私は彼女に拒絶されたことを受け入れられるようになった。
「live with ～」は「～を受け入れる、～に甘んじる」という意味です。

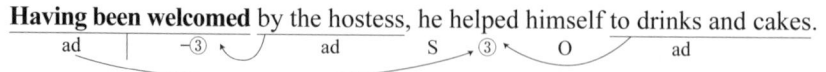

(例文 4-1) 受身完了分詞構文
Having been welcomed by the hostess, he helped himself to drinks and cakes.
　ad　　　　　-③　　　　ad　　　　　S　③　　O　　　ad
接待役の女性に歓迎されていたので、彼は自由に飲み物やケーキに手を出した。

(例文 4-2) 受身完了分詞構文
The activists were prepared to hold a rally, but it was cancelled, the matter **having**
　　S　　　②　　ᵃC　　ad　　③　　O　　+ S　　-③　　　　S′　　　ad
been settled.
　　-③
活動家たちは大集会を開く準備をしていたが、問題が解決したので、集会は中止された。

(例文 4-3) 受身完了分詞構文
⟨When we got back from holiday,⟩ the car, not **having been washed** for three weeks,
　接　S　①　ad　　　ad　　　　　S　ad　　　　-③　　　　　　ad
was very dirty.
　②　ad　ᵃC
休暇から戻ったとき、3週間洗ってなかったので、車はひどく汚れていた。
準動詞を否定する not は、準動詞の直前に置きます。not が having の前にあるこ

94

とに注意してください (No. 132 の解説参照)。

(例文 5) 完了進行形動名詞（稀）
I like reading, but I like **having been reading** even more: the moment (when you look up from a book to savour it ⟨as you return to the real world.⟩)

私は本を読むのが好きです。しかし、今まで本を読んでいたという方がもっと好きです。本から顔を上げ、現実世界に戻って、今読んでいた本の内容を味合う瞬間が大好きなのです。

the moment は having been reading を具体的に言い換えたものです。同格と考えてもいいし、like の目的語と考えても差し支えありません。

(例文 6) 完了進行形分詞構文
Having been studying ⟨since school finished⟩, she was very tired.

彼女は、学校が終わってからずっと勉強していたので、とても疲れていた。

たとえば、学校が終わったのが午後 3 時で、彼女が疲れていたのが午後 8 時、その間ずーっと勉強し続けていた状況を想像してください。

(例文 7) ②の進行形
He **is being** patient.

彼は今忍耐強くしています。

He is patient. は「彼は忍耐強い（性格の人です）」という意味で、恒久的かつ無意識的な状態を表します。それに対して、この英文を現在進行形に変えた He is being patient. は「彼は今忍耐強くしています」という意味で、一時的かつ意識的な状態を表します。

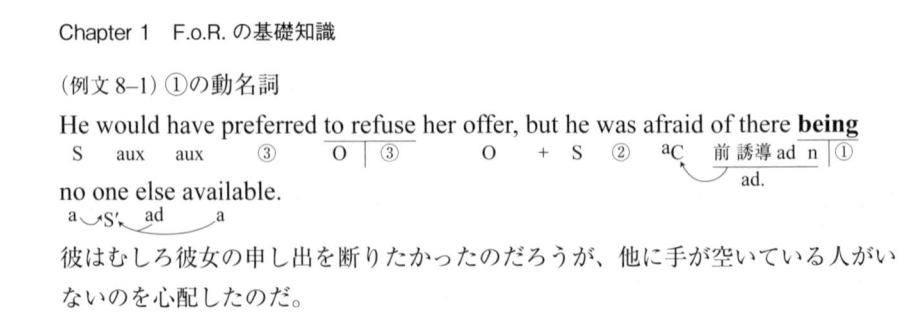

Chapter 1 　F.o.R. の基礎知識

(例文 8–1) ①の動名詞

He would have preferred to refuse her offer, but he was afraid of there **being** no one else available.

彼はむしろ彼女の申し出を断りたかったのだろうが、他に手が空いている人がいないのを心配したのだ。

(例文 8–2) ①の動名詞

Try to imagine **being** on the moon.

自分が月にいることを想像してごらんなさい。

(例文 8–3) ②の動名詞

She said [she would do it in the event of no one else **being** available].

他にだれも手が空いていない場合には自分がやりますと彼女は言った。

(例文 9–1) ②の現在分詞形容詞用法

She watched him **being** silly.

彼女は、彼がばかなことをしているのを見ていた。

(例文 9–2) ②の現在分詞形容詞用法

I imagined him as **being** older.

私は、彼を自分より年上だと想像していた。

　「補語の印の as」については p. 194 参照。

(例文 10) ②の分詞構文

Being a student, she has a lot of free time during the day.

彼女は、学生なので、日中自由に使える時間がたくさんある。

Questions II　Grouped by Topic

(例文 11) 受身進行形

Suddenly I felt [that I **was being watched** from the window by someone.]
　　ad　　　S ③ O 接　S　　　　－③　　　　　　ad　　　　　　ad

突然私は、自分が誰かに窓から見られていると感じた。

(例文 12–1) 受身動名詞

Men will resent **being regarded** as inferior.
　S　 aux　③　　　O　　　－⑤ Cの印　aC

男性は、自分が他人より劣っていると見られることに腹を立てるものだ。

(例文 12–2) 受身動名詞

Our dog does not like **being washed.**
　　S　　　　　③　　 O　　－③

うちの犬は体を洗われるのが好きでない。

(例文 13) 受身現在分詞形容詞用法

A dog **being washed** will look pitiful.
　　S　　a　　－③　　aux　②　　aC

体を洗われている犬は哀れっぽく見えるものだ。

I watched our dog **being washed**.
S　　⑤　　　　O　　aC　　 －③

私は、うちの犬が体を洗われているのを見守った。

(例文 14) 受身分詞構文

The dog was very well-behaved, **being washed.**
　　S　　②　ad　　aC　　　ad　　 －③

その犬は、体を洗われているとき、とてもおとなしくしていた。
　　well-behaved は「行儀がよい」という意味の形容詞です。

Chapter 1　F.o.R. の基礎知識

36　been が動詞のときは必ず（　　）で使われる。
54　been が助動詞のときは必ず（　　）か（　　）のどちらかで使われる。
57　being が動詞のときは（　　）（　　）（　　）（　　）のすべての可能性がある。
67　been doing の活用は（　　）形である。
69　being p.p. は 1 つの動詞の（　　）形で、（　　）（　　）（　　）（　　）のすべての可能性がある。
89　being が助動詞のときは（　　）で使われることはなく、（　　）か（　　）で使われる。
94　being p.p. の p.p. は（　　）が、being p.p. 自体は（　　）である。
117　been p.p. の p.p. は（　　）が、been p.p. 自体は（　　）である。
145　being が助動詞のときは必ず（　　）という形になり、これは（　　）のすべてで使われる。
155　been p.p. は 1 つの動詞の（　　）形で、前に（　　）をつけて（　　）だけで用いられる。
194　being p.p. に着物を着せると（　　）となり、これは（　　）と呼ばれる。

Section 7　解答

36 完了　54 完了進行形 / 受身完了　57 進行形 / 動名詞 / 現在分詞形容詞用法 / 分詞構文　67 過去分詞　69 ing / 進行形 / 動名詞 / 現在分詞形容詞用法 / 分詞構文　89 進行形 / 受身 / 完了　94 着物を着ている / 裸　117 着物を着ている / 裸　145 being p.p. / 進行形・動名詞・現在分詞形容詞用法・分詞構文　155 過去分詞 / have / 完了　194 be being p.p. / 受身進行形

Questions Ⅱ　Grouped by Topic

Section 8　過去分詞

1　過去分詞が着る着物は（　　）と（　　）だけである。
34　was begun の過去分詞形は（　　）である。
38　裸の過去分詞に目的語がついていたら（　　）番である。
39　過去分詞形の動詞で文を作るには（　　）か（　　）にするしかない。
55　裸の過去分詞とは（　　）も（　　）もつかないで使われた過去分詞のことである。
59　①番の動詞が「裸の過去分詞」で使われるのは、（　　）動詞の他は（　　）に限られる。
63　裸の過去分詞は（　　）、（　　）の意味を表す。
65　過去分詞の可能性は（　）（　）（　）（　）である。
72　裸の過去分詞に目的語も補語もついていなかったら（　　）番である。
115　裸の過去分詞に補語がついていたら（　　）番である。
118　裸の過去分詞は絶対に（　　）である。
121　裸の過去分詞は絶対に（　　）にはなれない。
128　裸の過去分詞の番号は（　　）である。
129　着物を着ている過去分詞の可能性は（　　）（　　）である。
130　裸の過去分詞の「前の品詞」は（　　）か（　　）である。
136　裸の過去分詞の番号が（　　）になることは絶対にない。
142　裸の過去分詞の可能性は（　　）（　　）である。
143　過去分詞形容詞用法の「前の働き」は（　　）（　　）である。
171　裸の過去分詞に目的語が（　　）は絶対にない。
179　過去分詞形の動詞を述語動詞にするには（　　）か（　　）にするしかない。
181　裸の過去分詞の「前の品詞」が（　　）になることはない。
190　②番の動詞が「裸の過去分詞」で使われるのは（　　）という意味の動詞で、具体的には（　　）である。

99

Chapter 1　F.o.R. の基礎知識

Section 8　解答

1 be / have 34 been begun 38 -④ 39 受身 / 完了 55 be / have 59 往来発着 / happened, fallen, retired, gathered など 63 自動詞なら完了 / 他動詞なら受身 65 受身 / 完了 / 過去分詞形容詞用法 / 分詞構文 72 ①番か -③ 115 ②番か -⑤ 118 準動詞 121 述語動詞 128 ① ② -③ -④ -⑤ 129 受身 / 完了 130 形容詞 / 副詞 136 ③ ④ ⑤ 142 過去分詞形容詞用法 / 分詞構文 143 名詞修飾 / 補語 171 2 個つくこと 179 受身 / 完了 181 名詞 190 〜になる / become, turned, gone

Questions Ⅱ　Grouped by Topic

Section 9　ing 形

- 9　ing 形の動詞につく助動詞は（　）だけである。
- 24　裸の ing は絶対に（　）にはなれない。
- 37　ing の可能性は（　）（　）（　）（　）である。
- 75　was begun の ing 形は（　）である。
- 77　裸の ing の可能性は（　）（　）（　）である。
- 82　着物を着ている ing の可能性は（　）である。
- 96　進行形の動詞は原則として（　）であるが、（　）の場合は（　）になる。
- 109　裸の ing は絶対に（　）である。
- 119　裸の ing の前の品詞は（　）（　）（　）である。
- 138　ing 形の動詞は（　）か（　）である。
- 154　（　）の 5 番目の形である ing 形は大きく分けると（　）と（　）の 2 つに分かれる。このうち（　）は（　）（　）（　）の 3 つの可能性がある。
- 168　ing 形の動詞を述語動詞にするには（　）にするしかない。
- 170　ing 形の動詞で文を作るには（　）にするしかない。

Section 9　解答

9 be　24 述語動詞　37 進行形 / 動名詞 / 現在分詞形容詞用法 / 分詞構文　75 being begun　77 動名詞 / 現在分詞形容詞用法 / 分詞構文　82 進行形　96 述語動詞 / 進行形不定詞 / 準動詞　109 準動詞　119 名詞 / 形容詞 / 副詞　138 動名詞 / 現在分詞　154 活用 / 動名詞 / 現在分詞 / 現在分詞 / 進行形 / 現在分詞形容詞用法 / 分詞構文　168 進行形　170 進行形

Chapter 1　F.o.R. の基礎知識

Section 10　不定詞・動名詞・分詞

- 8　前置詞の目的語になれる準動詞は（　）である。
- 13　分詞には（　）と（　）の 2 種類がある。
- 17　現在分詞の可能性は（　）（　）（　）である。
- 40　着物を着ている現在分詞の可能性は（　）である。
- 44　着物を着ている動名詞の可能性は（　）。
- 48　現在分詞形容詞用法の「前の働き」は（　）（　）である。
- 56　不定詞名詞用法の「前の働き」は（　）（　）（　）である。
- 76　動名詞に「意味上の主語」を特別につけるときは直前に（　）を置く。
- 83　分詞に「意味上の主語」を特別につけるときは直前に（　）を置く。
- 113　不定詞に「意味上の主語」を特別につけるときは直前に（　）を置く。
- 134　動名詞の「前の働き」は（　）である。
- 162　分詞構文には（　）と（　）の 2 つがある。
- 167　have to 原形動詞（～しなければならない）は、通常は（　）として扱われるが、（　）や（　）という形になる場合は、全体が 1 つの（　）（　）（　）として扱われる。
- 169　不定詞名詞用法は（　）になれない。
- 175　分詞構文は（　）（　）（　）（　）（　）（　）の意味を表す。
- 178　不定詞形容詞用法の「前の働き」は（　）（　）である。
- 191　不定詞の 4 つの可能性は（　）（　）（　）（　）である。
- 197　裸の現在分詞の可能性は（　）（　）である。

Section 10　解答

8 動名詞だけ　13 現在分詞 / 過去分詞　17 進行形 / 現在分詞形容詞用法 / 分詞構文　40 進行形　44 ない　48 名詞修飾 / 補語　56 主語 / 動詞の目的語 / 補語　76 所有格または目的格の名詞・代名詞　83 主格の名詞・代名詞　113 for 名詞　134 主語・動詞の目的語・前置詞の目的語・補語　162 現在分詞の分詞構文 / 過去分詞の分詞構文　167 助動詞＋述語動詞 / to have to 原形動詞 / having to 原形動詞 / 不定詞 / 動名詞 / 現在分詞　169 前置詞の目的語　175 時 / 理由 / 条件 / 譲歩 / 付帯状況 / 言い換え　178 名詞修飾 / 補語　191 助動詞の一部＋述語動詞 / 不定詞名詞用法 / 不定詞形容詞用法 / 不定詞副詞用法　197 現在分詞形容詞用法 / 分詞構文

Section 11　完了準動詞

61　to have p.p. は（　　）として扱われる。
64　完了準動詞の形態は（　　）と（　　）である。
80　having p.p. は（　　）あるいは（　　）として扱われる。
148　having p.p. は（　　）（　　）（　　）のどれかである。
195　完了準動詞には（　　）（　　）（　　）の3種類がある。

Section 11　解答

61 1つの不定詞　64 to have p.p. / having p.p.　80 1つの動名詞 / 1つの現在分詞　148 完了動名詞 / 完了現在分詞形容詞用法 / 完了分詞構文　195 完了不定詞 / 完了動名詞 / 完了現在分詞

Chapter 1　F.o.R. の基礎知識

Section 12　従属節・従属接続詞

5　従属接続詞の that は（　　）節か（　　）節を作る。
14　従属接続詞の that を省略できるのは（　　）場合である。
21　従属接続詞の whether は（　　）節か（　　）節を作る。
31　従属節とは、1つの（　　）が他の（　　）の中に入って（　　）の働きをする現象である。
68　すべての従属接続詞が（　　）節を作る。
102　副詞節を作る whether の意味は（　　）である。
104　従属節の内側とは（　　）ということである。
112　従属節の外側とは（　　）ということである。
124　副詞節を作る語は（　　）と（　　）である。
126　副詞節を作る that の品詞は（　　）である。
135　副詞節を作る if の意味は（　　）である。
140　従属節の構造は（　　）と（　　）の2つに分けて認識しなければならない。
147　従属接続詞の働きは（　　）である。
152　副詞節と名詞節の両方を作る従属接続詞は（　　）（　　）（　　）である。
157　名詞節を作る語は（　　）（　　）（　　）（　　）である。
158　従属接続詞は内側で（　　）。
160　従属節の外側の3要素は（　　）（　　）（　　）である。
163　従属接続詞の if は（　　）節か（　　）節を作る。
185　名詞節を作る that の品詞は（　　）である。
196　従属接続詞の that が作る名詞節が（　　）になるときは（　　）は省略しなければいけない。
198　名詞節を作る if の意味は（　　）である。
199　名詞節を作る whether の意味は（　　）である。

Questions II Grouped by Topic

Section 12　**解答**

5 名詞 / 副詞 14 that 節が動詞の目的語になっている 21 名詞 / 副詞 31 文 / 文 / 名詞・形容詞・副詞 68 副詞 102 〜であろうとなかろうと 104 従属節の中がどんな構造になっているか 112 どこからどこまでが何節で、どんな働きをしているか 124 従属接続詞（that・if・whether も含む）/ 関係詞 + ever 126 従属接続詞 135 もしも 140 外側 / 内側 147 副詞節を作る、ただし that・if・whether は名詞節も作る 152 that / if / whether 157 従属接続詞の that, if whether / 疑問詞 / 関係詞の what / 関係詞 + ever / 先行詞が省略された関係副詞 158 働かない 160 範囲 / 品詞 / 働き 163 名詞 / 副詞 185 従属接続詞 196 前置詞の目的語 / in, except, but, save 以外の前置詞 198 〜かどうか 199 〜かどうか

Chapter 1　F.o.R. の基礎知識

Section 13　関係詞・疑問詞

7　形容詞節の働きは（　　）である。
25　先行詞が省略された関係副詞は（　　）を作る。
45　形容詞節を作る which の品詞は（　　）（　　）である。
46　名詞節を作る which の品詞は（　　）（　　）である。
90　関係副詞は（　　）節か（　　）節を作る。
95　形容詞節を作る that の品詞は（　　）か（　　）である。
105　疑問詞は（　　）節を作る。
116　関係詞は（　　）節を作る言葉であるが、例外的に関係詞でも（　　）と（　　）は名詞節を作り、（　　）は名詞節と副詞節を作る。
133　関係詞には（　　）（　　）（　　）の3種類がある。
137　形容詞節を作る語は（　　）である。ただし、（　　）と（　　）と（　　）は除く。
146　関係代名詞が省略されるのは（　　）かつ（　　）場合である。
151　whoever は（　　）節か（　　）節のどちらかを作り、内側では（　　）の働きをする。
153　when S + V が従属節になると（　　）か（　　）か（　　）である。
165　関係形容詞は（　　）（　　）（　　）の3つである。
174　関係副詞は（　　）（　　）（　　）（　　）（　　）の5つである。
176　when S + V が名詞節のときは（　　）と（　　）の2つの意味がある。
177　関係詞 + ever は（　　）節か（　　）節を作る。
180　関係代名詞の内側の働きは（　　）（　　）（　　）（　　）である。
183　whatever は（　　）節か（　　）節のどちらかを作り、内側では（　　）か（　　）のどちらかの品詞で働く。
184　疑問詞に導かれた疑問文は（　　）で全体が名詞節になる。
193　whenever は原則として（　　）節を作り、内側では（　　）の働きをする。

Questions Ⅱ　Grouped by Topic

Section 13　解答

7 名詞修飾 25 名詞節 45 関係代名詞 / 関係形容詞 46 疑問代名詞 / 疑問形容詞 90 形容詞 / 名詞 95 関係代名詞 / 関係副詞 105 名詞 116 形容詞 / what / 先行詞が省略された関係副詞 / 関係詞＋ever 133 関係代名詞 / 関係形容詞 / 関係副詞 137 関係詞 / what / 関係詞＋ever / 先行詞が省略された関係副詞 146 関係代名詞が形容詞節の先頭にあり / 関係代名詞が形容詞節の中で動詞の目的語か前置詞の目的語になっている 151 名詞 / 副詞 / 名詞 153 名詞節 / 形容詞節 / 副詞節 165 whose / which / what 174 when / where / why / how / that 176 いつ S が V するのか / S が V するとき 177 名詞 / 副詞 180 主語 / 動詞の目的語 / 前置詞の目的語 / 補語 183 名詞 / 副詞 / 名詞 / 形容詞 184 語順を平叙文の語順に変えるだけ 193 副詞 / 副詞

107

Chapter 1　F.o.R. の基礎知識

Section 14　what

- 12　関係詞の what は（　　）を作る。
- 26　関係代名詞の what は必ず名詞節の（　　）が、疑問代名詞の what は名詞節の（　　）こともある。
- 50　関係代名詞の what の訳語は原則として（　　）である。
- 73　形容詞の what の働きは（　　）である。
- 87　関係形容詞の what の訳語は（　　）である。
- 93　疑問代名詞の what の訳語は（　　）である。
- 120　疑問形容詞の what の訳語は（　　）である。
- 122　名詞の what には（　　）と（　　）の 2 種類がある。
- 131　形容詞の what には（　　）（　　）（　　）の 3 種類がある。
- 149　感嘆形容詞の what の訳語は（　　）である。
- 173　名詞の what の働きは（　　）（　　）（　　）（　　）である。

Section 14　解答

12 名詞節　26 先頭にくる / 先頭にこない　50 こと・もの　73 名詞修飾だけ　87 すべての　93 何　120 どんな　122 疑問代名詞 / 関係代名詞　131 疑問形容詞 / 感嘆形容詞 / 関係形容詞　149 なんて・いかに・どんなに　173 主語 / 動詞の目的語 / 前置詞の目的語 / 補語

Chapter 2　活用の理解

　『英語リーディング教本』p. 281 に「参考　品詞と働き（その2）」というところがあります。ここで私は、品詞が英文を読む人の頭をコントロールするメカニズムを解明し、品詞が果たす 2 つの機能を説明しました。それは次の 2 つです。

品詞の 2 つの機能
(1) 品詞は、語がもっている「働き」の可能性を表示する。
(2) 品詞は、語の「意味決定」と「働き決定」の間にある相互規制を媒介する。

　『英語ベーシック教本』p. 73 に「活用の理念型」というところがあります。ここで私は、活用が動詞の意味をシステマチックに拡張するメカニズムをモデルを使って説明し、活用を次のように定義しました。

活用の定義
活用は、動詞のみで、あるいは動詞と助動詞を組み合わせて様々な意味を表すときの最小の構成単位を区別するための概念である。

　「品詞の 2 つの機能」と「活用の定義」を読み比べても、特に共通性は感じられません。それは「活用の定義」が活用と意味の関係にだけ焦点を当てているからです。そのために、ここを読んでも、品詞と活用が同じ性質の概念であることに気がつきません。
　しかし、ベー教のここには書きませんでしたが、実は、活用は「述語動詞になるか、準動詞になるかの可能性」も表しているのです（言い訳をすると、ベー教のこの段階では、まだ述語動詞・準動詞という概念が出てきていないのです）。たとえば「現在形・過去形なら絶対に述語動詞で、準動詞にはならない」とか、「過去分詞形・ing 形は裸なら絶対に準動詞で、述語動詞にはならない」といった具合です（この詳細は p. 44 No. 49 の解説を見てください）。
　この述語動詞と準動詞を「働き」になぞらえると、活用は品詞と同じ性質の機

Chapter 2　活用の理解

能を果たしていることがわかります。品詞の機能とパラレルに書くと次のようになります。

活用の 2 つの機能
(1) 活用は、動詞あるいは助動詞＋動詞がもっている「述語動詞・準動詞」の可能性を表示する。
(2) 活用は、動詞あるいは助動詞＋動詞の「意味決定」と「述語動詞・準動詞の決定」の間にある相互規制を媒介する。（☞ p. 140）

　リー教では、品詞の 2 つの機能を、具体的な英文で検証しているのですが、本書では活用の 2 つの機能を具体的に検証する余裕がありません（もちろん、断片的には本書のいたるところに出てきます）。このメカニズムは、秘密 p. 14 以降で詳しく説明しています。関心のある方はお読みになってください。
　昔、私が予備校講師になりたての頃、一緒に勤務していた、今でも尊敬しているある友人が「活用は品詞と同じだ！」と喝破したことがありました。それを聞いたとき、「けだし、至言だ」と思ったことを今もよく覚えています。

　ところで、Chapter 2 には 3 種類の問題があります。
　最初の「**動詞・助動詞の識別と活用を尋ねる問題**」は「動詞と助動詞を識別し、それぞれの活用を考える判断枠組み」を確認するものです。
　2 番目の「**活用と述語動詞・準動詞の関係を尋ねる問題**」は、活用がもつ最初の機能、すなわち「動詞あるいは助動詞＋動詞がもっている『述語動詞・準動詞』の可能性を表示する」という機能についての理解を問うものです。
　3 番目の「**間違った活用を直す問題**」は、活用がもつ 2 番目の機能、すなわち「動詞あるいは助動詞＋動詞の『意味決定』と『述語動詞・準動詞の決定』の間にある相互規制を媒介する」という機能についての理解を問うものです。
　どの問題も、まったく、あるいはほとんど、見かけることのない出題形式です。最初は戸惑うかもしれません。しかし、時間をかけて、じっくり取り組むと、活用の全体像がはっきり見えてきて、ミクロとマクロのフィードバック（＝今目にしている個別具体的な動詞あるいは助動詞＋動詞を活用の全体的な枠組みに照らして判断すること）が自在にできるようになります。

動詞・助動詞の識別と活用を尋ねる問題

　この問題は「動詞と助動詞の識別」と「動詞と助動詞の活用」についての理解を試す問題です。

1. 動詞と助動詞は別の品詞である。
2. 活用は原形・現在形・過去形・過去分詞形・ing 形の 5 つである。
3. 動詞と助動詞を識別し、それぞれが何形かを言えることは英語の基本中の基本である。

　上の 3 項目には特に疑問な点はありません。問題は、いざ実際にやろうとすると、たちまち困ってしまう点にあります。
　たとえば、次の文はごく簡単な文ですが、この文で「動詞と助動詞を識別し、それぞれが何形かを言いなさい」と求められたらどうでしょう？　多くの人が戸惑ってしまいます。

It will be done in a minute.
それはすぐになされるだろう。

　will が助動詞であることはいいとして、活用は未来形でしょうか？　未来形という活用はありませんが、will は例外なんでしょうか？　be の品詞はどうでしょう？　be 動詞というくらいですから、当然動詞ですか？　しかし、ちょっと待ってください。辞書を調べてみると、どんな辞書にも、この be は受身を作る助動詞である、とはっきり書いてあります。それでは助動詞でしょうか？　しかし「助動詞の後には原形の動詞を置く」と習ったはずです。助動詞（＝be）の後に、原形ではなく、過去分詞形の動詞（＝done）が続いていますが、これでいいのでしょうか？　また「助動詞を 2 つ並べて使うことはできない」とも習います。will の後にまた助動詞（＝be）が続いていいのでしょうか？　やはり助動詞 will の後の be は原形の動詞（＝be 動詞）ではないでしょうか？　それでは done はどうでしょう？　done は動詞ですが、動詞が 2 つ（＝be と done）連続してよいのでしょうか？
　このように、真剣に考える人は、考えれば考えるほど、迷路に踏み込んで、困り果ててしまうのです。その結果、多くの人にとって上記 3 項目はたんなるお題

Chapter 2　活用の理解

目にすぎず、いかなる英文でも確実に履行している人は少ないのです。
　この原因は、動詞と助動詞を識別し、それぞれの活用を考える判断枠組み（＝Frame of Reference）が確立していないからです。
　『英語リーディング教本』と『英語ベーシック教本』では、学校文法と辞書の記載のいずれにも対応できる Frame of Reference を提供しています。該当箇所は以下の通りです。

　リー教　　p. 28〜29 / p. 35 / p. 99〜100
　ベー教　　p. 103〜113 / p. 132〜133 / p. 175〜176

　ここを勉強して「動詞・助動詞の識別と活用の Frame of Reference」を理解し、それを実際の英文の中で使いこなせるようになることが、この問題の狙いです。ここは、英文を正確に認識するために極めて重要なところです。何度も繰り返し解いて、完全に答えられるように自分を鍛えてください。

　各質問には次のように答えてください。

質問　品詞は？
答え方　[動詞、名詞、形容詞、副詞、前置詞、助動詞] のどれかを答える。

質問　働きは？
答え方　[主語、動詞の目的語、前置詞の目的語、補語、名詞修飾　動詞修飾、形容詞修飾、副詞修飾] のどれかを答える。

質問　何形か？
答え方　[原形、現在形、過去形、過去分詞形、ing 形] のどれかを答える。

質問　使い方は？
答え方　[受身、完了、進行形、分詞構文] のどれかを答える。

質問　裸か着物を着ているか？
答え方　[裸、着ている] のどちらかを答える。

動詞・助動詞の識別と活用を尋ねる問題

質問　この文の述語動詞は？
答え方　学校文法の捉え方で答える。

質問　動詞をすべて指摘せよ。
答え方　学校文法の捉え方をしたときに動詞とされるもの、辞書に基づいた捉え方をしたときに動詞とされるもの、すべてを指摘する。

質問　助動詞をすべて指摘せよ。
答え方　学校文法の捉え方をしたときに助動詞とされるもの、辞書に基づいた捉え方をしたときに助動詞とされるもの、すべてを指摘する。

質問　ing 形の動詞をすべて指摘せよ。
答え方　学校文法の捉え方をしたときに ing 形の動詞とされるもの、辞書に基づいた捉え方をしたときに ing 形の動詞とされるもの、すべてを指摘する。

質問　過去分詞形の動詞をすべて指摘せよ。
答え方　学校文法の捉え方をしたときに過去分詞形の動詞とされるもの、辞書に基づいた捉え方をしたときに過去分詞形の動詞とされるもの、すべてを指摘する。

Chapter 2　活用の理解

問　題（解説は p. 124〜）

1.　This girl will become a great singer.
　1–1　和訳しなさい。
　1–2　will の品詞は？
　1–3　will は何形か？
　1–4　become は何形か？
　1–5　become は裸か着物を着ているか？　着ているなら、着物を指摘せよ。
　1–6　singer の働きは？

2.　What harm has been done you?
　2–1　和訳しなさい。

　2–2　has の品詞は？
　2–3　been done の品詞は？
　2–4　been done は何形か？
　2–5　been done は裸か着物を着ているか？　着ているなら、着物を指摘せよ。
　2–6　been done の使い方は？
　2–7　been の品詞は？
　2–8　done の品詞は？
　2–9　done は裸か着物を着ているか？　着ているなら、着物を指摘せよ。
　2–10　done の使い方は？
　2–11　動詞をすべて指摘せよ。
　2–12　助動詞をすべて指摘せよ。

3.　What have you been doing?
　3–1　和訳しなさい。
　3–2　What の働きは？
　3–3　been doing は何形か？
　3–4　been doing の使い方は？

1–1　この少女は大歌手になるだろう。
1–2　助動詞
1–3　現在形
1–4　原形
1–5　着ている / will
1–6　補語

2–1　どんな害があなたに与えられたのですか？
→ あなたはどんなひどい目にあったのですか？
2–2　助動詞
2–3　動詞
2–4　過去分詞形
2–5　着ている / has
2–6　完了
2–7　助動詞
2–8　動詞
2–9　着ている / been
2–10　受身
2–11　been done、done
2–12　has、been

3–1　あなたは何をしていたのですか？
3–2　動詞の目的語
3–3　過去分詞形
3–4　完了

Chapter 2　活用の理解

 3–5　been doing は裸か着物を着ているか？　着ているなら、着物を指摘せよ。
 3–6　been の品詞は？
 3–7　doing は裸か着物を着ているか？　着ているなら、着物を指摘せよ。
 3–8　doing の使い方は？
 3–9　動詞をすべて指摘せよ。
 3–10　助動詞をすべて指摘せよ。

4. **The document will have been written by noon.**
 4–1　和訳しなさい。
 4–2　have の品詞は？
 4–3　have は何形か？
 4–4　been written は何形か？
 4–5　been written の使い方は？
 4–6　written の使い方は？
 4–7　動詞をすべて指摘せよ。
 4–8　助動詞をすべて指摘せよ。

5. **He is being willfully blind to the realities of the situation.**
 5–1　和訳しなさい。
 5–2　is being は何形か？
 5–3　is の品詞は？
 5–4　being の品詞は？
 5–5　being の使い方は？
 5–6　blind の働きは？
 5–7　動詞をすべて指摘せよ。
 5–8　助動詞をすべて指摘せよ。

6. **Some good fairy must have been protecting me.**
 6–1　和訳しなさい。
 6–2　have は何形か？
 6–3　been protecting の品詞は？
 6–4　been protecting は何形か？
 6–5　been protecting の使い方は？

3–5 着ている / have
3–6 助動詞
3–7 着ている / been
3–8 進行形
3–9 been doing、doing
3–10 have、been

4–1 その文書はお昼までには書き上げられているだろう。
4–2 助動詞
4–3 原形
4–4 過去分詞形
4–5 完了
4–6 受身
4–7 been written、written
4–8 will、have、been

5–1 彼は状況の現実から今意識的に目を背けている。
5–2 現在形
5–3 助動詞
5–4 動詞
5–5 進行形
5–6 補語
5–7 is being、being
5–8 is

6–1 何か良い妖精が私を守ってくれていたに違いない。
6–2 原形
6–3 動詞
6–4 過去分詞形
6–5 完了

Chapter 2　活用の理解

6–6　been の品詞は？
6–7　protecting の使い方は？
6–8　動詞をすべて指摘せよ。
6–9　助動詞をすべて指摘せよ。

7.　**What is this flower called in English?**
7–1　和訳しなさい。
7–2　What の働きは？
7–3　is の品詞は？
7–4　この文の述語動詞は？
7–5　called は何形か？

8.　**Why is that language spoken in Brazil?**
8–1　和訳しなさい。
8–2　Why の品詞と働きは？
8–3　この文の述語動詞は？
8–4　spoken は裸か着物を着ているか？
8–5　動詞をすべて指摘せよ。
8–6　助動詞をすべて指摘せよ。

9.　**What is the language spoken in Brazil?**
9–1　和訳しなさい。
9–2　What の品詞と働きは？
9–3　この文の述語動詞は？
9–4　spoken は述語動詞か準動詞か？　なぜそう言えるのか？

10.　**How did you escape being punished?**
10–1　和訳しなさい。
10–2　escape は何形か？
10–3　being punished は何形か？
10–4　being punished は裸か着物を着ているか？
10–5　being punished の前の品詞は？
10–6　being punished の前の働きは？

動詞・助動詞の識別と活用を尋ねる問題

6–6 助動詞
6–7 進行形
6–8 been protecting、protecting
6–9 must、have、been

7–1 この花は英語で何と呼ばれますか？
7–2 補語
7–3 助動詞
7–4 is called
7–5 過去分詞形

8–1 なぜその言葉はブラジルで話されているのですか？
8–2 副詞 / 動詞修飾
8–3 is spoken
8–4 着ている
8–5 is spoken、spoken
8–6 is

9–1 ブラジルで話されている言葉は何ですか？
9–2 名詞 / 補語
9–3 is
9–4 準動詞 / 裸の過去分詞だから

10–1 どうやってあなたは罰せられないですんだのですか？
10–2 原形
10–3 ing 形
10–4 裸
10–5 名詞
10–6 動詞の目的語

119

Chapter 2　活用の理解

10–7　being の品詞は？
10–8　punished は何形か？
10–9　punished は裸か着物を着ているか？
10–10　動詞をすべて指摘せよ。
10–11　助動詞をすべて指摘せよ。

11.　He was elected president of the university being built at Sendai.

11–1　和訳しなさい。
11–2　was elected は何形か？
11–3　president の働きは？
11–4　elected の使い方は？
11–5　being built は裸か着物を着ているか？
11–6　being built の前の働きは？
11–7　built は裸か着物を着ているか？
11–8　built の使い方は？
11–9　動詞をすべて指摘せよ。
11–10　助動詞をすべて指摘せよ。

12.　She can't stand being kept waiting.

12–1　和訳しなさい。
12–2　stand は何形か？
12–3　being kept は裸か着物を着ているか？
12–4　being kept の前の働きは？
12–5　kept の使い方は？
12–6　waiting の前の働きは？
12–7　動詞をすべて指摘せよ。
12–8　助動詞をすべて指摘せよ。

13.　To have been accused was very bad.

13–1　和訳しなさい。
13–2　To have been accused の前の働きは？
13–3　been accused の使い方は？
13–4　accused の使い方は？

10–7　助動詞
10–8　過去分詞形
10–9　着ている
10–10　escape、being punished、punished
10–11　did、being

11–1　彼は仙台に建設中の大学の学長に選ばれた。
11–2　過去形
11–3　補語
11–4　受身
11–5　裸
11–6　名詞修飾
11–7　着ている
11–8　受身
11–9　was elected、elected、being built、built
11–10　was、being

12–1　彼女は待たされるのが我慢できない。
12–2　原形
12–3　裸
12–4　動詞の目的語
12–5　受身
12–6　補語
12–7　stand、being kept、kept、waiting
12–8　can、being

13–1　告訴されたのは非常にまずかった。
13–2　主語
13–3　完了
13–4　受身

Chapter 2　活用の理解

　　13–5　過去分詞形の動詞をすべて指摘せよ。
　　13–6　動詞をすべて指摘せよ。
　　13–7　助動詞をすべて指摘せよ。

14.　Having been caught in a traffic jam on my way, I was late for school.
　　14–1　和訳しなさい。
　　14–2　Having been caught の前の品詞は？
　　14–3　been caught の使い方は？
　　14–4　caught の使い方は？
　　14–5　過去分詞形の動詞をすべて指摘せよ。
　　14–6　ing 形の動詞をすべて指摘せよ。
　　14–7　動詞をすべて指摘せよ。
　　14–8　助動詞をすべて指摘せよ。

15.　I don't mind being offered instruction, but I resent having it shoved down my throat.
　　15–1　和訳しなさい。

　　15–2　being offered は裸か着物を着ているか？
　　15–3　being offered の前の働きは？
　　15–4　offered の使い方は？
　　15–5　instruction の働きは？
　　15–6　having の前の働きは？
　　15–7　shoved は何形か？
　　15–8　shoved の前の働きは？
　　15–9　過去分詞形の動詞をすべて指摘せよ。
　　15–10　ing 形の動詞をすべて指摘せよ。
　　15–11　動詞をすべて指摘せよ。
　　15–12　助動詞をすべて指摘せよ。

13–5　been accused、accused
13–6　have been accused、been accused、accused、was
13–7　have、been

14–1　途中で渋滞につかまって、私は学校に遅刻した。
14–2　副詞
14–3　完了
14–4　受身
14–5　been caught、caught
14–6　Having been caught
14–7　Having been caught、been caught、caught、was
14–8　Having、been

15–1　私は指示されることは気にならないが、それを無理やり押し付けられるのには腹が立つ。
15–2　裸
15–3　動詞の目的語
15–4　受身
15–5　動詞の目的語
15–6　動詞の目的語
15–7　過去分詞形
15–8　補語
15–9　offered、shoved
15–10　being offered、having
15–11　mind、being offered、offered、resent、having、shoved
15–12　do、being

123

解　説

1.　This girl will become a great singer.
　　　　a⌒S　aux　　②　　a⌒ⁿC

1–3　「何形か？」という質問は活用形を聞いています。未来形という活用はありません。したがって「未来形」という答えは間違いです。will は助動詞の現在形です。過去形は would です。ちなみに「未来形」というのは「will＋原形動詞」と「shall＋原形動詞」を呼ぶときの名称にすぎません。

1–4　一般助動詞 will の後なので原形です。

1–5　become は着物を着ています（＝become には助動詞がついています）。その着物（＝助動詞）は will です。

2.　What harm has been done you?
　　　　a⌒S　aux　──④　　O

2–3　been と done を合わせて1つの動詞として扱います。

2–4　been done は1つの動詞の過去分詞形です。

2–5　been は done が着ている着物（＝done についている助動詞）です。been done が着ている着物（＝been done についている助動詞）は has です。

2–6　been done はこれ全体で1つの動詞です。been done の活用は過去分詞形で、前に助動詞の has をつけて完了で使われています。

2–7　been は受身を作る助動詞です。

2–11　学校文法で捉えると been done が過去分詞形の動詞です。辞書に基づいて捉えると done が過去分詞形の動詞です。

2–12　学校文法でも辞書でも has は現在形の助動詞です。辞書に基づいて捉えると been は過去分詞形の助動詞です（受身を作る助動詞です）。

3.　What have you been doing?
　　　　O　aux　S　　③

3–3　been doing はこれ全体で1つの動詞です。been doing の活用は過去分詞形で、ここでは前に助動詞の have をつけて完了で使われています。

3–6　been は進行形を作る助動詞です。

3–9　学校文法で捉えると been doing が過去分詞形の動詞です。辞書に基づいて捉えると doing が ing 形の動詞です。
3–10　学校文法でも辞書でも have は現在形の助動詞です。辞書に基づいて捉えると been は過去分詞形の助動詞です（進行形を作る助動詞です）。

4.　The document will have been written by noon.
　　　　S　　　aux　aux　　—③　　　　ad

4–3　一般助動詞 will の後なので原形です。この have は現在形ではありませんから、have been written を現在完了と呼んではいけません。しいて呼ぶなら、ただの「完了形」です。
4–4　been written はこれ全体で 1 つの動詞です。been written の活用は過去分詞形で、ここでは前に助動詞の have をつけて完了で使われています。
4–7　学校文法で捉えると been written が過去分詞形の動詞です。辞書に基づいて捉えると written が過去分詞形の動詞です。
4–8　学校文法でも辞書でも will は現在形の助動詞、have は原形の助動詞です。辞書に基づいて捉えると been は過去分詞形の助動詞です（受身を作る助動詞です）。

5.　He is being willfully blind to the realities of the situation.
　　　S　　②　　　ad　　aC　　　ad　　　　　　a

5–2　is と being を合わせて 1 つの動詞として扱い、その動詞（＝ is being）の活用は現在形です。
5–3　is は進行形を作る助動詞です。
5–4　being は動詞の ing 形で現在分詞です。
5–5　is being は be 動詞の現在進行形です (p. 92, 95)。
5–7　学校文法で捉えると is being は現在形の動詞です。辞書に基づいて捉えると being は ing 形の動詞です。
5–8　辞書に基づいて捉えると is は現在形の助動詞です（進行形を作る助動詞です）。

6.　Some good fairy must have been protecting me.
　　　a　　a　　S　aux　aux　　③　　　　O

6–2　一般助動詞 must の後なので原形です。したがって have been protecting は現在完了進行形ではありません（have が現在形ではないからです）。しいて呼ぶ

Chapter 2　活用の理解

なら完了進行形です。
6–3　been protecting はこれ全体で 1 つの動詞です。
6–5　have ＋過去分詞（＝ been protecting）で完了です。
6–6　been は進行形を作る助動詞です。
6–7　protecting は現在分詞で、使い方は進行形です。
6–8　学校文法で捉えると been protecting が過去分詞形の動詞です。辞書に基づいて捉えると protecting が ing 形の動詞です。
6–9　学校文法でも辞書でも must は現在形の助動詞、have は原形の助動詞です。辞書に基づいて捉えると been は過去分詞形の助動詞です（進行形を作る助動詞です）。

7.　What is this flower called in English?
　　　　ⁿC　　a　　S　　─⑤　　ad
7–2　is called の補語です。
7–3　is は受身を作る助動詞です。
7–4　is called は 1 つの動詞の現在形で、現在形なので絶対に述語動詞です。
7–5　called は過去分詞形で、助動詞の is がついて、受身で使われています。

8.　Why is that language spoken in Brazil?
　　　　ad　　a　　S　　─③　　ad
8–2　Why は疑問副詞で、is spoken を修飾しています。
8–3　is spoken は 1 つの動詞の現在形で、現在形なので絶対に述語動詞です。
8–4　受身を作る助動詞 is が着物です。
8–5　学校文法で捉えると is spoken が現在形の動詞です。辞書に基づいて捉えると spoken が過去分詞形の動詞です。
8–6　辞書に基づいて捉えると is は現在形の助動詞です（受身を作る助動詞です）。

9.　What is the language spoken in Brazil?
　　　　ⁿC　②　　　S　　a　─③　　ad
9–2　What は疑問代名詞で、is の補語です。
9–3　is は現在形の動詞です。No. 8 と異なり、この英文では is spoken を述語動詞にすることはできません。もしそうすると、the language が主語、is spoken が ─③、in Brazil が副詞句となり、What が余ってしまう（＝名詞なのに、主語、動詞の目的語、前置詞の目的語、補語のどれでもないことになる）からです。もし

126

仮に is spoken が-④なら What は目的語になれます。また is spoken が-⑤なら What は補語になれます。しかし speak には④と⑤の使い方はないので (speak は ①か③で使う動詞です)、どうしても What が余ってしまうのです。
9-4　spoken は過去分詞形容詞用法で、the language を修飾しています。

10.　How did you escape being punished?
　　　　ad　　aux　S　　　③　　　O　　-③

10-2　一般助動詞 (＝did) がついているので原形です。
10-3　1つの動詞の ing 形です。
10-4　being は punished が着ている着物です。being punished という ing 形の動詞は裸です。着物を着ている場合は be being punished (受身進行形) になります。最初の be は進行形を作る助動詞で、be, am, is, are, was, were, been のどれかになります。been being punished については p. 49 No. 67 の解説参照。
10-5　being punished は受身動名詞です。
10-6　escape の目的語です。
10-7　being は受身を作る助動詞です。
10-9　being という着物を着ています。
10-10　学校文法でも辞書でも escape は原形の動詞です。学校文法で捉えると being punished が ing 形の動詞で、辞書に基づいて捉えると punished が過去分詞形の動詞です。
10-11　学校文法でも辞書でも did は過去形の助動詞です。辞書に基づいて捉えると being は ing 形の助動詞です (受身を作る助動詞です)。

11.　He was elected president of the university being built at Sendai.
　　　　S　　-⑤　　　nC　　　　a　　　　a　　-③　　ad

11-5　being という着物を着ているのは built です。being built 自体は裸の ing です。
11-7　being という着物を着ています。
11-9　学校文法で捉えると was elected と being built が動詞です (前者が過去形、後者が ing 形です)。辞書に基づいて捉えると elected と built が動詞です (どちらも過去分詞形です)。
11-10　辞書に基づいて捉えると was と being が助動詞です (どちらも受身を作る助動詞です)。

Chapter 2　活用の理解

12.　**She can't stand being kept waiting.**
　　　　S　　　③　　O　　－⑤　　ᵃC　①

12–6　being kept の補語です。

12–7　学校文法でも辞書でも stand は原形の動詞、waiting は ing 形の動詞です。学校文法の捉え方だと being kept は ing 形の動詞で、辞書に基づいて捉えると kept は過去分詞形の動詞です。

12–8　学校文法でも辞書でも can は現在形の助動詞です。辞書に基づいて捉えると being は ing 形の助動詞です（受身を作る助動詞です）。

13.　**To have been accused was very bad.**
　　　　S　　　－③　　②　　ad　ᵃC

13–2　To have been accused は受身完了不定詞の名詞用法で、前の働きは was の主語です。

13–3　助動詞の have をつけて完了で使われています。

13–4　助動詞の been をつけて受身で使われています。

13–5　学校文法で捉えると been accused が過去分詞形の動詞です。辞書に基づいて捉えると accused が過去分詞形の動詞です。

13–6　学校文法では to have p.p. は完了不定詞と呼ばれ、これ全体が 1 つの不定詞として扱われます。別の言い方をすると、to have p.p. では have p.p. の部分は 1 つの動詞として扱われるのです。この動詞の活用は原形です。to have p.p. は完了不定詞名詞用法、完了不定詞形容詞用法、完了不定詞副詞用法のどれかになります。ただし、完了不定詞形容詞用法になることは稀です。

　したがって、学校文法で捉えると have been accused と been accused はそれぞれが 1 つの動詞です。前者は原形、後者は過去分詞形です。accused と was は学校文法でも辞書でも動詞で、前者は過去分詞形、後者は過去形です。

13–7　辞書では、have は完了を作る助動詞 have の原形で、been は受身を作る助動詞 be の過去分詞形です。

14.　**Having been caught in a traffic jam on my way, I was late for school.**
　　　ad　　－③　　　ad　　　　ad　　S　②　ᵃC　　ad

14–2　Having been caught は受身完了分詞構文です。

14–3　助動詞の Having をつけて完了で使われています。

14–4　助動詞の been をつけて受身で使われています。

128

動詞・助動詞の識別と活用を尋ねる問題

14–5　学校文法で捉えると been caught が過去分詞形の動詞です。辞書に基づいて捉えると caught が過去分詞形の動詞です。
14–6　学校文法では having p.p. は、これ全体を 1 つの動詞として扱います。活用は ing 形です。having p.p. は完了動名詞、完了現在分詞形容詞用法、完了分詞構文のどれかになります。ただし、完了現在分詞形容詞用法になることは稀です。
14–7　学校文法では Having been caught は ing 形の動詞、been caught は過去分詞形の動詞として扱われます。辞書に基づくと caught が過去分詞形の動詞です。was は学校文法でも辞書でも過去形の動詞です。
14–8　辞書では、Having は完了を作る助動詞 have の ing 形で、been は受身を作る助動詞 be の過去分詞形です。

15. I don't mind being offered instruction, but I resent having it shoved down my throat.
　　　S　　　③　O　⁻④　　O　　　+S　③　O　⑤　O　ᵃC ⁻③
　　ad

15–2　being という着物を着ているのは offered です。being offered 自体は裸の ing です。
15–5　being offered の目的語です。
15–7　過去分詞形容詞用法です。
15–8　having の補語です。
15–9　辞書に基づくと offered は過去分詞形の動詞です。shoved は学校文法でも辞書でも過去分詞形の動詞です。
15–10　学校文法の捉え方では being offered は ing 形の動詞です。having は学校文法でも辞書でも ing 形の動詞です。
15–11　学校文法でも辞書でも mind、resent、having、shoved は動詞です。学校文法の捉え方では being offered は ing 形の動詞です。辞書に基づくと offered は過去分詞形の動詞です。
15–12　学校文法でも辞書でも do は現在形の助動詞です。辞書に基づくと being は ing 形の助動詞です（受身を作る助動詞です）。

Chapter 2　活用の理解

活用と述語動詞・準動詞の関係を尋ねる問題

　この問題は、⬚リー教 p. 185 と p. 189 に出ている問題と同じ形式です。したがって、すでにリー教をおやりになった方は、答え方はわかっていると思います。
　たとえば、knew でしたら、[know-knew-known] という不規則活用ですから、絶対に過去形です。過去形の動詞は絶対に述語動詞になります。したがって、答えは「1. 必ず述語動詞になる」です。
　問 1 (1)〜(3) に出ている 30 語は、すべて動詞です (助動詞ではありません)。
　問 2 (1)〜(3) に出ている 30 組は、すべて前の語が助動詞で、後の語が動詞です。
　そして、すべての問題で「前に助動詞をつけない」ことが条件になっています。このことは問題文にも明示してありますが、常に念頭に置いて、解答を考えてください。

問　題

問 1
　次の動詞は、このままで (＝前に助動詞をつけずに) 使う場合、以下の 4 つのどれかになる。どれになるかを答えなさい。
1. 必ず述語動詞になる。
2. 必ず準動詞になる。
3. 述語動詞になることも準動詞になることもある。
4. そもそも助動詞をつけずに使うことはできない。

(**1**) been,　am,　sat,　seeing,　cuts,　say,　took,　chosen,　did,　gone

(**2**) become,　hurts,　drinking,　are,　won,　wrote,　seen,　gave,　hearing,　be

(**3**) wound,　arisen,　shook,　splits,　was,　kept,　hiding,　swum,　rose,　being

問2

次の助動詞＋動詞は、このままで（＝前に助動詞をつけずに）使う場合、以下の4つのどれかになる。どれになるかを答えなさい。
1. 必ず述語動詞になる。
2. 必ず準動詞になる。
3. 述語動詞になることも準動詞になることもある。
4. そもそも助動詞をつけずに使うことはできない。

(1) had had, have been invited, been fitting, has been hurt, be influenced, have been helped, should be sold, having been, been enjoying, been added

(2) been put, had been cut, having been included, have joined, are accepting, being overcome, been earning, have been dropped, has swept, be expressed

(3) being demanded, been done, may be, be opened, have ordered, had considered, been closed, were accused, have been persuaded, been provided

解答と解説

問1 (1)

been　4

　このbeenは設問で「動詞」であるとされています。一般的に過去分詞形の動詞は、助動詞をつけて使う場合はbe＋p.p.で受身か完了、have＋p.p.で完了になり、助動詞をつけずに（＝裸で）使う場合は過去分詞形容詞用法か分詞構文になります。ところが「be動詞の過去分詞形であるbeen」は、このうち完了でしか使うことができません。つまりhave been、has been、had been、having beenのどれかで使うのです。したがって、答えは4です。動詞のbeenについてはp.90に詳しい説明があります。

am　1

Chapter 2　活用の理解

　am は現在形ですから必ず述語動詞です。

sat　3

　sit-sat-sat（座る）という活用ですから、sat は過去形か過去分詞形です。過去形なら必ず述語動詞ですが、裸の過去分詞は必ず準動詞です。したがって、答えは 3 です。

seeing　2

　seeing は see（見る）の ing 形です。ing 形の動詞は、助動詞をつけずに（＝裸で）使う場合は動名詞か現在分詞形容詞用法か分詞構文になります。したがって、答えは 2 です。

cuts　1

　末尾の s は「三人称・単数・現在の s」です。したがって、cuts（切る）は現在形で、必ず述語動詞です。

say　3

　say-said-said（言う）という活用ですから、say は原形か現在形です。現在形なら必ず述語動詞ですが、原形は不定詞になると準動詞です。したがって、答えは 3 です。

took　1

　take-took-taken（取る）という活用ですから、took は過去形で必ず述語動詞です。

chosen　2

　choose-chose-chosen（選ぶ）という活用ですから、chosen は過去分詞形で、裸の場合は必ず準動詞です。

did　1

　do-did-done（する）という活用ですから、did は過去形で必ず述語動詞です。

gone　2

go-went-gone（行く）という活用ですから、gone は過去分詞形で、裸の場合は必ず準動詞です。

問1（2）
become　3
become-became-become（〜になる）という活用ですから、become は原形か現在形か過去分詞形です。現在形なら必ず述語動詞ですが、原形なら不定詞で準動詞になる可能性があります。また過去分詞形なら裸の場合は必ず準動詞です。したがって、答えは 3 です。

hurts　1
末尾の s は「三人称・単数・現在の s」です。したがって、hurts（傷つける）は現在形で、必ず述語動詞です。

drinking　2
drinking は drink（飲む）の ing 形です。ing 形の動詞は、助動詞をつけずに（＝裸で）使う場合は動名詞か現在分詞形容詞用法か分詞構文になります。したがって、答えは 2 です。

are　1
are は現在形ですから必ず述語動詞です。

won　3
win-won-won（勝つ）という活用ですから、won は過去形か過去分詞形です。過去形なら必ず述語動詞ですが、裸の過去分詞は準動詞です。したがって、答えは 3 です。

wrote　1
write-wrote-written（書く）という活用ですから、wrote は過去形で必ず述語動詞です。

seen　2
see-saw-seen（見る）という活用ですから、seen は過去分詞形で、裸の場合は

133

Chapter 2　活用の理解

必ず準動詞です。

gave　1

　give-gave-given（与える）という活用ですから、gave は過去形で必ず述語動詞です。

hearing　2

　hearing は hear（聞く）の ing 形です。裸の ing は必ず準動詞で、動名詞か現在分詞形容詞用法か分詞構文になります。したがって、答えは 2 です。

be　3

　これは設問で「動詞」であるとされています。したがって、この be は「be 動詞の原形」です。原形動詞を裸で使った場合は「命令文」と「仮定法現在」の場合は述語動詞ですが、「to の後」と「make、have、let などの補語」の場合は準動詞です。したがって、答えは 3 です。

問 1（3）
wound　3

　wind-wound-wound（曲がりくねる、巻く）だと wound [wáund] は過去形か過去分詞形です。wound-wounded-wounded（傷つける）だと wound [wu:nd] は原形か現在形です。どちらにしても答えは 3 です。

arisen　2

　arise-arose-arisen（生じる）という活用ですから、arisen [ərízn] は過去分詞形で、裸の場合は必ず準動詞です。

shook　1

　shake-shook-shaken（振る）という活用ですから、shook [ʃuk] は過去形で必ず述語動詞です。

splits　1

　末尾の s は「三人称・単数・現在の s」です。したがって、splits（分割する）は現在形で、必ず述語動詞です。

活用と述語動詞・準動詞の関係を尋ねる問題

was　1
be / am, is, are / was, were / been / being という活用ですから、was は過去形で必ず述語動詞です。

kept　3
keep-kept-kept（保つ）という活用ですから、kept は過去形か過去分詞形です。過去形なら必ず述語動詞ですが、裸の過去分詞は準動詞です。したがって、答えは 3 です。

hiding　2
hiding は hide（隠す）の ing 形です。裸の ing は必ず準動詞で、動名詞か現在分詞形容詞用法か分詞構文になります。したがって、答えは 2 です。

swum　2
swim-swam-swum（泳ぐ）という活用ですから、swum [swÁm] は過去分詞形で、裸の場合は必ず準動詞です。

rose　1
rise-rose-risen（上がる）という活用ですから、rose は過去形で必ず述語動詞です。

being　2
これは設問で「動詞」であるとされています。したがって、この being は「be 動詞の ing 形」です。裸の ing は必ず準動詞で、動名詞か現在分詞形容詞用法か分詞構文になります。したがって、答えは 2 です。

問 2 (1)
had had　1
前の had は完了を作る助動詞の過去形で、後の had は動詞の過去分詞形です。前の had が過去分詞形である可能性はありません。なぜなら、助動詞の have には過去分詞形がないからです。had had は過去完了で、後の had は過去形の助動詞がついているので述語動詞です。したがって、答えは 1 です。

135

Chapter 2　活用の理解

have been invited　3

　haveは完了を作る助動詞で、活用は原形か現在形です。原形の場合は述語動詞になる場合と準動詞になる場合の両方があります。述語動詞は、たとえばmust have been invited（招待されたに違いない）のように前に一般助動詞がつく場合です。この問題では前に助動詞をつけられないので、この形は考える必要はありません。準動詞はto have been invited（完了不定詞）の場合です。現在形の場合は現在完了で、必ず述語動詞です。したがって、答えは3です。

been fitting　4

　これは設問で「助動詞＋動詞」であるとされています。したがって、been fittingは進行形で、これ全体が「進行形を表す1つの動詞の過去分詞形」です（原形はbe fittingです）。一般的に過去分詞形の動詞は、助動詞をつけて使う場合はbe＋過去分詞で受身か完了、have＋過去分詞で完了になり、助動詞をつけずに（＝裸で）使う場合は過去分詞形容詞用法か分詞構文になります。ところが「been -ing」という過去分詞形の動詞は、このうち完了でしか使うことができません。つまり「been -ing」は必ず前に助動詞のhaveをつけてhave been -ing、has been -ing、had been -ing、having been -ingのどれかで使うのです（p. 91）。この問題では前に助動詞をつけられないので、答えは4です。

has been hurt　1

　hasは完了を作る助動詞haveの三人称・単数・現在形です。現在形の助動詞がついた動詞は必ず述語動詞になります。したがって、答えは1です。

be influenced　3

　be influencedはこれ全体が「受身を表す1つの動詞の原形」です。原形動詞は、助動詞をつけないで使う場合は「不定詞」「命令文」「使役動詞・知覚動詞の補語」「仮定法現在」です（　リー教　p. 7）。「不定詞」と「使役動詞・知覚動詞の補語」は準動詞で、「命令文」と「仮定法現在」は述語動詞です。したがって、答えは3です。

have been helped　3

　上記have been invitedと同じ理由で答えは3です。

活用と述語動詞・準動詞の関係を尋ねる問題

should be sold　1
　should は助動詞の過去形です。過去形の助動詞がついた動詞は必ず述語動詞になります。したがって、答えは 1 です。

having been　2
　これは設問で「助動詞＋動詞」であるとされています。したがって、been は「be 動詞の過去分詞形」です。having been は、全体が 1 つの動名詞（＝完了動名詞）か現在分詞（＝完了現在分詞）として扱われます。現在分詞の場合は必ず完了分詞構文です。理論上は完了現在分詞形容詞用法も考えられますが、実際には使われません。いずれにせよ、答えは 2 です。

been enjoying　4
　been fitting と同じ理由で答えは 4 です。

been added　4
　been added は、これ全体が「受身を表す 1 つの動詞の過去分詞形」です（原形は be added です）。「been p.p.」という過去分詞形の動詞は必ず have 助動詞がついて完了で使われます（受身完了です）。つまり、必ず have been p.p., has been p.p., had been p.p., having been p.p. のどれかになるのです (p. 91)。この問題では前に助動詞をつけられないので、答えは 4 です。

問 2（2）
been put　4
　問 2（1）の been added と同じ理由で答えは 4 です。

had been cut　1
　問 2（1）の had had と同じ理由で答えは 1 です。

having been included　2
　having been p.p. は受身完了動名詞か受身完了分詞構文です。理論上は受身完了現在分詞形容詞用法も考えられますが、実際には使われません。いずれにせよ準動詞なので、答えは 2 です。

Chapter 2　活用の理解

have joined　3
　問 2 (1) の have been invited と同じ理由で答えは 3 です。

are accepting　1
　これは設問で「助動詞 + 動詞」であるとされています。したがって、学校文法の捉え方によれば、are accepting はこれ全体が「進行形を表す 1 つの動詞の現在形」です。現在形ですから必ず述語動詞です。したがって、答えは 1 です。

being overcome　2
　これは設問で「助動詞 + 動詞」であるとされています。したがって、学校文法の捉え方によれば、being overcome はこれ全体が「受身を表す 1 つの動詞の ing 形」です（原形は be overcome です）。being p.p. という ing 形の動詞は進行形、動名詞、現在分詞形容詞用法、分詞構文のすべての可能性があります (p. 92)。しかし、この問題では前に助動詞をつけられないので、進行形は排除されます。したがって、答えは 2 です。

been earning　4
　問 2 (1) の been fitting と同じ理由で答えは 4 です。

have been dropped　3
　問 2 (1) の have been invited と同じ理由で答えは 3 です。

has swept　1
　問 2 (1) の has been hurt と同じ理由で答えは 1 です。

be expressed　3
　問 2 (1) の be influenced と同じ理由で答えは 3 です。

問 2 (**3**)
being demanded　2
　問 2 (2) の being overcome と同じ理由で答えは 2 です。

been done　4

問 2 (1) の been added と同じ理由で答えは 4 です。

may be　1
　may は助動詞の現在形ですから、be は必ず述語動詞です。したがって、答えは 1 です。

be opened　3
　問 2 (1) の be influenced と同じ理由で答えは 3 です。

have ordered　3
　問 2 (1) の have been invited と同じ理由で答えは 3 です。

had considered　1
　問 2 (1) の had had と同じ理由で答えは 1 です。

been closed　4
　問 2 (1) の been added と同じ理由で答えは 4 です。

were accused　1
　学校文法の捉え方によれば、were accused はこれ全体が「受身を表す 1 つの動詞の過去形」です（原形は be accused です）。過去形ですから必ず述語動詞です。したがって、答えは 1 です。

have been persuaded　3
　問 2 (1) の have been invited と同じ理由で答えは 3 です。

been provided　4
　問 2 (1) の been added と同じ理由で答えは 4 です。

Chapter 2　活用の理解

間違った活用を直す問題

　活用は、「動詞」あるいは「助動詞＋動詞」が述語動詞なのか準動詞なのかということに密接な関係をもっています（現在形や過去形のように、密接な関係どころか、直結する場合もあることはご承知の通りです）。したがって、活用が間違っていると、ほとんどの場合、英文全体の構造が破綻し、意味が取れなくなってしまいます。構造が破綻しなくても、意図した意味とは違う意味の英文になってしまいます。

　この問題では、活用が間違っている語は指定されていません。そこで、どの語の活用が間違っていて、それをどのように修正すれば、英文全体の構造が成立するのか？ 成立した英文はどういう意味を表すのか？ はたして、その意味は論理的に成立するのか？ これらの諸点について、試行錯誤を繰り返して、正解を見つけなければなりません。

　その試行錯誤のプロセスを通して、**活用が「意味の決定」と「述語動詞・準動詞の決定」の間にある相互規制を媒介するメカニズム**を習得するのがこの問題のねらいです。「相互規制を媒介する」というのは、わかりやすく言うと、「構造が成立するためには、これは述語動詞である必要がある。述語動詞であるなら、活用は○○形でなければならない。○○形だとすると、意味はこれこれになるはずだ。この意味で、英文全体の意味が成立するだろうか？」とか「英文全体の意味が成立するためには、この動詞はこれこれの意味である必要がある。これこれの意味であるなら、活用は○○形でなければならない。○○形だとすると、準動詞になるはずだ。それで構造が成立するだろうか？」といったフィードバックを活用が仲立ちしているということです。実際に例題を解いてみましょう。

問　次の英文には間違った活用形の動詞あるいは助動詞が3語含まれています。それを正しい活用形に直しなさい。正解は2通りあります。
　なお、stand は自動詞で、直すのはあくまでも活用形だけで、to や助動詞をつける直し方はしないものとします。また、コンマは削除してあります。

Three girls stand near being asked to describe what had happening.

140

まず、what had happening は what had happened が正しいと思われます。「起こったこと」または「何が起こったのか（ということ）」という意味です。

次に、be asked to V（V するように求められる）というつながりが確定しているように思われます。すると、to describe はそのままで、being asked to describe what had happened は「何が起こったのかを詳しく話すように求められる」という意味になります。

残りは stand と being asked ですが、このどちらかが主節の述語動詞です。主語が Three girls（3 人の少女）で、stand near は「近くに立つ」、being asked to describe は「詳しく話すように求められる」ですから、意味を考えると、being asked の方が述語動詞にふさわしい感じがします。had happened は過去完了なので、主節の述語動詞は過去形にしなければなりません。すると Three girls . . . were asked to describe what had happened.（3 人の少女は、何が起こったのか詳しく話すように求められた）となります。

あとは stand near を準動詞にすれば完成です。stand を現在分詞形容詞用法（= standing）にして、Three girls にかければうまくいきます。正解は次の通りです。

（正解 1）

Three girls standing near were asked to describe [what had happened].
  a S a ① ad -⑤ ᵃC ③ O S aux ①
近くに立っていた 3 人の少女は、何が起こったのか詳しく話すように求められた。

さて、これで 1 つ答えがわかりました。難しいのはもう 1 つの答えです。述語動詞を stand near の方にして、being asked を準動詞にするのでしょうか？ 試しにやってみると、次のようになります。

Three girls stood near, being asked to describe [what had happened.]
  a S ① ad / ad / -⑤ ᵃC ③ O S aux ①
3 人の少女は、何が起こったのか詳しく話すように求められて、近くに立っていた。

この英文は、文法的には特に間違いはありません。意味も、正解 1 に比べるとやや不自然ですが、一応成立します。しかし、これでは 2 語しか変えていませんから、「間違った活用形の動詞あるいは助動詞が 3 語含まれています」という問題の趣旨に添いません。したがって、正解にはなりません。さあ、どうしたらい

Chapter 2　活用の理解

いのでしょうか？

　こうなると、残された選択肢は1つしかありません。しかし、この選択肢は、ただ眺めているだけでは、なかなか気がつきません。理詰めで攻めないと気がつかないかもしれません。やってみましょう。

　これは英文である以上、主節の述語動詞が必要です。活用を変えることによって、主節の述語動詞になれるのは stand と being asked と describe の3つしかありません。being asked を述語動詞に変えたのが正解1です。stand を述語動詞に変えると、2つしか活用を変えないので、題意に添いません。すると、残りは describe しかありません。describe を述語動詞にするためには、to から切り離して、過去形に変える必要があります。やってみると、次のようになります。

Three girls ... described what had happened.
3人の少女は、何が起こったのか詳しく話した。

　あとは、stand near と being asked to の両方を準動詞にすれば完成です。stand near は正解1のように現在分詞形容詞用法にして Three girls にかければいいでしょう。これで3語直したので、これ以上は変えられません。つまり being asked to はこのままでいいのです。しかし、to は...？ 狐につままれたような思いの方もいるかもしれませんが、これで正解なのです。

(正解2)

Three girls standing near, being asked to, described [what had happened.]
　　　　　　a　　S　　a　①　　ad　　ad　　-⑤　ᵃC　　③　　O　S　aux　　①

近くに立っていた3人の少女は、詳しく話すように求められたので、何が起こったのか説明した。

　being asked は分詞構文です。to は to describe what had happened から describe 以下を省略して、不定詞の to だけが残ったものです。このような to は代不定詞と呼ばれます。

　いかがでしょう。次ページからの問題はすぐに答えを見ないで、あれこれ試してみてください。必ず実践力がつきますから。

問題

次の英文には間違った活用形の動詞あるいは助動詞が1～3語含まれています。それを正しい活用形に直しなさい。

何語含まれているかは、英文の後のカッコ内に示されています。

なお、直すのはあくまでも活用形だけで、toや助動詞をつける直し方はしないものとします。また、コンマは削除してあります。

問1

1. Her eyes falls on a book leave on the seat opposite by a previous passenger. (2語)

2. This music have been arranging for choir and orchestra. (2語)

3. *The Armada* being the fleet of Spanish ships send to attacking England in 1588. (3語)

4. Abuses of office get putting right just by be expose. (3語)

5. The frightening citizens tries to saving their property. (3語)

6. Our cook being an artist at make cheap meals looked expensive. (3語)

7. In this country the method used to cure sick people was to performing certain ceremonies laying down by the priests. (2語)

8. What he has is saying been utterly beside the point. (2語)

9. We have reached a point in history where knowledge and tools intend originally to serve man now threatening to destroy him. (2語)

10. Mankind can hardly be too often reminding that there was once a man name Socrates between whom and the legal authorities and public opinion of his time there takes place a memorable collision. (3語)

Chapter 2　活用の理解

問 2

1. The noise make by a servant collect knives and plates after dinner did not disturb my enjoyment of a cigar.（2 語）

2. Be careful not to let the ease with which you speak and understand other people prevented you from perfecting your use of English.（1 語）

3. Poor Marjorie being not much used to have people interesting in her.（3 語）

4. A man give the award before make a speech at the party.（2 語）（正解は 2 通りあります）

5. Their commander took the enemy forces surrender.（2 語）

6. Human remains having been found side by side with those of animals in the caves.（1 語）

7. See a pet die help a child to coping with sorrow（3 語）

8. The memory we forms after a certain lapse of time of places where we lingered often bear but a faint resemblance to the impression receive at the time.（3 語）

9. Keep reminded yourself that becomes absorbing in your job will take your mind off your worries.（3 語）

10. Often puzzled to those newly arrived from Europe being our lack of desire for privacy.（2 語）

解答と解説

問 1

1. Her eyes **fell** on a book **left** on the seat opposite by a previous passenger.
   S ①   ad   a -③ ad   a   ad

彼女の目は、前の乗客が向かいの座席に残していった本にとまった。

(解説) この英文を芝居のト書きと考えれば、「彼女の目は前の乗客が向かいの座席に残していった本におちる」のように、現在形の fall も可能です。

2. This music **has** been **arranged** for choir and orchestra.
     a   S aux -③   ad

この作品は合唱とオーケストラ用に編曲されている。

(解説) This music は三人称・単数ですから、have ではなく has です。has been arranging は現在完了進行形で「編曲し続けてきた」という意味です。主語が This music では意味が通りませんし、arranging の目的語も足りません。has been arranged (＝受身の現在完了) にすれば意味も構造も成立します。had been arranged にすることも可能です。

3. *The Armada* is the fleet of Spanish ships **sent** to **attack** England in 1588.
      S   ②   C   a   a -③ ad ③   O   ad

The Armada (無敵艦隊) は、1588 年に英国を攻撃するために派遣されたスペインの艦隊である。

(解説) to attacking は誤りです。動名詞を使うには for the purpose of attacking にします。was にすることも可能です。

4. Abuses of office get **put** right just by **being exposed**.
     S   a   ② ªC -⑤ ªC ad   ad   -③

職務上の地位の濫用は、暴露されれば、それだけで是正される。

145

Chapter 2　活用の理解

（解説）Abuses of office は「職務上の地位の濫用」、put ～ right は「～を正す」、by は「～によって」、expose は「さらす、暴露する」という意味です。この4つを組み合わせると「濫用は、暴露することによって、正される」というような意味になると推測されます。この線で考えると、by be expose は by being exposed（暴露されることによって）になるはずです。これで2つ変えましたから、あと1つしか変えられません。get か putting のどちらかを変えることになります。put ～ right は ⑤＋O＋C です。能動態なら put abuses right（濫用を正す）ですが、この英文では abuses が主語ですから、Abuses are put right.（濫用は正される）という受身になるはずです。実際、Abuses of office are put right just by being exposed.（職務上の地位の濫用は、ただ暴露されることによって是正される）は構造も意味も成立する正文です。

　この英文の are（＝受身を作る助動詞）のところに get（＝「～になる」という意味の②の動詞）を入れたのが正解です。are を取ったことによって put は裸の過去分詞になります。裸の過去分詞は過去分詞形容詞用法か分詞構文です。put は過去分詞形容詞用法で get の補語です。動詞型は-⑤で、right が put の補語です。get put right で「正された状態になる」という意味です。

　just は「ただ単に」という意味の副詞で by being exposed を修飾しています。just by being exposed は「ただ単に暴露されることによって」という意味です。これは if they are only exposed（それらが暴露されさえすれば）と同じ意味で、十分条件を表しています。

　職務上の地位の濫用、たとえば、公共工事の発注担当者が業者主催のゴルフコンペに一私人の資格で参加して、どういうわけかいつも優勝して高額な賞品を獲得する、といったようなことは、実は業者側がわざと負けているのだという噂が広まると、発注担当者の方で危険を感じて、参加を見合わせるようになります。「ただ単に暴露されることによって是正される」というのは、たとえば、こういうことです。

5.　The **frightened** citizens **tried** to **save** their property.
　　　　③の p.p.　　S　　③　　O　③　　　O

おびえた市民たちは自分の財産を守ろうとした。

（解説）The frightening citizens は「（人あるいは動物を）おびえさせるような（性質をもった）市民たち」という意味です（リー教 p. 94）。

146

間違った活用を直す問題

6. Our cook **is** an artist at **making** cheap meals **look** expensive.

うちのコックは安い料理を高価に見せる名人だ。

(解説) look は原形不定詞で、making の補語です。was にすることも可能です。

7. In this country, the method used to cure sick people was to **perform** certain ceremonies **laid** down by the priests.

この国では、病人を治療するために用いられる方法は、僧侶によって定められた一定の儀式を執り行うことだった。

(解説) [lie-lay-lain-lying]（横たわる）と [lay-laid-laid-laying]（横たえる）を正確に区別しましょう。本文の laid は過去分詞形で、動詞型は-③です。もし people で英文が終わっていたら、used to は助動詞で「この国では、昔よくその方法が病人を治したものだった」という意味になります。

8. [What he has **been** saying] **is** utterly beside the point.

彼が言い続けていることはまったくの的外れだ。

(解説) What he has is ... は「彼が持っているものは ... である」という意味です。しかし、... が saying では、saying の活用をどのように変えても成立しません。has been saying は現在完了進行形で「継続」を表します。What 節内は現在完了進行形ですが、彼がそれを言い始めた時点は過去ですから、主節の述語動詞を was にすることも可能です。

9. We have reached a point in history (where knowledge and tools **intended** originally to serve man now **threaten** to destroy him.)

元々は人間の役に立つように意図されていた知識や道具が、今や人間を破滅させかねないような、歴史上の段階に我々は到達している。

147

Chapter 2　活用の理解

(解説) We have reached a point in history where . . . は「我々は、歴史上で . . . の段階に到達している」という意味で、構文的にも問題ありません。where は関係副詞ですから、knowledge 以下は完全な文でなければなりません。serve には to がついていますから、おそらくこれを述語動詞にするのは無理です。そこで、intend か threatening のどちらかを述語動詞、どちらかを準動詞にしなければなりません。主語の knowledge and tools は無生物ですから、intend（意図する）が述語動詞になることは意味的に不可能です。それに対して、threaten to ～は「～するおそれがある」という意味ですから、knowledge and tools が主語になることは問題ありません。knowledge and tools . . . now threaten to destroy him（知識や道具は今や人間を破滅させるおそれがある）です。intend は、過去分詞形容詞用法にして knowledge and tools にかければ、構造も意味も成立します。

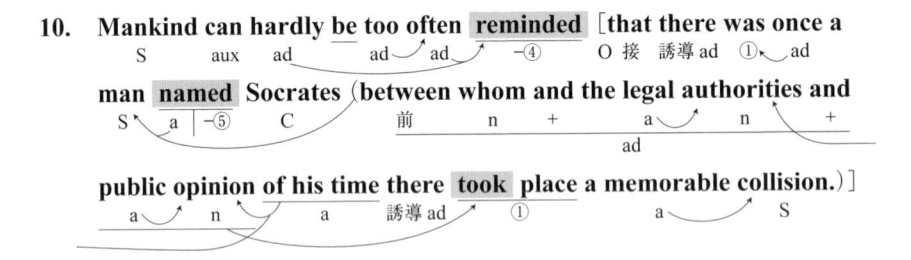

10. Mankind can hardly be too often reminded [that there was once a man named Socrates (between whom and the legal authorities and public opinion of his time there took place a memorable collision.)]

人類は、かつて時の司法当局や世論との間に特記すべき一大衝突を引き起こしたソクラテスという名の人物がいたことを、いくらたびたび想起しても、おそらくし過ぎることはないであろう。

(解説) remind は「思い出す」ではなく「思い出させる」という意味です。したがって、後に that 節が続く場合は「remind 人 that S + V（人に S + V を思い出させる）」という形にしなければなりません。元々この形は「remind 人 of ～（人に～を思い出させる）」の～に that 節が入ったもので、that 節が入ると、of は必ず省略されます（リー教 p. 136）。そのために、多くの辞書は、後に that 節が続く場合の remind を④にしています。

本文では remind の直後に that 節がきています。ということは、この文は受身だということです。そこで Mankind can hardly be too often reminded that . . . にします。be reminded that S + V は「S + V を思い出させられる → S + V を思い出す」です。「cannot V too ～」は「過度に～に V することはできない → どんな

148

に～にＶしても、多すぎるということはない」という意味です。

there was once a man name Socrates は、name を過去分詞形容詞用法にして a man にかけなければ、構造が成立しません。named は-⑤で、Socrates が補語です。there was once a man named Socrates は、直訳すると「かつて、ソクラテスと名付けられた男がいた」となります。

between whom 以下の形容詞節内には、動詞は takes しかないので、これが述語動詞です。主語は a memorable collision で倒置しています。whom の先行詞は a man named Socrates で、Socrates は過去の人ですから、節内の述語動詞は過去形でなければなりません。そこで takes を took に変えます。between A and B の A に whom = a man named Socrates が入り、B に the legal authorities and public opinion of his time が入っています。take place は「起こる。生じる」という意味の①の群動詞です。

問 2

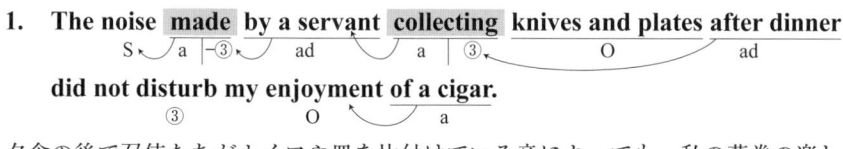

1. **The noise made by a servant collecting knives and plates after dinner did not disturb my enjoyment of a cigar.**

夕食の後で召使たちがナイフや皿を片付けている音によっても、私の葉巻の楽しみは妨げられなかった。

（解説）意味を考えると、The noise が did not disturb の主語です。and は knives と plates をつないでいると考えるのが自然です。すると make と collect はどちらも準動詞にしなければなりません。どちらも分詞形容詞用法にして直前の名詞にかけます。

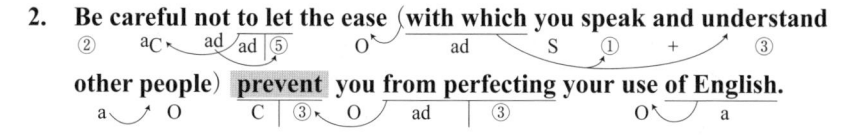

2. **Be careful not to let the ease (with which you speak and understand other people) prevent you from perfecting your use of English.**

話すのも聞くのも楽にできるからといって、英語に磨きをかけることを怠らないように注意しなさい。

（解説）直訳すると「あなたが自分で話し、他人の言うことを理解する際の簡単さ

149

Chapter 2　活用の理解

が、あなたが英語の使用を完璧にするのを妨げるのを許さないように注意しなさい」となります。「with＋抽象名詞」が「様態を表す副詞」と同じ意味を表す場合があります。たとえば、with care＝carefully とか with eagerness＝eagerly といった具合です。which の先行詞は ease ですから with which＝with ease＝easily となります。したがって、the ease with which S＋V は「簡単に S が V する、その簡単さ」という意味になります。let は多くの場合「let＋O＋原形 V（O が V するのを許す、妨げない）」という形で使います。そこで、prevented を原形の prevent にすると、the ease が to let の目的語、prevent が原形不定詞で to let の補語となり、構造も意味も成立します。なお、other people は understand だけの目的語であって、speak とは関係ありません。

3. Poor Marjorie is not much used to having people interested in her.
　　　　　　a　　　　S　②　ad　ad　ᵃC　ad　｜　⑤　　O　　ᵃC　-③　ad

かわいそうに、マージョリーは他人から関心をもたれることにあまり慣れていない。

（解説）まず Poor Marjorie を説明しましょう。このように、**主語に poor がついているときは、「かわいそうな S は V する」ではなく、「かわいそうに、S は V する」**という意味になります。

　次に used ですが、前に being があります。be used は受身か「②＋C」のどちらかです。受身であれば、used は過去分詞形の動詞で、意味は「使われる」です（発音は [juːzd]）。この場合、後の to は不定詞の to で、be used to V（V するために使われる）となります。「②＋C」であれば、used は形容詞で、意味は「慣れている」です（発音は [juːst]）。この場合、後の to は前置詞の to で、be used to -ing（～することに慣れている）となります。

　後半を考えてみましょう。interest は「興味・関心をいだかせる」という意味の他動詞ですから、have people interesting は「人を、興味・関心をいだかせるような（性質をもっている）状態にする」という意味です（リー教 p. 94）。この場合、people は「他人に興味・関心をいだかせる人」、逆に言えば「他人から興味・関心をもたれる人」になります。

　それに対して、過去分詞形の interested を使って、have people interested にすると「人を、興味・関心をいだいている状態にする」という意味になります。この場合、people は「他人に興味・関心をいだいている人」になります。後の in

150

her につながるのは、後者の方です。have people interested in her で「人を、彼女に興味・関心をいだいている状態にする」という意味になります（これで、interesting を interested に変えることが決まりました）。

　ここで、さらに2つ考えなければなりません。1つは、この her は主語の Marjorie を指しているということです。したがって、Marjorie からすれば、her は自分ですから have people interested in her は「人を、自分（＝Marjorie）に興味・関心をいだいている状態にする」という意味になります。

　もう1つは、have＋O＋p.p. という形は有意思の場合と無意思の場合の2つがあるということです。**有意思**というのは「have の主語（あるいは意味上の主語）が意識的にその状態を生み出す」ということで、この場合は「～させる」とか「～してもらう」という意味になります。たとえば、She had her piano tuned yesterday.（彼女は昨日ピアノを調律してもらった）のような具合です。

　それに対して、**無意思**というのは「have の主語（あるいは意味上の主語）の意思とは無関係に（＝主語にはそのつもりがないのに）、（勝手に）その状態が生じる」ということで、この場合は「～される」という意味になります。たとえば、He had his wallet stolen on the train.（彼は列車の中で財布を盗まれた）のような具合です。

　したがって、have people interested in her は有意思であれば「マージョリーが意識的に他人に働きかけて、自分に興味・関心をいだかせる」という意味になり、無意思であれば「マージョリーが望んでもいないのに、他人から自分に興味・関心をもたれる」という意味になります。

　さて、これで、前半は「～するために使われる（受身）」か「～することに慣れている（②＋C）」、後半は「自分に興味・関心をいだかせる（有意思）」か「自分に興味・関心をもたれる（無意志）」、それぞれ2つの可能性があり、それを組み合わせることになります。ところでこの問題は3語を直すと指定されています。前半を受身にすると、to have はこのままで、直さないことになるので、3語直すという題意に沿いません。したがって、答えは次のようになります。

Poor Marjorie <u>is</u> not much used to <u>having</u> people <u>interested</u> in her.

　意味は2つ可能性があります。有意思なら「かわいそうに、マージョリーは自分に関心をもつように他人を仕向けることにあまり慣れていない」となります。無意思なら「かわいそうに、マージョリーは他人から関心をもたれることにあま

Chapter 2　活用の理解

り慣れていない」となります。マージョリーがタレントの卵で、まだ自分を売り込むプロモーションに慣れていないというような特殊な状況なら有意思もありえます。文脈がないので確定はできませんが、普通は無意思の方でしょう。なお、is ではなく、was にすることも可能です。

4.（正解 1）

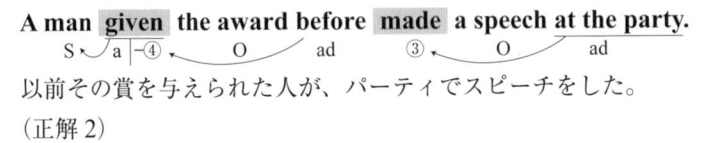

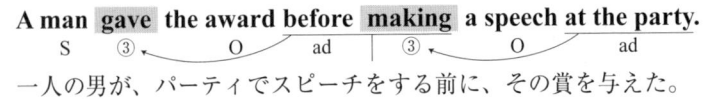

A man given the award before made a speech at the party.
　　　　S ╱a ─④　　　O　　ad　　③　　O　　ad
以前その賞を与えられた人が、パーティでスピーチをした。

（正解 2）

A man gave the award before making a speech at the party.
　　　　S　③　　　O　　ad　　③　　O　　ad
一人の男が、パーティでスピーチをする前に、その賞を与えた。

（解説）答えが 2 通りあるということは、give を述語動詞にして、make を準動詞にするか、または、その逆にするということです。答えは上に示した通りですが、given と gave で動詞型が違うこと、before の品詞が違うことに注意してください。made を makes、gave を gives にすることも可能です。

5.　Their commander taken, the enemy forces surrendered.
　　　　　 S′　　　ad ─③　　　　S　　　　　①
指揮官を捕らえられて、敵軍は降伏した。

（解説）took と surrender のどちらかを述語動詞、どちらかを準動詞にしなければなりません。そして（2 語）という指定ですから、どちらも活用を変えなければなりません。すると、took の方は take, takes, taken, taking のどれかで、surrender の方は surrendered か surrendering のどちらかです。このうち take は、現在形なら三単現の s が必要ですし、原形なら「原形を使う 5 ヶ所」のいずれでもないので無理です。過去分詞形の surrendered は、the enemy forces にかけると the enemy forces surrendered（引き渡された敵軍）となりますが、誰が引き渡したのか想定できないので、意味が通りません。the enemy forces surrendered を「降伏した敵軍」と読むことは構造上できません。surrender は「降伏する」という意味のときは①で、①の動詞が裸の p.p. になるのは往来発着動詞の他に happened, fallen, retired, gathered などに限られるからです。すると「takes / taken / taking」と「過

152

去形の surrendered / surrendering」の組み合わせになります。必ず「述語動詞と準動詞」の組み合わせにしなければならないので、答えは takes — surrendering / taken — surrendered / taking — surrendered のどれかです。試しに、taking — surrendered の組み合わせでやってみると、次のようになります。

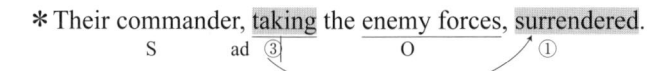

＊Their commander, taking the enemy forces, surrendered.
　　　　S　　　　ad ③　　　　O　　　　　①

彼らの指揮官は、敵軍を捕虜にして、降伏した。

　これは、構文は成立していますが、意味が通りません。
　結局、正解は taken — surrendered の組み合わせです。taken は「意味上の主語（＝Their commander）」がついた（過去分詞の）分詞構文です。surrendered は過去形・述語動詞です。

6. Human remains have been found side by side with those of animals in
　　a　　S　　aux　 —③—　　ad　　　ad　　　a
the caves.
　ad

人間の遺骨が、動物の骨と一緒に、その洞穴の中で見つかっている。

（解説）human は人間という意味の名詞もありますから、human が主語で、remains が「三単現の s」がついた現在形・述語動詞という見方もありえます。しかし、human（人間）は可算名詞ですから、単数・無冠詞で使うのは無理です（普通は humans と複数形で使います。p. 197 の No. 6 参照）。

　この英文だけで意味がわかることが前提ですから、those of animals の those が指す複数名詞がなければなりません。以上のことから、remains は動詞ではなく「残り物、遺体、遺骨」という意味の複数名詞だとわかります。すると having を have に変えれば、have been found は受身の現在完了となって、構文も意味も成立します。had にすることも可能です。side by side は「並んで」という意味の副詞句です。

7. Seeing a pet die helps a child to cope with sorrow
　　S ⑤　　O C①　⑤　　　O　C　①　　ad

ペットが死ぬのを見ることは、子供が悲しみを処理する助けとなる。

Chapter 2　活用の理解

（解説）See, die, help, coping のうち3語を変えなければなりません。3つ変えるとなると組み合わせの数は膨大になるので、まず先に意味に当たりをつけた方が得策です。

　See a pet die（ペットが死ぬのを見る）help a child（子供を助ける）coping with sorrow（悲しみを処理する）を組み合わせると「ペットが死ぬのを見ることは、悲しみを処理する点で、子供を助ける」くらいの意味が推定できます。この線に沿って、英文を構成すると、Seeing a pet die か To see a pet die が主語になります。しかし、to をつける直し方は禁じられているので、Seeing a pet die です。動名詞は三人称・単数の扱いですから、helps a child となります。3語変えなければならないので、coping も変えなければなりません。to がついているので、変えるとすれば to cope しかありません。helps a child to cope with sorrow で「子供が悲しみを処理するのを助ける」となります。なお、Having seen a pet die helps a child to cope with sorrow.（ペットが死ぬのを見たことは、子供が悲しみを処理するのを助ける）も正文ですが、助動詞をつける直し方は禁じられているので、この問題の正解にはなりません。

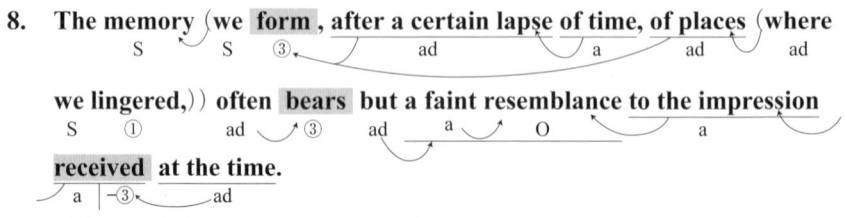

8.　The memory (we form , after a certain lapse of time, of places (where
　　　S　　　　　S　③　　　　　　　 ad　　　　　　 a　　ad　　　 ad

　　we lingered,)) often bears but a faint resemblance to the impression
　　　S　　①　　　 ad　　③　ad　　　a　　O　　　　　　a

　　received at the time.
　　　a　－③　　ad

以前散策した場所について、しばらく時間が経ってから思い出してみると、その記憶は、当時受けた印象とはほんのわずかしか似ていないことがよくある。

（解説）まず、we forms はおかしいですから、we form でしょう。すると、The memory we form, after a certain lapse of time, of places where ...（...の場所について、ある時間が経過した後で、我々が形成する記憶）となります。

　あとは lingered と bear と receive のうち2つを変えます。「ある時間が経過した後で」と言っているので、lingered は過去形のままにして、of places where we lingered（我々が散策した場所について）でうまくいきます。

　次は bear を変えるのですが、bear a resemblance to ～（～に対する類似性をもっている → ～に似ている）は定型的な表現です。問題は but です。これを等位接続詞と考えると、bear a resemblance to ～というつながりでは読めなくなりま

154

す。ここで発想を転換しなければなりません。この but は副詞で、only と同じ意味です。副詞の only は名詞も修飾できます。副詞の but も同じで、a faint resemblance を修飾します。すると bear but a faint resemblance to the impression は「印象にごくわずかしか似ていない」という意味になります。主語が The memory ですから「三単現の s」をつけて bears にします。

　ここまでわかれば、あとは簡単です。receive を過去分詞形容詞用法に変えて、the impression にかければ完成です。

　なお formed と bore の組み合わせも可能です。現在形の場合は、記憶に関する一般的な傾向を言っていますが、過去形にすると、特定の場所に関する過去の記憶について言っていることになります。

9.　Keep **reminding** yourself [that **becoming absorbed** in your job will take your mind off your worries.]

自分の仕事に没頭すると、悩みを忘れて気が紛れるということを覚えておきなさい。

（解説）問 1 の 10 で解説した remind 人 that S + V（人に S + V を思い出させる）の「人」に oneself を入れると remind oneself that S + V（自分自身に S + V を思い出させる → S + V を思い出す）となります。これと keep -ing（〜し続けている）を組み合わせると、Keep reminding yourself that ...（... を思い出し続けていなさい → ... を忘れずに覚えておきなさい）となります。

　あとは、becomes absorbing in your job の becomes と absorbing の両方を変えて、この部分を will take の主語にします。to 不定詞に変えることは禁じられていますから、動名詞 becoming にします。absorb は「夢中にさせる」という意味の他動詞ですから、absorbing だと「（人を）夢中にさせる（ような性質をもった）」という意味になります（リー教 p. 94）。an absorbing book（人を夢中にさせる本）のような具合です。これでは意味が通りませんから、過去分詞形の absorbed に変えます。absorbed は「夢中にさせられている → 夢中になっている」という意味です。becoming absorbed in your job（自分の仕事に夢中になること）が will take の主語です。

　ちょっと考えると take your worries off your mind（頭から悩み事を取り去る）ではないのか？ と思いますが、英語は逆で take your mind off your worries が正

155

Chapter 2　活用の理解

しい表現です。take one's mind off ～は「～をしばらくの間忘れる、～から気が紛れる」という意味の慣用句で、～には「嫌なこと、心配事」が入ります。

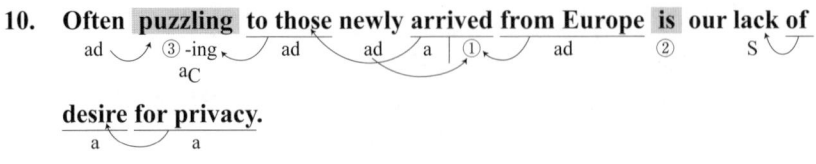

10. Often puzzling to those newly arrived from Europe is our lack of
    ad   ③-ing   ad   ad a ①   ad   ②   S
          aC

    desire for privacy.
     a   a

ヨーロッパから初めて来た人たちをしばしばまごつかせるのは、我々のあいだにプライバシーを尊重する気持ちが欠けていることである。

（解説）puzzling は「③-ing が目的語なしで現在分詞形容詞用法になったもの」で、「(人を)戸惑わせるような(性質をもっている)」という意味です（リー教 p. 94）。この文は倒置構文で、puzzling は is の補語です。is の主語は lack です。
　arrived は①の過去分詞形容詞用法で、those を修飾しています。自動詞の裸の過去分詞は「完了」の意味を表します（リー教 p. 75）。したがって、those newly arrived from Europe は「新しくヨーロッパから到着し(終わっ)た人たち」という意味です。
　is は was にすることも可能です。

Chapter 3　関係代名詞の理解
形容詞節の読み方と訳し方を練習する問題

　「英語を読む」のと「英語を訳す」のは重なり合う部分もありますが、本質的には違う作業です。「英語を読む」作業には次の2つの特徴があります。

---
　(1) 読むときはできるだけ日本語を介在させないで意味をとっていく
　(2) 読むときはできるだけ語順のままに意味をとっていく

　通常は、「訳しなさい」と要求されない限り、訳さずに読んでいくのです。この「(英語を)訳さずに読む」というのが具体的にどうすることなのか、これを日本語で正確に説明するのは難しいのですが、形容詞節はこの違いが明瞭に現れるので、「訳さずに読む」消息を窺うのに適しています。そこで、ここでは形容詞節を含む文を材料にして「読む」と「訳す」の練習を行い、あわせて「日本語にはない言葉である関係詞」の理解を深めることにしましょう。
　以下に「〜を読みなさい」という設問に答える具体的な手順を説明しました。この手順は日本語が全面的に介在していますから、まだ「本当の読む作業」にはなっていません。いわば中間段階の作業です。
　しかし、物には順序というものがあります。一足飛びに「本当の読む作業」を身につけることは困難です。たとえ中途半端であっても、この中間段階の作業を繰り返し練習すると、次第に「読む」と「訳す」の違いがはっきりしてきます。やがて、無駄なことはしないという人間の自然な性向によって、日本語の部分が削ぎ落とされてきます。すると、語順のままに、英語から直接(＝日本語を介在させずに)意味をくみ取るという「本当の読む作業」ができるようになるのです。
　説明をよく読んで、決められた手順通りに答えられるように繰り返し練習してください。答え方の手順が厳格に決められているので、最初は非常に煩雑に感じます。しかし、このくらいやれればいいや、と自分を許さずに、あくまでも解答通りに言えるように練習してください。守らなければならない決まりが多いので、面倒くさいだけで、いったん要領をつかめば、難しいことはありません。スラスラ答えられるようになると、関係詞に困ることはもうなくなるはずです。試しに、関係詞を含んだ英文をいろいろ読んだり訳したりしてみてください。自分が変

Chapter 3　関係代名詞の理解

わったことがおわかりになると思います。

設問形式1　「関係代名詞」を読みなさい。
手順1　関係代名詞を音読する。
手順2　関係代名詞に先行詞を代入して日本語に置き換え、「その」をつける。

実例 the village in which he was born

（問）which を読みなさい。
（手順）まず which を音読し、次に which に village を代入して日本語に置き換え、それに「その」をつける。
（答）which → その村（「フイッチその村」と口で唱えます）
（問）in which を読みなさい。
（答）in which → その村で（「インフイッチその村で」と口で唱えます）

実例 the girl who is singing now

（問）who を読みなさい。
（手順）まず who を音読し、次に who に girl を代入して日本語に置き換え、それに「その」をつける。
（答）who → その女の子（「フーその女の子」と口で唱えます）

設問形式2　「形容詞節だけ」を読みなさい。
手順1　形容詞節の最初の語から関係代名詞までを音読する（関係代名詞から形容詞節が始まっているときは、関係代名詞だけを音読する）。
手順2　音読した部分を日本語に置き換える。置き換える順番は、関係代名詞を最初にする。具体的な手順は関係代名詞を読むときと同じ。
手順3　関係代名詞の直後の語から形容詞節の最後の語までを音読する。
手順4　音読した部分を日本語に置き換える。
手順5　日本語に置き換える際、主語には「が」か「は」の自然に聞こえる方をつける。

実例 the village in which he was born

（問）in which he was born だけを読みなさい。
（手順）in which を音読する。次に in which を which → in の順番で日本語に置

き換える。「その村で」となる。次に he was born を音読する。次に he was born を日本語に置き換える。その際 he には「が」をつける。「彼が生まれた」となる。

（答）in which → その村で → he was born → 彼が生まれた（「インフイッチその村でヒーワズボーン彼が生まれた」と口で唱えます）

実例 the girl who is singing now

（問）who is singing now だけを読みなさい。

（手順）who を音読する。次に who を日本語に置き換える。その際「は」をつける。「その女の子は」となる。次に is singing now を音読する。次に is singing now を日本語に置き換える。「今歌っている」となる。

（答）who → その女の子は → is singing now → 今歌っている（「フーその女の子はイズスィンギングナウ今歌っている」と口で唱えます）

設問形式3 「先行詞＋形容詞節の全体」を訳しなさい。

手順1　関係代名詞の部分（関係代名詞に前置詞がついているときは、前置詞＋関係代名詞の部分）は訳さない。
手順2　それ以外は、形容詞節だけを読むときと同じように日本語に置き換える。ただし、主語には「は」ではなく「が」をつける。
手順3　最後に先行詞を訳す。ただし、先行詞についている冠詞は訳さない。

実例 the village in which he was born

（問）the village in which he was born の全体を訳しなさい。

（手順）in which の部分は訳さず、he was born は he に「が」をつけて訳し、最後に village を訳す。ただし village についている the は訳さない。

（答）彼が生まれた村

実例 the girl who is singing now

（問）the girl who is singing now の全体を訳しなさい。

（手順）who の部分は訳さず、is singing now を訳し、最後に girl を訳す。ただし girl についている the は訳さない。

（答）今歌っている女の子

Chapter 3　関係代名詞の理解

設問形式4　「英文全体」を語順のままに読みなさい。
手順1　文頭から形容詞節が始まる直前の語までを音読する。
手順2　音読した部分を語順のままに日本語に置き換える。
手順3　その際、先行詞についている冠詞は日本語に置き換えない。
手順4　その後は、「形容詞節だけ」を読むときとまったく同じようにする。

実例 That is the village in which he was born.

（問）英文全体を語順のままに読みなさい。

（手順）That is the village を音読する。次に That is the village を日本語に置き換える。その際 the は日本語に置き換えない。「あれは村です」となる。in which he was born の部分は「形容詞節だけ」を読むときとまったく同じ手順で読む。

（答）That is the village → あれは村です → in which → その村で → he was born → 彼が生まれた

実例 The girl who is singing now is my sister.

（問）英文全体を語順のままに読みなさい。

（手順）The girl を音読する。次に The girl を日本語に置き換える。その際 the は日本語に置き換えない。「女の子」となる。who is singing now の部分は「形容詞節だけ」を読むときとまったく同じ手順で読む。次に is my sister を音読する。次に is my sister を日本語に置き換える。

（答）The girl → 女の子 → who → その女の子は → is singing now → 今歌っている → is my sister → 私の妹です

実例 A weatherman is one with whom the weather does not always agree.

（問）英文全体を語順のままに読みなさい。

（手順）A weatherman is one を音読する。次に A weatherman is one を日本語に置き換える。「天気予報官は人です」となる。with whom the weather does not always agree の部分は「形容詞節だけ」を読むときとまったく同じ手順で読む。

（答）A weatherman is one → 天気予報官は人です → with whom → その人に → the weather does not always agree → 天気は必ずしも同意しない

形容詞節の読み方と訳し方を練習する問題

設問形式5 「英文全体」を訳しなさい。
手順 「先行詞＋形容詞節」の部分は、「先行詞＋形容詞節の全体」を訳しなさいと言われたときとまったく同じ手順で訳し、それを他の部分に適切につなげる。

実例 That is the village in which he was born
　（問）英文全体を訳しなさい。
　（答）あれは彼が生まれた村です。

実例 The girl who is singing now is my sister.
　（問）英文全体を訳しなさい。
　（答）今歌っている女の子は私の妹です。

実例 A weatherman is one with whom the weather does not always agree.
　（問）英文全体を訳しなさい。
　（手順）訳すときは、形容詞節内の主語には「は」ではなく「が」をつけます。
　（答）天気予報官は天気が必ずしも同意しない人です。

161

Chapter 3　関係代名詞の理解

問　題（解説は p. 174 以下）

1. **I saw a mountain the top of which was covered with snow.**
   1–1　形容詞節の範囲は？
   1–2　top の働きは？
   1–3　which を読みなさい。
   1–4　the top of which を読みなさい。
   1–5　形容詞節だけを読みなさい。

   1–6　a mountain から後を訳しなさい。
   1–7　英文全体を語順のままに読みなさい。

   1–8　英文全体を訳しなさい。

2. **He lives in a town in the center of which is a tall tower.**
   2–1　形容詞節の範囲は？
   2–2　tower の働きは？
   2–3　is の番号は？
   2–4　in the center の働きは？
   2–5　a town と in the center の構造上の関係は？
   2–6　何故か？
   2–7　which を読みなさい。
   2–8　the center of which を読みなさい。

   2–9　in the center of which を読みなさい。

   2–10　形容詞節だけを読みなさい。

形容詞節の読み方と訳し方を練習する問題

1–1　the から snow まで
1–2　主語
1–3　which → その山（フイッチその山）
1–4　the top of which → その山の頂上（ザトップオブフイッチその山の頂上）
1–5　the top of which → その山の頂上は → was covered with snow → 雪で覆われていた（ザトップオブフイッチその山の頂上はワズカヴァードウィズスノウ雪で覆われていた）
1–6　頂上が雪で覆われていた山
1–7　I saw a mountain → 私は山を見た → the top of which → その山の頂上は → was covered with snow → 雪で覆われていた
1–8　私は頂上が雪で覆われていた山を見た。
→ 私は頂上が雪で覆われている山を見た。

2–1　in the から tower まで
2–2　主語
2–3　①
2–4　is を修飾している
2–5　関係ない
2–6　従属節の外の語と内の語だから。
2–7　which → その町
2–8　the center of which → その町の中心（ザセンターオブフイッチその町の中心）
2–9　in the center of which → その町の中心に（インザセンターオブフイッチその町の中心に）
2–10　in the center of which → その町の中心に → is a tall tower → 高い塔がある（インザセンターオブフイッチその町の中心にイズアトールタワー高い塔

163

Chapter 3　関係代名詞の理解

2–11　a town から後を訳しなさい。
2–12　英文全体を語順のままに読みなさい。

2–13　英文全体を訳しなさい。
2–14　the center の直前の in を削除した英文の全体を語順のままに読みなさい。
2–15　the center の直前の in を削除した英文の全体を訳しなさい。

3. **The hill on which our school stands is in the west of the town.**

   3–1　形容詞節の範囲は？
   3–2　on which の働きは？
   3–3　どの動詞か
   3–4　is の番号は？
   3–5　which を読みなさい。
   3–6　on which を読みなさい。
   3–7　形容詞節だけを読みなさい。

   3–8　The hill on which our school stands を訳しなさい。
   3–9　英文全体を語順のままに読みなさい。

   3–10　英文全体を訳しなさい。

4. **He saw a game the rules of which he was quite ignorant of.**

   4–1　形容詞節の範囲は？
   4–2　rules の働きは？
   4–3　a game と the rules の構造上の関係は？
   4–4　何故か？
   4–5　which を読みなさい。
   4–6　the rules of which を読みなさい。
   4–7　形容詞節だけを読みなさい。

   4–8　a game から後を訳しなさい。

がある）
2–11　中心に高い塔がある町
2–12　He lives in a town → 彼は町に住んでいる → in the center of which → その町の中心に → is a tall tower → 高い塔がある
2–13　彼は中心に高い塔がある町に住んでいる。
2–14　He lives in a town → 彼は町に住んでいる → the center of which → その町の中心は → is a tall tower → 高い塔である
2–15　彼は中心が高い塔である町に住んでいる。

3–1　on から stands まで
3–2　動詞修飾
3–3　stands
3–4　①
3–5　which → その丘
3–6　on which → その丘の上に
3–7　on which → その丘の上に → our school stands → 私たちの学校が建っている
3–8　私たちの学校が建っている丘
3–9　The hill → 丘 → on which → その丘の上に → our school stands → 私たちの学校が建っている → is in the west of the town → 町の西にある
3–10　私たちの学校が建っている丘は町の西にあります。

4–1　the から ignorant of まで
4–2　前置詞の目的語
4–3　関係ない。
4–4　従属節の外の語と内の語だから。
4–5　which → そのゲーム
4–6　the rules of which → そのゲームのルール
4–7　the rules of which → そのゲームのルール → he was quite ignorant of → について彼はまったく知らなかった
4–8　ルールについて彼がまったく知らなかったゲーム

165

Chapter 3　関係代名詞の理解

4–9　英文全体を語順のままに読みなさい。

4–10　英文全体を訳しなさい。

5.　a stick by the aid of which a blind man gropes his way

5–1　形容詞節の範囲は？
5–2　by the aid の働きは？
5–3　a stick と by the aid の構造上の関係は？
5–4　何故か？
5–5　gropes の番号は？
5–6　which を読みなさい。
5–7　the aid of which を読みなさい。
5–8　by the aid of which を読みなさい。
5–9　形容詞節だけを読みなさい。

5–10　全体を語順のままに読みなさい。

5–11　全体を直訳しなさい。
5–12　全体を意訳しなさい。

6.　It had stirred up in him an excitement the like of which he had never felt before.

6–1　形容詞節の範囲は？
6–2　an excitement の働きは？
6–3　どの動詞か？
6–4　the like の働きは？
6–5　どの動詞か？
6–6　an excitement と the like の構造上の関係は？
6–7　何故か？
6–8　which を読みなさい。
6–9　the like of which を読みなさい。
6–10　形容詞節だけを読みなさい。

形容詞節の読み方と訳し方を練習する問題

4–9　He saw a game → 彼はゲームを見た → the rules of which → そのゲームのルール → he was quite ignorant of → について彼はまったく知らなかった
4–10　彼はルールについて彼がまったく知らなかったゲームを見た。
→ 彼はルールをまったく知らないゲームを見た。

5–1　by から way まで
5–2　動詞修飾
5–3　関係ない
5–4　従属節の外の語と内の語だから
5–5　③
5–6　which → そのつえ
5–7　the aid of which → そのつえの助け
5–8　by the aid of which → そのつえの助けによって
5–9　by the aid of which → そのつえの助けによって → a blind man gropes his way → 盲人が手探りで進む
5–10　a stick → つえ → by the aid of which → そのつえの助けによって → a blind man gropes his way → 盲人が手探りで進む
5–11　助けによって盲人が手探りで進むつえ
5–12　盲人が手探りで進むのを助けるつえ

6–1　the から before まで
6–2　動詞の目的語
6–3　stirred
6–4　動詞の目的語
6–5　felt
6–6　関係ない
6–7　従属節の外の語と内の語だから
6–8　which → その興奮
6–9　the like of which → その興奮に似たもの
6–10　the like of which → その興奮に似たものを → he had never felt before

167

Chapter 3　関係代名詞の理解

6–11　an excitement から後を訳しなさい。
6–12　英文全体を語順のままに読みなさい。

6–13　英文全体を訳しなさい。

7. **The first name of which a child makes conscious use may be compared to a stick by the aid of which a blind man gropes his way.**
   7–1　最初の形容詞節の範囲は？
   7–2　最初の形容詞節だけを読みなさい。

   7–3　英文全体を語順のままに読みなさい。

   7–4　英文全体を直訳しなさい。

   7–5　英文全体を意訳しなさい。

8. **Human beings react to the environment in ways of which some, at least, can be explained by chemistry.**
   8–1　形容詞節の範囲は？
   8–2　of which の働きは？
   8–3　どの名詞か？
   8–4　ways と of which の構造上の関係は？
   8–5　英文全体を語順のままに読みなさい。

   8–6　英文全体を直訳しなさい。

→ 彼はそれまでに一度も感じたことがなかった
6–11　似たものを彼がそれまでに一度も感じたことがなかった興奮
6–12　It had stirred up in him an excitement → それは彼の中に興奮をかきたてた → the like of which → その興奮に似たものを → he had never felt before → 彼はそれまでに一度も感じたことがなかった
6–13　それは、彼の中に、似たものをそれまでに一度も感じたことがない興奮をかきたてた。

7–1　of から use まで
7–2　of which → その名前を → a child makes conscious use → 子供が意識的に使う
7–3　The first name → 最初の名前 → of which → その名前を → a child makes conscious use → 子供が意識的に使う → may be compared to a stick → つえにたとえられうる → by the aid of which → そのつえの助けによって → a blind man gropes his way → 盲人が手探りで進む
7–4　子供が意識的に使う最初の名前は、助けによって盲人が手探りで進むつえにたとえられうる。
7–5　子供が初めて意識的に使う名前は、盲人が手探りで進むのを助けるつえにたとえることができる。

8–1　of から chemistry まで
8–2　名詞修飾
8–3　some
8–4　関係ない
8–5　Human beings react to the environment in ways → 人間は方法で自然に対応する → of which → その方法の → some, at least, can be explained by chemistry → 少なくとも一部は化学によって説明されうる
8–6　人間は、少なくとも一部が化学によって説明されうる方法で、自然に対応する。

Chapter 3　関係代名詞の理解

8–7　英文全体を意訳しなさい。

9. In Uganda I saw glorious butterflies the colour of whose wings changed from the deepest brown to the most brilliant blue, according to the angle from which you saw them.
   9–1　形容詞節の範囲は？
   9–2　英文全体を語順のままに読みなさい。

   9–3　英文全体を訳しなさい。

10. The United Nations is an organization the aim of which is to maintain the peace in the world.
    10–1　形容詞節の範囲は？
    10–2　the aim の働きは？
    10–3　to maintain の前の働きは？
    10–4　英文全体を語順のままに読みなさい。

    10–5　英文全体を直訳しなさい。
    10–6　英文全体を意訳しなさい。

11. Children like stories which will take them into a world where things happen according to patterns.
    11–1　形容詞節の範囲は？
    11–2　where の品詞は？
    11–3　where を読みなさい。
    11–4　英文全体を語順のままに読みなさい。

形容詞節の読み方と訳し方を練習する問題

8–7　人間は様々な方法で自然に対応するが、少なくともそれらの方法の一部は化学によって説明できる。

9–1　the colour から them まで / from which から them まで
9–2　In Uganda I saw glorious butterflies → ウガンダで私は壮麗な蝶を見た → the colour of whose wings → それらの蝶の羽の色は → changed from the deepest brown to the most brilliant blue → 最も深い褐色から最も輝かしい青に変化した → according to the angle → 角度に応じて → from which → その角度から → you saw them → 人がそれらを見た
9–3　ウガンダで私は、見る角度に応じて羽の色が最も深い褐色から最も輝かしい青に変化する壮麗な蝶を見た。

10–1　the aim から world まで
10–2　主語
10–3　補語
10–4　The United Nations is an organization → 国際連合は組織である → the aim of which → その組織の目的は → is to maintain the peace in the world → 世界平和を維持することである
10–5　国際連合は、目的が世界平和を維持することである組織である。
10–6　国際連合は、世界平和の維持を目的とする組織である。

11–1　which から patterns まで / where から patterns まで
11–2　関係副詞
11–3　where → その世界では
11–4　Children like stories → 子供たちは話が好きである → which → その話は → will take them into a world → 彼らを世界に連れて行くだろう → where

171

Chapter 3　関係代名詞の理解

11–5　英文全体を直訳しなさい。

11–6　英文全体を意訳しなさい。

---

12. **The essential human purpose is to use and develop the powers of reason and love that are inherent in man and without the full development of which he is crippled.**
    12–1　形容詞節の範囲は？
    12–2　英文全体を語順のままに読みなさい。

    12–3　英文全体を直訳しなさい。

    12–4　英文全体を意訳しなさい。

形容詞節の読み方と訳し方を練習する問題

→ その世界では → things happen according to patterns → 物事がパターンに従って起こる
11–5　子供たちは、彼らを物事がパターンに従って起こる世界に連れて行くだろう話が好きである。
11–6　子供たちは、物事がパターンに従って起こる世界に自分を連れて行ってくれる話が好きである。

12–1　that から man まで / without から crippled まで
12–2　The essential human purpose is to use and develop the powers of reason and love → 人間の本質的な目的は、理性と愛の力を使い発達させることである → that → その力は → are inherent in man → 人間に固有であり → and without the full development of which → そして、その力の十分な発達がなければ → he is crippled → 人間は歪んでしまう
12–3　人間の本質的な目的は、人間に固有であり、十分発達がなければ人間が歪んでしまう、理性と愛の力を使い発達させることである。
12–4　人間の本質的な目的は、理性と愛の力を使い、かつ発達させることである。この力は人間に固有のものであり、この力の十分な発達がなければ人間は歪んでしまうのだ。

Chapter 3　関係代名詞の理解

解　説

1. I saw a mountain (the top of which was covered with snow.)
　　S　③　　O　　　　S　　　　a　　　　　-③　　　　ad

1–2　the top は was covered の主語です。
1–6　本来、英語の語順のままに意味を取るのが「本当の読む作業」です。しかしこれは、日本語を介さずに直接英語から意味を取るからこそできるのであって、今練習しているように日本語に置き換えて意味を取る場合には、細部では日本語の順番に従わざるをえません。したがって、実際には「語順のまま」といっても、which → of → the top → with snow → was covered の順番で日本語に置き換えることになります（その山の頂上は雪で覆われていた）。すると最初が which、次が of、3 番目が the top という順番になります。ところが、「訳す」ときは前置詞＋関係代名詞の部分は訳しません。そのために、最初に訳す語は the top になります。つまり最初が the top、次が with snow、3 番目が was covered という順番で訳すわけです。やってみると「頂上は雪で覆われていた」となります。
　次に、「読む」ときは主語につける助詞は「は」です（頂上は）。その方が自然に聞こえるからです（その程度の理由ですから、「頂上が」にしたい人はそれでもかまいません）。しかし、訳すときは、形容詞節内の主語には必ず「が」をつけなければいけません。そこで「頂上が」となります。
1–8　英語には「時制の一致」というルールがあって、大黒柱（＝主節の述語動詞）が過去形のときは、大黒柱と同時点を表す従属節内の述語動詞は過去形にすることになっています。ところが、日本語には「時制の一致」というルールはなく、最後に出てくる動詞が過去形だと、その前に出てきた動詞が現在形でも、過去の事柄を表すようになります。たとえば「私は頂上が雪で覆われている山を見た」という文では「覆われている」は現在形ですが、今現在覆われているわけではなく、「見た」ときに覆われていたことを表しています。これを「私は頂上が雪で覆われていた山を見た」とすると、「見た」ときよりも前の時点で覆われていたように聞こえます。極端に言えば「かつて昔頂上が雪で覆われていた、しかし最近は温暖化の影響で雪で覆われていない山を見た」という事柄にもなりうるのです。したがって、was covered with snow の部分は、読むときは「過去形」

174

で読んでいいのですが、訳すときは「現在形」に変えて訳す必要があります。ちなみに「私は頂上がかつて雪で覆われていた山を見た」なら I saw a mountain the top of which had been covered with snow. という英語になります。

2. He lives in a town (in the center of which is a tall tower.)
　　S　①　　　　　ad　　　　ad　　　a　　①　　a　　S

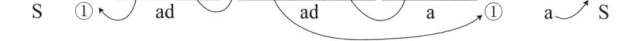

2–2　tower は is の主語です。形容詞節内は V+S という倒置形になっているのです。

2–6　a town は主節の語で、in the center は従属節内の語です。内外断絶の原則によって、構造上の関係はまったくありません。

2–11　読むときは which → of → the center → in → a tall tower → is の順番で日本語に置き換えました（その町の中心に高い塔がある）。しかし、訳すときは前置詞＋関係代名詞は訳さないので、the center → in → a tall tower → is の順番になります。したがって「中心に高い塔がある町」が正解です。「高い塔が中心にある町」は決められた手順通りではありません。

2–14　in the center の in を削除すると、the center は後ろの is の主語になります。is は②で、a tall tower は is の補語です。

2–15　「読む」ときは主語につける助詞は「は」です（中心は）。その方が自然に聞こえるからです（その程度の理由ですから、「中心が」にしたい人はそれでもかまいません）。しかし、訳すときは、形容詞節内の主語には必ず「が」をつけなければいけません。そこで「中心が」となります。

3. The hill (on which our school stands) is in the west of the town.
　　S　　　　ad　　　S　①　①　　ad　　　　　　a

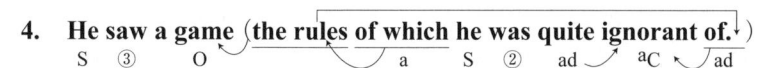

4. He saw a game (the rules of which he was quite ignorant of.)
　　S　③　　O　　　　a　　　　　S　②　　　ᵃC　　　ad

4–8　「読む」ときは which → of → the rules → of → he → was quite ignorant という順番で日本語に置き換えます（そのゲームのルールについて彼はまったく知らなかった）。「訳す」ときは前置詞＋関係代名詞を訳さないので the rules → of → he → was quite ignorant という順番で日本語に置き換えます。したがって「ルールについて彼はまったく知らなかった」が正解です。「彼はルールについてまったく知らなかった」は決められた手順通りではありません。

次に、「読む」ときは主語につける助詞は「は」です（彼は）。その方が自然に

Chapter 3　関係代名詞の理解

聞こえるからです（その程度の理由ですから、「彼が」にしたい人はそれでもかまいません）。しかし、訳すときは、形容詞節内の主語には必ず「が」をつけなければいけません。そこで「彼が」となります。

4–10　「彼がゲーム」を見たタイミングと「ルールについて彼がまったく知らなかった」タイミングは一致しています。つまり「彼がゲームを見た」ときに「ルールについて彼がまったく知らなかった」のです。したがって、日本語に訳すときは、最後にくる動詞（＝見た）を過去形にして、その前に出てくる動詞（＝知らなかった）は現在形にする必要があります。すると「彼はルールについて彼がまったく知らないゲームを見た」となります。これでもいいのですが、2回出てくる「彼」は同一人物なので繰り返す必要はありません。2番目の「彼」を削除すると「彼はルールについてまったく知らないゲームを見た」となります。「ルールについてまったく知らない」を「ルールをまったく知らない」に変えたのが最後の訳です。

5.　a stick (by the aid of which a blind man gropes his way)
　　　　　　　　　ad　　a　　　a　　S　③　　O

5–5　gropes の目的語は his way です。grope one's way は「手探りで進む」という意味の熟語です。

5–11　「読む」ときは which → of → the aid → by → a blind man → gropes his way という順番で日本語に置き換えます（そのつえの助けによって盲人が手探りで進む）。「訳す」ときは前置詞＋関係代名詞を訳さないので the aid → by → a blind man → gropes his way という順番で日本語に置き換えます。したがって「助けによって盲人が手探りで進む」が正解です。

5–12　普通は、決められた手順通りに訳せば（＝直訳すれば）一応意味がわかる日本語になります。しかし、この英語の「手順通りの訳（＝直訳＝助けによって盲人が手探りで進むつえ）」は意味不明に近い日本語です。そこで、by the aid を「助ける」という動詞に変え、「盲人が手探りで進む」の後に移して訳したのが「意訳（＝盲人が手探りで進むのを助けるつえ）」です。この方がずっとわかりやすい日本語になっています。

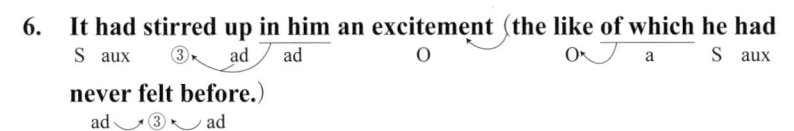

6. **It had stirred up in him an excitement (the like of which he had**
　　　S　aux　　③　　ad　　　ad　　　　　O　　　　　　O・　　a　　S　aux
never felt before.)
　　　　ad　　③　　ad

6–4　この like は「似たもの」という意味の名詞です。

6–11　「読む」ときは which → of → the like → he → had never felt before という順番で日本語に置き換えます（その興奮に似たものを彼はそれまでに一度も感じたことがなかった）。「訳す」ときは前置詞＋関係代名詞を訳さないので the like → he → had never felt before という順番で日本語に置き換えます。したがって「似たものを彼はそれまでに一度も感じたことがなかった」が正解です。「彼は似たものをそれまでに一度も感じたことがなかった」は決められた手順通りではありません。

　次に、「読む」ときは主語につける助詞は「は」です（彼は）。その方が自然に聞こえるからです（その程度の理由ですから、「彼が」にしたい人はそれでもかまいません）。しかし、訳すときは、形容詞節内の主語には必ず「が」をつけなければいけません。そこで「彼が」となります。

6–13　手順通りに訳すと「それは、彼の中に、似たものを彼がそれまでに一度も感じたことがなかった興奮をかきたてた」となります。2回出てくる「彼」は同一人物ですから、二度目の「彼が」は不要です。また、最後が「かきたてた」と過去形になっています。「一度も感じたことがなかった」は時間的に幅のある概念で、「かきたてた」時より前の時点も含んでいますし、「かきたてた」時と同時点も含んでいます。したがって、前者に視点を置けば「一度も感じたことがなかった興奮」になりますし、後者に視点を置けば「一度も感じたことがない興奮」になります。これはどちらでもおかしくありません。答は後者で訳しています。

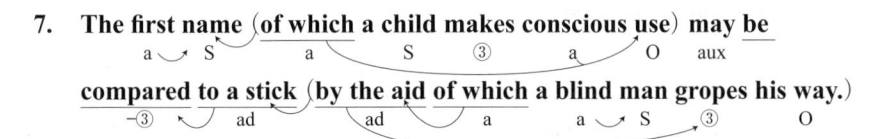

7. **The first name (of which a child makes conscious use) may be**
　　　　　a　　S　　　　a　　　S　　③　　　a　　　O　 aux
compared to a stick (by the aid of which a blind man gropes his way.)
　　　－③　　　　　ad　　　　ad　　a　　a　　S　　③　　　O

7–5　「彼が通った最後の学校」は「彼が最後に通った学校」と言っても事柄は変わりません。同様に「子供が意識的に使う最初の名前」は「子供が最初に意識的に使う名前 → 子供が初めて意識的に使う名前」と訳すことができます。「盲人が手探りで進むのを助けるつえ」という意訳は No. 5 参照。

177

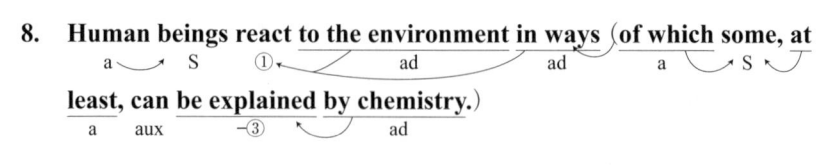

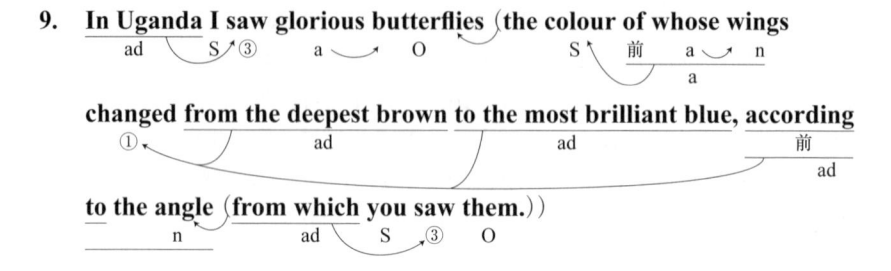

Chapter 3　関係代名詞の理解

8. Human beings react to the environment in ways (of which some, at least, can be explained by chemistry.)

9. In Uganda I saw glorious butterflies (the colour of whose wings changed from the deepest brown to the most brilliant blue, according to the angle (from which you saw them.))

10. The United Nations is an organization (the aim of which is to maintain the peace in the world.)

11. Children like stories (which will take them into a world (where things happen according to patterns.))

12. The essential human purpose is to use and develop the powers of reason and love (that are inherent in man) and (without the full development of which he is crippled.)

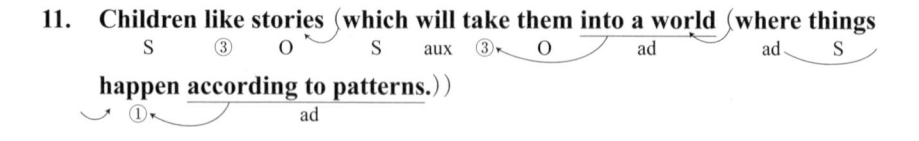

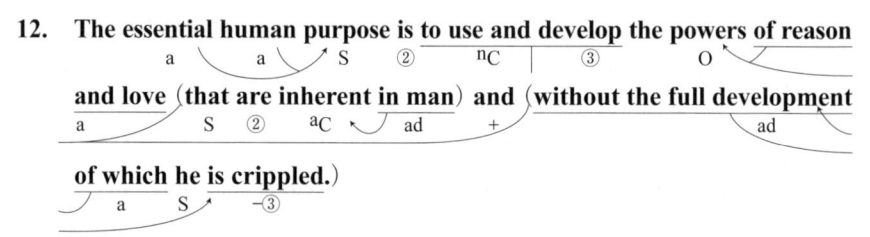

12–2　主節を徹底的に語順のままに読むと「The essential human purpose → 人間の本質的な目的は → is to use and develop → 使い発達させることである → the powers of reason and love → 理性と愛の力を」になります。このようにしても構いません。

　to use and develop the powers は to use the powers と to develop the powers を共通関係(＝共通な語句は片方を削除し、共通でない語句は等位接続詞でつなぐ書き方)でつないだものです。

178

thatはthe powersを先行詞にする関係代名詞で、areの主語です。manとwithoutの間のandは2つの形容詞節（＝that are inherent in manとwithout the full development of which he is crippled）をつないでいます。

12–4　直訳は「一読して意味がわかる日本語」になっていません。形容詞節が2つあり、特に2番目の形容詞節が長いので、いったん主節を先に訳し、その後に形容詞節を別文で訳すと、わかりやすくなります。

Chapter 4　構文の認識力と構成力
語を加える問題

　「品詞」と並んで、英語構文を構成する大事な要素である「働き」は「英文中のある語が、他の語に対してどういう関係にあるかを表す相対的な概念」です。「相対的」ですから、同じ語であっても、それと関係をもつ他の語が変われば、「働き」は変わってきます。また、他の語に変化がなくても、語の位置がちょっと変わっただけで、「働き」がまったく変わることもしばしばです。

　それでは「品詞」はどうかというと、これも絶対的な概念とは限りません。同じ語にいろいろな品詞があることは、よくご承知の通りです。品詞が変われば、当然「働き」が変化し、それに応じて意味も変わってきます。

　真の実力者は、この変化をフィーリングで感じ取るだけでなく、理屈でも考え抜くことができます。この後者の力、すなわち**「品詞や働きの変化、それに伴う意味の変化を理屈で考える力」**を試すのが、この問題です。

　実際に1題解いてみましょう。

問　問題文中のどこかに、指定された語を、指定された数だけ入れて英文を完成させなさい。文頭に置くこともありえます。問題文は文頭も小文字になっています。

・that を1つ

cancer cells spread in some way threaten and ultimately destroy the whole body.

　まず、動詞を検討してみましょう。動詞は spread, threaten, destroy の3つです。spread は [spread-spread-spread] という不規則活用ですから、原形、現在形、過去形、過去分詞形の可能性があります。現在形か過去形なら絶対に述語動詞で、過去分詞形なら、裸ですから絶対に準動詞です。原形なら使われ方によって両方の可能性があります。threaten と destroy は原形か現在形です。原形なら両方の可能性がありますが、現在形なら必ず述語動詞です。ところで、問題文はこのままで（＝that を入れなくても）正文です。

181

Chapter 4　構文の認識力と構成力

Cancer cells spread in some way threaten and ultimately destroy the
　　　　S　　　a　-③　　ad　　　　③　　　　　ad　　　　③
　　　　　　a　　O
whole body.

ある方法で拡散されたガン細胞は、全身を脅かし、最終的には破壊してしまう。

　spread は過去分詞形容詞用法で、Cancer cells を修飾しています。動詞型は-③ です。Cancer cells spread in some way は「(研究者によって、実験動物の体内に) ある方法で広められたガン細胞」という意味でしょう。the whole body は、たとえばモルモットのような実験動物の全身でしょう。こう考えれば、この英文は完全に意味が通っています。threaten と destroy は現在形・述語動詞で、Cancer cells が主語です。

　ちなみに、もし way と threaten の間に and が入っていると、違う英文になります。

Cancer cells spread in some way and threaten and ultimately destroy the
　　　　S　　　①　　　ad　　+　　③　　+　　ad　　　③
　　　　　　a　　O
whole body.

ガン細胞はある様態で拡散し、全身を脅かして、最終的には破壊してしまう。

　前の and は spread と threaten and destroy をつないでいます。spread は現在形・述語動詞で、動詞型は①です。なお、way と threaten の間に and を入れずに (=問題文のままで) このように読むことはできません。「2つのVのルール」に違反するからです (☞ リー教 p. 35)。

　さて、それでは that です。考えられる位置は「文頭」「spread の直前」「threaten の直前」の3個所です。それぞれ入れてみましょう。

(1) ＊[**That** cancer cells spread in some way] threaten and ultimately destroy
　　　S　接　　　S　　　①　　　ad　　　　　③　　　　+　　ad　　　③
　　the whole body.
　　　　　　　　　a　　O

ガン細胞がある様態で拡がることは、全身を脅かし、最終的には破壊してしまう。

　That は従属接続詞です。That cancer cells spread in some way は名詞節で、

182

語を加える問題

threaten と destroy の主語です。that 節内の spread は現在形・述語動詞で①です。主語の cancer cells が複数なので、spread には「三単現の s」はつきません。それに対し、that 節は三人称・単数として扱われますから、現在形の述語動詞には「三単現の s」が必要です。threaten と destroy には「三単現の s」がついていませんから、この英文が正しいとすれば、原形でなければなりません。原形が述語動詞になるのは「一般助動詞がついている」か「命令文」か「仮定法現在」のどれかです。考えられるのは仮定法現在ですが、仮定法現在は「if 節の中」か「that が作る名詞節の中」か「祈願文」で用いられます（リー教 p. 7）。いずれにも該当しないので、threaten と destroy を原形・述語動詞にすることもできません。したがって、この英文は、意味は完全に成立していますが、構造的に誤文です。もし「三単現の s」がついて、threatens と destroys になっていれば正文です。

(2) <u>Cancer cells</u> (<u>that</u> <u>spread in some way</u>) <u>threaten and ultimately destroy</u>
      S   S   ①⌒ad   ③   +   ad⌒ ③
    <u>the whole body.</u>
         a⌒O

ある様態で拡がるガン細胞は、全身を脅かし、最終的には破壊してしまう。

　that は spread の主語になる関係代名詞です。先行詞が複数名詞（= Cancer cells）なので、関係代名詞の that も複数として扱われます。したがって、that を主語とする現在形・述語動詞の spread には「三単現の s」はつきません。that spread in some way は形容詞節で Cancer cells を修飾しています。Cancer cells は threaten と destroy の主語です。threaten と destroy は現在形・述語動詞です。構造も意味も成立しているので、この英文は正文です。

(3) ＊<u>Cancer cells spread in some way</u> (<u>that</u> <u>threaten and ultimately destroy</u>
       S   ①⌒ad   S   ③   +   ad⌒ ③
    <u>the whole body.</u>)
         a⌒O

ガン細胞は、全身を脅かし最終的には破壊してしまうある様態で拡がる。

　that は threaten と destroy の主語になる関係代名詞です。先行詞の some way が三人称・単数なので、関係代名詞の that も三人称・単数として扱われます。したがって、that を主語とする述語動詞の threaten と destroy は現在形なら「三単

183

Chapter 4　構文の認識力と構成力

現の s」が必要です。原形なら「三単現の s」はつきませんが、threaten と destroy を原形・述語動詞に読めないのは (1) と同じです。したがって、この英文は、意味は完全に成立していますが、構造的に誤文です。もし「三単現の s」がついて、threatens と destroys になっていれば正文です。

　結局、正解は (2) です。いかがでしょう。that の有無によって spread の活用が変わり、それに応じて意味も変わります。また、that を置く位置によって、that の品詞が変わり、それによって spread、threaten、destroy の主語が変わり、必然的に、英文の意味も変わります。「三単現の s」が大事な機能を果たしていることもわかります。「三単現の s」がついていないことが問題文と (2) を正文にして、(1) と (3) を誤文にするのです。もし threaten と destroy に「三単現の s」がついていたら、問題文は誤文ですし、(2) も誤文になります。正解は (1) か (3) です。

　以上のようなメカニズムを理解していて、頭の中で that の位置を動かしながら、構文と意味の両面を考えられる力、これが真の基礎力なのです。実際の英文読解は、何か 1 語が足りなくて、それを補うパズルのようなものではありません（英作文は若干それに似たところがありますが）。そこで、実際に即して言うと、「三単現の s」や「that の有無、位置」あるいは「and の有無、位置」「be の有無、位置、形」などは、読む人の頭に信号を送っている標識なのです。「ここはこう見えるけど、それは違いますよ」「これとこれは離れているけどつないでください」「ここは切らなければいけませんよ」といったシグナルを発しているのです。このシグナルをキャッチできないと、自分では正しく読んでいるつもりでも、実は間違いだったということが往々にして起こります。ちょうど、交通標識を知らないドライバーが、標識を見ても意味がわからず、違反運転をしてしまうようなものです。私たちは、英文読解でも、ゴールド免許の（＝無事故・無違反を誇る）優良ドライバーにならなければいけません。そのためには、自動車教習所で習うように、標識にはどのようなものがあるのか、その標識を見たらどうしなければいけないのか、一つ一つ学んで身につける必要があるのです。

　ここでは、ごく初歩的な問題を並べてみました。この形式でのトレーニングに興味を感じた方は『英語リーディングパズル』をお勧めします。よりハードルの高い形式（具体的な語を指定せず「適切な 1 語を入れなさい」のような形式）の問題でトレーニングできるようになっています。

問 1

問題文中のどこかに、指定された語を、指定された数だけ入れて英文を完成させなさい。

(1) 文頭に置くこともありえます。
(2) be が指定されているときは be, am, is, are, was, were, been, being のどれかの形で入れます。
(3) 問題文は文頭の文字も小文字になっています。ただし、I と固有名詞は例外です。
(4) 問題文中のコンマはすべて削除されています。
(5) 問題文は原則としてそのまま（＝指定された語を入れない状態）では誤文ですが、例外的に、そのままで正文のものもあります。その場合でも指定された語を入れてください。
(6) 完成した英文が疑問文になることはありません。

1. be を 1 つ

all the policemen could do hold them back.

2. to を 3 つ

the best way improve your English is take every opportunity speak it.

3. with を 1 つ

we know the man you came in.

4. be を 1 つ

nowhere the culture of a country so perfectly mirrored as in speech.

5. what を 1 つ

to extent this is based on fact does not seem to have been proved.

6. that を 1 つ

nothing seems so anachronistically delightful as old movies take place in the future.

Chapter 4　構文の認識力と構成力

7. to を 2 つ

he had a reputation for being a difficult man sell something.

8. be を 1 つ（正解は 2 通りあります）

the needles used to inject heroin and cocaine spreading AIDS.

9. but を 1 つ（ただし文頭は不可）

he was the last one to leave the ship.

10. be を 1 つ

I wonder who it defined man as a rational being.

問 2

問題文中のどこかに、指定された語を、指定された数だけ入れて英文を完成させなさい。

(1) 文頭に置くこともありえます。
(2) be が指定されているときは be, am, is, are, was, were, been, being のどれかの形で入れます。
(3) 問題文は文頭の文字も小文字になっています。ただし、I と固有名詞は例外です。
(4) 問題文中のコンマはすべて削除されています。
(5) 問題文は原則としてそのまま (＝指定された語を入れない状態) では誤文ですが、例外的に、そのままで正文のものもあります。その場合でも指定された語を入れてください。
(6) 完成した英文が疑問文になることはありません。

1. it を 2 つ

I think dangerous to have him carry upstairs.

2. to を 1 つ

what he gave his mind the man mastered without fail.

3. in を 1 つ

the town I was born and bred disappeared.

4. be を 2 つ

on told that the party had canceled she burst into tears.

5. to を 2 つ

I am not used being spoken like that.

6. into を 1 つ

these missiles can be fitted the nuclear warhead which on arriving will completely destroy the societies of humans.

Chapter 4　構文の認識力と構成力

7.　代名詞の what を 3 つ

counts in you learn is you can do with your knowledge.

8.　upon を 1 つ

all occasions avoid speaking of yourself if it is possible.

9.　of を 1 つ

in the afternoon the guns inside fell silent and Alliance troops entered what was left the smoldering school.

10.　be を 1 つ

it proved that the contamination was dangerous the mayor would evacuate the area.

解答と解説
問1

1. All (the policemen could do) was hold them back.
　　S　　　　S　　　　aux　③　　②　ⁿC ③　O　　ad
警官たちは、彼らを押し戻すのが精一杯だった。
（解説）All と the の間に省略されている関係代名詞の that が do の目的語です。S is to V. (S は V することである) で、主部の末尾の語が do のとき (= ... do is to V. という語順になるとき) は、to V の to を省略することができます。この場合、残った V は原形不定詞の名詞用法で、前の働きは is の補語です (p. 77 No. 182 の解説参照)。なお、is は他の活用形 (たとえば are や was など) のこともあります。e.g. What I had to do was get capital. (私がしなければならないことは資本を手に入れることだった)

2. The best way to improve your English is to take every opportunity to
　　　　a　S　　a　③　　　　O　②　ⁿC ③　a　　　O
speak it.
a ③ O
英語に上達する一番よい方法は、あらゆる機会をとらえて英語を話すことである。
（解説）直訳は「あなたの英語を向上させる一番よい方法は、英語を話すあらゆる機会をとらえることである」です。

3. We know the man (you came in with.)
　　S　③　　O　　S　①　ad　ad
私たちは、あなたと一緒に入ってきた人を知っています。
（解説）the man と you の間に省略されている関係代名詞の whom が with の目的語です。直訳は「私たちは、あなたが一緒に入ってきた人を知っています」です。
　We know, with the man, you came in. (私たちは、あなたが入ってきたことを、その男と一緒に知っています) は極めて不自然です。これを言うなら、We, together with the man, know that you came in. と言うはずですし、仮にこの英文だったとしても、「その男と一緒に知っている」は不自然です。これは know が状態動詞だからです。We, together with the man, came in. (私たちは、その男と一緒に、中に入った) のように動作動詞であれば、自然な英文になります。

189

Chapter 4　構文の認識力と構成力

4. Nowhere is the culture of a country so perfectly mirrored ⟨as in speech.⟩

話し言葉ほど、一国の文化が完全に反映されるところはない。
(解説) 直訳は「どんなところでも、一国の文化は、話し言葉におけるほど、それほど完全に反映されはしない」です。

　「否定の意味の副詞」または「Only＋副詞」が文頭に来たときは、後ろは疑問文と同じ語順にしなければなりません。そこで、is が主語の前に出ています。

Only within the last thirty years has real progress been made in understanding [what viruses are.]

過去 30 年の間にようやくウィルスとは何なのかが本当にわかるようになってきた。

5. [To what extent this is based on fact] does not seem to have been proved.

これがどの程度事実に基づいているかは、まだ証明されていないように思われる。
(解説) 直訳は「これがどんな程度まで事実に基づいているかは、証明されているようには思われない」です。

　what は疑問形容詞で extent を修飾しています。To what extent is this based on fact? (これはどの程度事実に基づいているのですか?) という疑問文の語順を平叙文の語順にして、全体を名詞節にしています。to have been proved は受身完了不定詞です。これ全体が 1 つの不定詞として扱われます (p. 47 No. 61 の解説、p. 239 No. 4 の解説参照)。

6. Nothing seems so anachronistically delightful ⟨as old movies ⟨that take place in the future⟩⟩.

昔の未来映画ほど、時代錯誤という点で、愉快に見えるものはない。
(解説) 直訳は「どんなものも、未来に起こる昔の映画ほど、時代錯誤的に愉快には見えない」です。

　Nothing that seems so anachronistically delightful as old movies take place in the future. は、Nothing を主語とする述語動詞が take place で、「三単現の s」が

190

ついていないので、誤文です。take place は p. 149 参照。

7. He had a reputation for being a difficult man to sell something to .
    S   ③   O   a ②   a   ⁿC ad ③   O   ad

彼は、物を買わせるのが難しい男という評判だった。
(解説) 直訳は「彼は、物を売りつけるのが難しい男という評判だった」です。

「S is 形容詞 to V (to V は副詞用法で、直前の形容詞を修飾します)」は「S は、V するという点で、形容詞の表す性質を持っている」という意味を表します。たとえば、He is eager to learn English. は「彼は、英語を習うという点で、熱心だ→彼は英語を習うのに熱心だ」という意味です。

ところで、この表現は、to V の後に「動詞の目的語」または「前置詞の目的語」が足りないことがあります。たとえば、This book is easy to read. のような文です。この場合、read は③で、目的語が足りません。**このようなときは必ず主語が「意味上の目的語」になります**。つまり「主語が、意味の上で、to V の後の足りない目的語の位置に入る」のです。この英文の場合は、This book が to read の「意味上の目的語」になります (つまり、This book は「is の構造上の主語」と「to read の意味上の目的語」を兼ねているのです)。そこで、この英文は「この本は、(この本を) 読むという点で、易しい→この本は読みやすい」という意味になります。もう一つ例を出しましょう。

The headmaster is hard for me to talk to.
   S   ②   aC   S'   ad ① ad

これは The headmaster が文末の前置詞 to の「意味上の目的語」です。「校長先生は、私が (校長先生に) 話しかけるという点で、難しい性質をもっている→校長先生は、私には話しかけづらい」という意味になります。

ところで、**この後者のタイプ (=to V の後に目的語が足りないタイプ) は変形されて、形容詞が、補語ではなく、名詞修飾になる場合があります**。それは次の形です。

形容詞 名詞 to V
  a   ad

たとえば、an easy book to read (読みやすい本) のような表現です。to read は

191

Chapter 4　構文の認識力と構成力

目的語が足りず、book が「意味上の目的語」になっています。基本形の This book is easy to read.（この本は読みやすい）を、この変形を使って書き換えると、次のようになります。

This is an easy book to read.
　S　②　　a　　ⁿC　ad　③

これは読みやすい本だ。

　さて、本問の答えである a difficult man to sell something to はこの形なのです。まず、次の基本形の文を見てください。

The man is difficult to sell something to.
　　S　②　　aC　　ad　③　　O　　ad

その男は、物を売りつけるのが難しい。
→ その男は、物を買わせるのが難しい。

　文末の to は前置詞で、目的語が足りません。主語の The man が to の「意味上の目的語」です。sell something to the man は「その男に物を売る」という意味です。したがって、この英文は「その男は、（その男に）物を売るという点で、難しい性質を持っている」という意味になります。
　次に、この英文をベースにして、difficult を名詞修飾で使うと、次のようになります。

a difficult man to sell something to
　a　　　　ad　③　　O　　ad

物を売りつけるのが難しい男 → 物を買わせるのが難しい男

　これが本問の形です。

8.　[正解 1]

The needles used to inject heroin and cocaine　are　spreading AIDS.
　　S　　a　③　ad　③　　　　O　　　　　③　　　　　O

ヘロインやコカインを注射するのに使われる針がエイズを広めている。

192

語を加える問題

[正解 2]

The needles are used to inject heroin and cocaine, spreading AIDS.
　　　S　　-③　　　ad　③　　　O　　　　　　ad　③　　O

その針はヘロインやコカインを注射するのに使われていて、エイズを広めている。
(解説) used は過去分詞形で、正解 1 は、過去分詞形容詞用法で The needles を修飾しています。正解 2 は、are used で受身の述語動詞になっています。spreading は現在分詞で、正解 1 は、進行形で使われています。正解 2 は、分詞構文です。どちらの答えも、were でも正解です。

9. He was the last but one to leave the ship.
　　S　②　　　　ⁿC　　a　　a　③　　O

彼は、船を離れた、最後から二人目の人だった。
(解説) この but は前置詞で、except と同じ意味を表します。one (= a person) が but の目的語です。the last but one は「一人以外で最後の人 → 一人を除いて最後の人 → 最後から二人目の人」という意味です。ちなみに、but を入れない文（＝問題文）は正文で、「彼は、船を離れた最後の人だった」という意味です。

10. I wonder [who it was defined man as a rational being.]
　　S　③　O　S　強調　　⑤　　O Cの印　a　　ⁿC

人間を理性的存在であると定義したのは誰なのか、私は知りたい。
(解説) wonder は間接疑問文（＝疑問詞が作る名詞節）を目的語にした場合は「be curious to know（知りたいと思う）」という意味です。

　It is ... that の強調構文で疑問詞を強調するときは、疑問詞を It is と that ではさむのではなく、疑問詞の後に is it that を置きます。たとえば、Who defined man as a rational being? (誰が人間を理性的存在であると定義したのか？) という疑問文で、Who を強調すると、次のようになります。

Who was it that defined man as a rational being?
S　　強調　　　　⑤　　O Cの印　a　　ⁿC

人間を理性的存在であると定義したのは誰か？

　この場合、that は省略されることがよくあります。すると、Who was it defined man as a rational being? (人間を理性的存在であると定義したのは誰か？) となります。

Chapter 4　構文の認識力と構成力

ここで、was it という疑問文の語順を、it was という平叙文の語順に変えると、全体は名詞節になります。who it was defined man as a rational being（人間を理性的存在であると定義したのは誰か、ということ）です。これを wonder の目的語に置いたのが本文です。

「AをBと考える、みなす」「AをBと言う」という意味の表現があります。具体的には think of A as B, regard A as B, look on A as B, speak of A as B, refer to A as B, describe A as B などです。これらの表現における as は前置詞ですが、Bには名詞のみならず形容詞や分詞形容詞用法も使われるので、一般に辞書では as を「Bが補語であることを示す目印」という趣旨で「補語の印」というあいまいな扱いにしています（「V O as C」という文型表示になっています）。F.o.R. もこれに従います。たとえば、think of A as B なら think of が⑤の群動詞、A が動詞の目的語、as が補語の印、B が補語となります。本文の defined は「言う」の系列で、defined が⑤、man が動詞の目的語、as が補語の印、a rational being が補語です。「補語の印の as」については p. 96, 211 参照。

問 2

1. I think it dangerous to have him carry it upstairs.
　　　 S　⑤　仮O　　ᵃC　　真O｜⑤　　O　　C｜③　O　　ad

彼にそれを 2 階に運ばせるのは危険だと思う。
（解説）最初の it は仮目的語で、to have him carry it upstairs が真目的語です。2 番目の it は「それ」という意味の代名詞で、carry の目的語です。

2. [What he gave his mind to,] the man mastered without fail.
　　　 O　　S　③　　 O　 ad　　　S　　③　　　　ad

その男は、一心に打ち込んだことは必ず習得した。
（解説）「give one's mind to 〜」は「〜に打ち込む、専念する」という意味です。「give 〜 to one's mind」とは言いません。to の目的語は what です。そこで、To what he gave his mind とすることも考えられます。しかし、関係代名詞の what は必ず名詞節の先頭にきます（リー教 p. 111）。したがって、to what he gave his mind は「何に彼は専念したのか」という意味になります（what は疑問代名詞です）。それに対して what he gave his mind to は「何に彼は専念したのか（what ＝ 疑問代名詞）」と「彼が専念したこと（what ＝ 関係代名詞）」の 2 つの意味があり

194

ます。この英文ではwhatが関係代名詞でないと意味が通らない（「自分が何に専念したのかということを、その男は必ず習得した」は意味不明です）ので、toをwhatの前に置くことはできません。この英文はO＋S＋Vという倒置構文で、What he gave his mind toはmasteredの目的語です。

3. The town (I was born and bred in) disappeared.
　　　S　　S　　　　　　　　－③　　／ad　　　①

私が生まれ育った町は消えてしまった。

（解説）townとIの間に省略されている関係代名詞のwhichが前置詞inの目的語です。bearは「生む」という意味の他動詞なので、「生まれる」は受身形（＝be born）になります。breedは「育てる」という意味の他動詞なので、「育つ」は受身形（＝be bred）になります。in which（ただし、whichは省略されています）はin the townの意味で、was bornとwas bredを修飾しています。なお、この英文はwhichを省略しない場合は、The town which I was born and bred in disappeared. と The town in which I was born and bred disappeared. の両方が可能です。

ところで、breedは[breed-bred-bred]という活用ですから、bredは過去形の可能性があります。そこで、もし仮に「breed a town（町を育てる→町を発展させる）」というような言い方があるとしたら、次の英文が可能になります。

＊ The town (I was born in and bred) disappeared.
　　　S　　S　　－③　／ad　＋　③　　①

私が生まれ、大きく発展させた町は消えてしまった。

この英文のbredは過去形で、動詞型は③です。bredの目的語は省略されているwhichです。省略されているwhichは「前置詞inの目的語」と「他動詞bredの目的語」を兼ねています。しかし、残念ながら「breed a town（町を育てる→町を発展させる）」という表現はありません。したがって、この英文は誤文です。

4. On being told [that the party had been canceled], she burst into tears.
　　ad　　　　－④　O 接　　　S　　aux　　－③　　S　　①　　ad

パーティが中止になったと言われたとたん、彼女はわっと泣き出した。

（解説）cancelは「取り消す、中止する」という意味の他動詞ですから、「パーティ

Chapter 4　構文の認識力と構成力

が中止された」と言いたいときは、受身にしなければなりません。したがって、the party had been canceled です。

　told は過去形・述語動詞ではまったく構造が成立しません。過去分詞形だと、原文では裸ですから形容詞用法か分詞構文で、どちらにしても前置詞 On の目的語にはなれません。そこで being（＝受身を作る be 助動詞の ing 形）を前に置いて being told という受身動名詞にします。on -ing は多くの場合「～するやいなや」という意味を表します。

5.　I am not used to being spoken to like that.
　　　 S　②　ad　 ᵃC 　　ad　　 -③ 　　ad

私は、そんなふうに話しかけられることに慣れていない。

(解説) be used to ~（～に慣れている）の to は不定詞の to ではなく、前置詞の to です。したがって、～には動名詞がきます。

　speak to ~（～に話しかける）を「①＋副詞句」と捉えると、受身にすることはできません。しかし、「speak to」を１つの③の動詞と捉えると、speak to ~ は「③＋O」ですから、受身にすることができます。~ is spoken to.（～が話しかけられる）となります。構造は、～が主語、is spoken to が-③です。spoken to は speak to という１つの動詞の過去分詞形です（spoken が過去分詞なのではありません。spoken to が過去分詞なのです）。このような受身を「群動詞の受身」といいます。

　being spoken to は「話しかけられること」という意味の-③の動名詞です。-③ですから、being spoken to の後には何も足りない要素はありません。くどいですが、spoken to の to はもはや前置詞ではありません。spoken to という１つの過去分詞形の動詞の末尾の２文字にすぎません。たとえば、won という過去分詞形の動詞は、末尾の２文字が on ですが、「この on は前置詞だ。だから won の後には前置詞 on の目的語が必要だ」などと言う人は一人もいません。slain という過去分詞形の動詞（原形は slay で「殺害する」という意味です）は、末尾の２文字が in ですが、「この in は前置詞だ。だから slain の後には前置詞 in の目的語が必要だ」などと言う人は一人もいません。これとまったく同じことなのに、spoken to だと「to の目的語が足りない」と思う人がたくさんいるのです。どうしても前置詞に見えてしまう人は、慣れるまでは、頭の中で spoken と to をハイフンでつなぐといいかもしれません。

語を加える問題

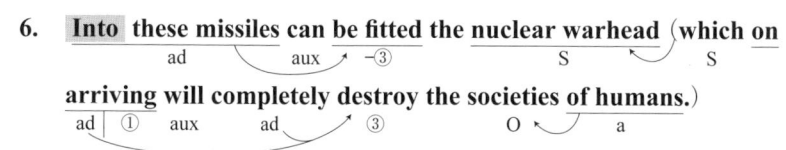

6. <u>Into</u> these missiles can be fitted the nuclear warhead (which on arriving will completely destroy the societies of humans.)

これらのミサイルには、着弾すると、人間社会を完全に破壊する核弾頭を装着できる。

(解説) 構造的には into を the nuclear warhead の前に置くことができます。次の英文です。

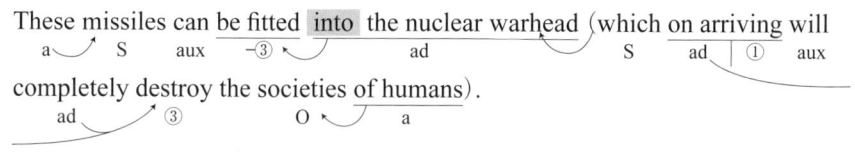

These missiles can be fitted <u>into</u> the nuclear warhead (which on arriving will completely destroy the societies of humans).

これらのミサイルは、着弾すると、人間社会を完全に破壊する核弾頭に装着できる。

しかし、「核弾頭を装着したミサイル」はありますが、「ミサイルを装着した核弾頭」は考えられません。したがって、これは正解になりません。この英文は「副詞句＋-③＋主語」という倒置構文です (p. 215)。

7. [<u>What</u> counts in [<u>what</u> you learn]] is [<u>what</u> you can do with your knowledge.]

あなたが学ぶことの中で重要なことは、自分の知識を使ってあなたが何をできるかということである。

(解説) 代名詞の what は「疑問文」か「名詞節」のどちらかを作ります。本問は「疑問文ではない」と指定されていますから、3つの what はいずれも名詞節を作ります。そこで、what をどこに置くかを考えるときの要領は次のようになります。

まず「不完全な文 (＝名詞が1つ足りない文＝主語・動詞の目的語・前置詞の目的語・補語のどれかが足りない文)」を見つけ、それに what を加えることによって「完全な文」にする。次に、その「what を含んだ完全な文」を主語・動詞の目的語・前置詞の目的語・補語・同格のどれかで使う。

この角度から問題文を眺めると「不完全な文」の部分は4個所あります。順番

197

Chapter 4　構文の認識力と構成力

に検討してみましょう。

　まず counts です。これを動詞と考えると末尾の s は「三単現の s」です。what は 3 人称・単数として扱われますから、counts の主語になれます。count は自動詞のときは「重要である」という意味です。すると What counts は「重要であること」か「何が重要であるか（ということ）」のどちらかです。

　次は you learn です。learn は通常「～を学ぶ」という意味の他動詞ですから、you learn は後ろに目的語が足りません。すると what you learn は「あなたが学ぶこと」か「何をあなたが学ぶか（ということ）」のどちらかです。もしこの 2 個所が正解だとすると、次のようになります。

What counts in **what** you learn is . . . .
(1) あなたが学ぶことの中で重要であることは . . . である。
(2) 何をあなたが学ぶかにおいて重要であることは . . . である。
(3) あなたが学ぶことの中で何が重要であるかは . . . である。
(4) 何をあなたが学ぶかにおいて何が重要であるかは . . . である。

　この 4 つを読み比べると (1) か (3) が有力です。
　次の「不完全な文」の部分は is です。主語が足りないので、what を主語にすると what is . . . となります。しかしこれだと、せっかく構文も意味も出来てきた **What** counts in **what** you learn is . . . .を崩してしまいます。そこで、ここはいったんパスして、次に行きましょう。

　最後は you can do です。もちろん do の目的語が足りません。what you can do にして with your knowledge を do にかけると、「自分の知識を使ってあなたができること」か「自分の知識を使ってあなたが何をできるか（ということ）」のどちらかです。この 2 つと上の (1) (3) を組み合わせると、4 つの組み合わせができます。その中で最も自然なのは「あなたが学ぶことの中で重要なことは、自分の知識を使ってあなたが何をできるかということである」です。

8.　**Upon** all occasions avoid speaking of yourself, ⟨if it is possible.⟩
　　　　ad　　　③　　O　①　　ad　　　接 S ②　　ªC
どんな状況でも、できれば、自分のことについて話すのは避けなさい。
（解説）原文のままだと、occasions が主語で、avoid が現在形・述語動詞です。構造的には成立していますが、「すべての状況が、あなた自身のことについて話すのを避ける」では意味が通りません。そこで、upon を入れるのですが、場所は

198

all occasions の前しかありません。すると、all occasions は前置詞 upon の目的語になるので、avoid の主語がなくなります。普通は、これで「困った...」となるところですが、この英文の場合は avoid を原形・述語動詞にして、命令文ということにすれば、構造も意味も成立します。

9. In the afternoon, the guns inside fell silent, and Alliance troops entered
   　　ad　　　　　　　S　　ad　②　ᵃC　＋　　　S　　　　　③
   [what was left] of the smoldering school.
   　O　 S　　 -③　　前　　　①-ing　　n
   　　　　　　　　　　　　　　a

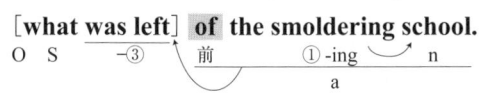

午後になって、内部の銃声が止み、同盟軍は、そのくすぶっている校舎の残骸に入った。

（解説）of the smoldering school は was left を修飾しているのではありません。what was left（残されたもの）という名詞節を修飾しているのです。ですから、of the smoldering school は形容詞句です。what is left of ～や what remains of ～は「～の残っているもの → ～の中で残っているもの、～の残っている部分」という意味の定型的な表現で、注意しているとよく出てきます（学校 p. 134）。

　時間や場所を表す一部の副詞は名詞を修飾することができます。この場合は名詞の後に置きます。the evening before（前の晩）、the road ahead（前方の道路）、life today（今日の生活）、voluntary exile abroad（国外への自発的な亡命）のような具合です。the guns inside もこの形で、副詞の inside が後から guns を修飾しています。

10. ⟨ Were it proved [that the contamination was dangerous],⟩ the mayor
    　　　　仮S　-③　真S 接　　　S　　　②　　ᵃC　　　　　　　S
    would evacuate the area.
    　aux　　③　　　　O

もしその汚染が危険だと証明されたら、市長はその地域の住民を立ち退かせるだろう。

（解説）「evacuate 場所」は「場所を無人にする」という意味です。
ところで、たいていの人はまず次のどちらかを考えます。

＊It **was** proved that the contamination was dangerous, the mayor would evacuate the area.
　その汚染は危険だと証明された。市長はその地域の住民を立ち退かせるだろう。

199

Chapter 4　構文の認識力と構成力

＊It proved that the contamination was **being** dangerous, the mayor would evacuate the area.

　それは、その汚染が今一時的に危険であることを証明した。市長はその地域の住民を立ち退かせるだろう。

　この２つは、どちらも２つのＳ＋Ｖがコンマだけでつながれています。そこがネックです。意味の点で、２つのＳ＋Ｖが「言い換え」とか「類似内容の列挙」といった特別な関係にあれば、対等なＳ＋Ｖをコンマだけでつなぐことが許されます。しかし、そうでない限り、対等なＳ＋Ｖをつなぐには、間に等位接続詞、コロン、セミコロン、ダッシュのどれかを入れる必要があります。「２つのＳ＋Ｖのルール」です（リー教 p. 50）。
　この英文には等位接続詞、コロン、セミコロン、ダッシュのいずれも使われていません。そして、２つのＳ＋Ｖは「言い換え」とか「類似内容の列挙」ではありません。このことは「この２つのＳ＋Ｖが対等ではない」、すなわち「どちらかが主節で、どちらかが従属節だ」ということを示しています。上の２つの答え方は、どちらのＳ＋Ｖも従属節ではないので、構造的に成立しないのです。
　そこで、be を１つ使って、どちらかを従属節にしなければなりません。それには「倒置による if の省略」というルールを使います。これは「if 節において、were または過去形の助動詞を主語の前に出すと、if が省略される」というルールです。一般的に言えば「過去形の助動詞」ですが、実際には should か had が大部分です。例を出してみましょう。

Should it rain tomorrow, the game would be cancelled.
万一明日雨が降ったら、試合は中止になるだろう。
　　Should it rain tomorrow = If it should rain tomorrow

Many a murderer would have remained innocent had he not possessed a knife or a gun.
多くの殺人犯は、もしナイフも銃も持っていなかったら、罪を犯さないですんだだろうに。
　　had he not possessed a knife or a gun = if he had not possessed a knife or a gun

Were it not for your help, I would not succeed.

もしあなたの助けがないなら、私は成功しないでしょう。
　Were it not for your help ＝ If it were not for your help

　そこで、If it were proved that the contamination was dangerous は、were を it の前に出すと If が省略されます。これが本問の答えです。

　なお「汚染が危険だ」ということは現在のところ証明されておらず、かつ、話者は、今後も証明される可能性は小さいと思っているので、仮定法過去を使っています。仮定法過去では be 動詞および be 助動詞は常に（＝主語が一人称でも三人称・単数でも）were を使います。そこで If it were proved . . . ⇒ Were it proved . . . となります。

Chapter 4　構文の認識力と構成力

語を削除する問題

　この問題はすべて東京大学の過去問です。
　問1が2005年、問2が2010年、問3が2011年です。
　この問題の意図は「加える問題」と同じです。削除する形式だと別解を完全に封じられるので、入試には都合がいいのです。
　まず与えられた原文のままで構造と意味を考えます。すると、必ず構造的につじつまが合わない（＝品詞あるいは働きのどちらか、たいていは働き、が不明になる）個所が見つかります。それを、1語削除することによって、つじつまが合うようにします。ただし、働きが不明な語を削除するとは限りません。他の、一応現状でつじつまが合っている語（＝働きがはっきりしている語）を削除することによって、働きが不明な語が生きてくる（＝はっきり働きが決まってくる）こともあります。もちろん、構造が成立しただけではダメで、意味もちゃんと通らなければなりません。
　「加える問題」もそうですが、この手の問題は、意外と奥が深くて、詰将棋のように、わざと誤答に誘導する仕掛けを工夫したり、1語を削除するだけで全体の構造が思いもかけぬ変化を見せたり、出題者の腕次第で、解答者が、解いた後で、ほれぼれするような問題を作ることができます。
　東大の入試問題ですから、受験生としてはそう悠長なことも言っていられませんが、一種のパズルだと思って、楽しんで解いてみてください。いずれにせよ、フィーリングだけに頼って英語を勉強してきた人には、自信を持って解答するのが難しい問題です。

問 1

次の英文 (1)〜(5) には、文法上取り除かなければならない語が一語ずつある。該当する語を答えなさい。

(1) In one of the earliest attempts at solar heating, energy from the sun was absorbed by and large metal sheets covered by double plates of glass.

(2) The death of plants beside the roads led environmentalists to investigate further and to discover just how widespread the problem caused by the use of salt to prevent from ice on roads really is.

(3) Some of the greatest advances in science have come about because some clever person saw a connection between a subject that was already understood, and another noticed still mysterious subject.

(4) In the early years of the 21st century the trend toward the unisex look had reached so advanced from a state that it was almost impossible to distinguish males and females unless they were completely unclothed.

(5) Librarians have meaningful disagreements with one another about the problem of how to classify books, but the criteria by themselves which arguments are won or lost will not include the "truth" or "correctness" of one classification system relative to another.

問 2

次の英文 (1)〜(5) には、文法上取り除かなければならない語が一語ずつある。該当する語を答えなさい。

(1) Discovery is not the sort of process about finding which the question "Who discovered it?" is appropriately asked.

(2) Discovering a new phenomenon is necessarily a complex event, one of which involves recognizing both that something is and what it is.

(3) Science does and must continually try to bring theory and in fact into closer agreement, and that activity can be seen as testing or as a search for confirmation or disconfirmation.

(4) Discovery makes it possible for scientists to account for a wider range of natural phenomena or to account with greater precision for some of those were previously unknown.

(5) Newton's second law of motion, though it took centuries of difficult factual and theoretical research to achieve, behaves for those committed to Newton's theory seem very much like a purely logical statement that no amount of observation could prove wrong.

問 3

次の英文 (1) ～ (5) には、文法上取り除かなければならない語が一語ずつある。該当する語とその直後の一語、合わせて二語をその順に記せ。文の最後の語を取り除かなければならない場合は、該当する語と × (バツ) を記せ。

(1) Among the many consequences of those political developments was for one that in the end turned out to be too complicated for the government to handle.

(2) The sacrifices that the two countries have been told they must make are to restore stability to the world economy are almost if not completely the opposite of each other.

(3) Not only did the country become economically successful, but its citizens achieved some level of psychological unity as a people, despite the fact that they became consisted of several distinct ethnic groups.

(4) Science sometimes simplifies things by producing theories that reduce to the same law phenomena previously considered were unrelated — thus clarifying our understanding of the apparent complexity of the universe.

(5) However hard it may have had been to justify the prime minister's support for those groups, she proved herself to be a person of principle by continuing to hold this position despite considerable opposition during the next decade.

Chapter 4　構文の認識力と構成力

解答と解説
問 1

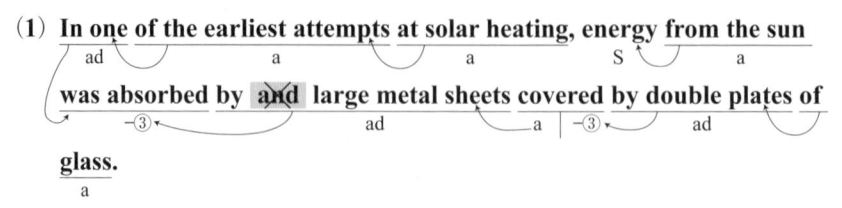

(1) In one of the earliest attempts at solar heating, energy from the sun was absorbed by and large metal sheets covered by double plates of glass.

太陽熱暖房の最も初期の試みの一つでは、太陽エネルギーは二重のガラス板に覆われた大きな金属シートによって吸収された。

(解答) and

(解説) was absorbed（吸収された）は-③です。by and large は「概して、全体的に」という意味の副詞句です。したがって、metal sheets の働きが決まりません。and を取れば、metal sheets は by の目的語になります。

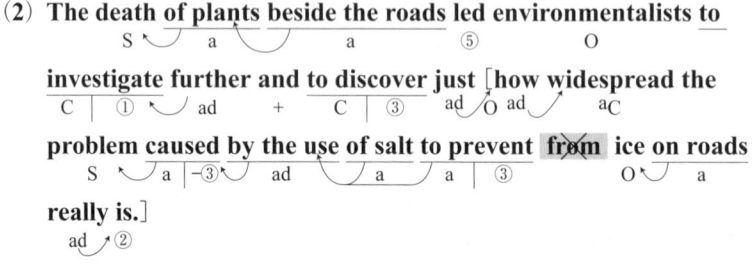

(2) The death of plants beside the roads led environmentalists to investigate further and to discover just [how widespread the problem caused by the use of salt to prevent from ice on roads really is.]

道路際の植物が枯れたことから、環境問題の専門家たちはさらに詳しく調査して、道路の氷結を防ぐための塩の使用によって引き起こされる問題が実際いかに広い範囲に及んでいるかを知るに至った。

(解答) from

(解説) prevent は他動詞ですから、from を使うとすれば prevent A from B（B から A を防ぐ）という形になります。A に相当するもの（＝prevent の目的語）がないので、from を取って、ice を prevent の目的語にします。

　この how は疑問副詞と感嘆副詞の両方の可能性があります。疑問副詞であれば how spread は純粋に程度を表していて「どれくらい拡がっているのか」という意味です。感嘆副詞であれば how spread は程度が非常に大きいことを表していて

206

「いかに拡がっていることか」という意味です。どちらの場合も just は強調の副詞です。このどちらであるかは、この英文だけでは決定できません。前後の文脈が必要です。一応感嘆副詞で訳しておきました。

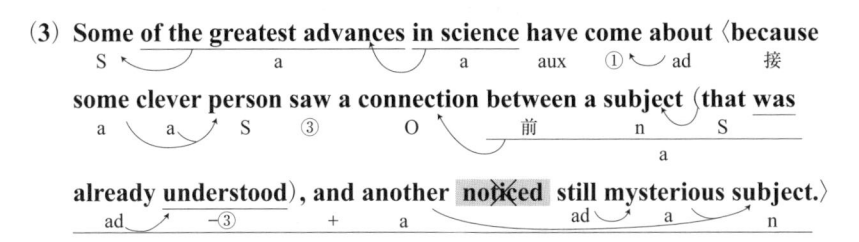

(3) Some of the greatest advances in science have come about 〈because some clever person saw a connection between a subject (that was already understood), and another no~~ticed~~ still mysterious subject.〉

科学の最も偉大な進歩の一部は、ある洞察力のある人間が、すでにわかっている事項と、それとは別のまだわかっていない事項との間の関連性に気がついたおかげで生じたのだ。

(解答) noticed
(解説) and の後だけを見ると、another は another clever person の意味で noticed の主語、noticed は過去形・述語動詞、still mysterious subject が目的語で、and は some clever person saw a connection という SVO と another noticed still mysterious subject という SVO をつないでいるように見えます。しかし、もしそうなら、subject は可算名詞ですから、不定冠詞がついて a still mysterious subject になるはずです。また、between の目的語が a subject だけですが、意味から考えても between は「between 複数名詞」か「between A and B」の形で使うはずです。以上の考察から、a connection between A and B（A と B の間のつながり）で、A に a subject が入り、B に another ... subject が入っていると考えられます。こうすると、another = an + other ですから、subject につくはずの不定冠詞の問題も解決します。すると、another と subject の間に入った noticed still mysterious は subject を修飾することになります。意味から考えても noticed は不要ですし、notice という動詞は現在分詞も過去分詞も（= noticing も noticed も）前から名詞を修飾することはありません。noticed を取ると a connection between a subject and another subject（ある事項と別の事項の間のつながり）となり、a subject には that was already understood という形容詞節がかかり、another subject には still mysterious という形容詞がかかることになって、意味も構造も成立します。

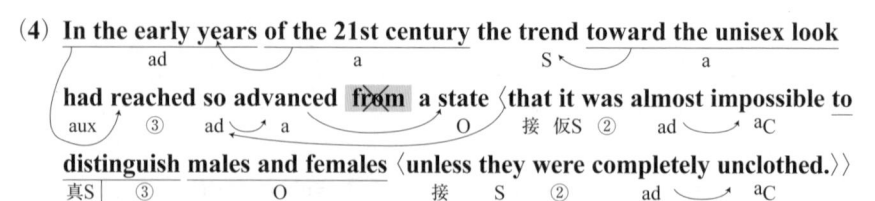

Chapter 4　構文の認識力と構成力

(4) **In the early years of the 21st century the trend toward the unisex look had reached so advanced ~~from~~ a state ⟨that it was almost impossible to distinguish males and females ⟨unless they were completely unclothed.⟩⟩**

21世紀初頭にはユニセックスな服装を志向する傾向が非常に進んだ状態に達していたので、完全に衣服を脱がない限り、男女を識別することがほとんど不可能なほどだった。

(解答) from
(解説) 原文のままだと、advanced (進歩した) という形容詞の働きが不明です。前には名詞がありませんし、後ろの名詞との間には前置詞があって、修飾関係が遮断されています。したがって、名詞修飾ではありません。すると補語ということになりますが、reach は①か③で使う動詞で、reach に補語はつきません。from を取ると advanced は state を修飾できます。**普通は、不定冠詞は修飾関係を遮断します (＝不定冠詞の前から後の語を修飾することはできません)。しかし、一部の特定の副詞は修飾語を不定冠詞の前に引き出す働きをします。**たとえば、too big a cat (大きすぎる猫) とか as good a voice (同じくらいよい声) といった具合です。これは too あるいは as という副詞が、名詞を修飾する形容詞 (＝big と good) を不定冠詞の前に引き出しているのです。so もこの働きをする副詞ですから、advanced は a の前から state を修飾できます。so advanced a state で「それほど進んだ状態」という意味になります。from を取ったので、state は reached の目的語です。その後の that 節は副詞節で so を修飾します。so advanced a state that S＋V を直訳すると「S が V するほど、それほど進んだ状態」となります。普通はこれを「非常に進んだ状態...なので、S が V する」と前から訳します。いわゆる「so ～ that 構文」です。

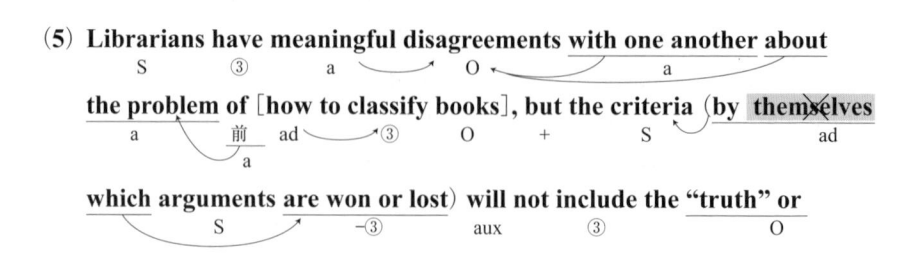

(5) **Librarians have meaningful disagreements with one another about the problem of [how to classify books], but the criteria (by ~~themselves~~ which arguments are won or lost) will not include the "truth" or**

208

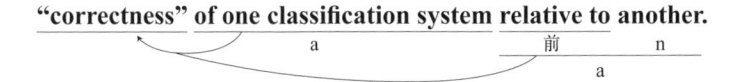

"correctness" of one classification system relative to another.

図書の分類法という問題について、司書の間では有意義な議論が交わされている。しかし、ある分類法が、他と比べて「真理である」とか「正確である」といったことは議論の勝敗を決める基準に含まれない。

(解答) themselves

(解説) 〜 have a disagreement with ... は一種の婉曲表現で「〜は...と喧嘩している」という意味を表します。たとえば、He had a disagreement with his wife. は「彼は妻と喧嘩した」という意味です。しかし、この文では、司書同士で、しかも meaningful disagreements（意味のある意見の不一致）と言っていて、後では arguments という語もでてきますから、口喧嘩ではなく、議論をしていると考えるべきです。原文のままだと、which arguments are won or lost が形容詞節で the criteria を修飾しています。しかし形容詞節の内側で which の働きが決まりません。arguments が主語で、are won と are lost はそれぞれ-③ですから、arguments are won or lost（議論が勝つか負けるかする）は完全な文で、構造上足りない要素はありません。したがって、関係代名詞の which は主語・動詞の目的語・前置詞の目的語・補語のいずれにもなれず、余ってしまうのです。ところが、themselves を取ると、by which arguments are won or lost が形容詞節になります。which は by の目的語で by which = by the criteria（その基準によって）となり、構造も意味も成立します。

「疑問詞＋to 不定詞」は名詞節の定型的な短縮形です。how to classify books はこの形で、無理矢理に完全形にすれば how you are to classify books（どのようにして人は本を分類すべきかということ）となります。しかし、you are を補ったりせず、「疑問詞＋to 不定詞」のままで、名詞節の短縮形として認識すべきです。

問 2

(1) Discovery is not the sort of process (about ~~finding~~ which the question ["Who discovered it?"] is appropriately asked.)

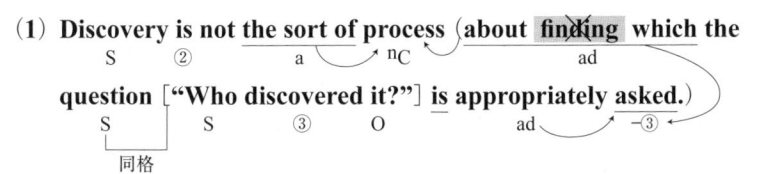

発見は、誰が発見者かという問いを発することが適切でないような類のプロセス

Chapter 4　構文の認識力と構成力

である。
(解答) finding
(解説) 原文のままだと、which the question "Who discovered it?" is appropriately asked が形容詞節で the sort of process を修飾しています。しかし形容詞節の内側で which の働きが決まりません。the question が主語で、is asked は-③ですから、the question "Who discovered it?" is appropriately asked (「誰がそれを発見したのか」という問いが適切に発せられる) は完全な文で、構造上足りない要素はありません。したがって、関係代名詞の which は主語・動詞の目的語・前置詞の目的語・補語のいずれにもなれず、余ってしまうのです。ところが、finding を取ると、about which the question "Who discovered it?" is appropriately asked が形容詞節になります。which は about の目的語で about which = about the process (そのプロセスについて) となり、構造も意味も成立します。

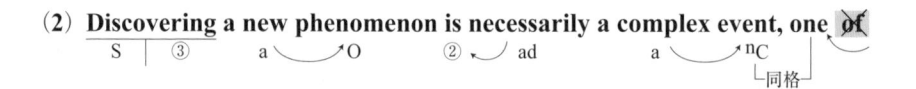

(2) **Discovering a new phenomenon is necessarily a complex event, one of**
　　　　S　　③　　　a　　　O　　②　　ad　　　　a　　　ⁿC
　　　　　　　　　　　　　　　　　　　　　　　　　　　　└同格┘

(which involves recognizing both [that something is] and [what it is.])
　　S　　③　　O　　③　　　O　接　　S　①　＋　ⁿC　S　②

新しい現象を発見することは、必然的に複雑な事象にならざるをえない。それは、何かが存在することとそれが何かということの両方を認識することを含んでいるのだ。
(解答) of
(解説) 原文のままだと、one of which involves . . . what it is が形容詞節で、a complex event が先行詞です。内側では one が involves の主語です。構造上は特に問題はありません。しかし、意味を考えると成立しないことがわかります。one of which involves recognizing . . . は「先行詞の 1 つは . . . を認識することを伴う」という意味です。これが成立するためには、先行詞は複数であることが必要です。ところが、a complex event は単数なので、one of which が意味不明なのです。おそらく one か of のどちらかが余分なのです。もし one を取ると、形容詞節は of which involves . . . となり、内側で involves の主語が見つかりません。それに対して、of を取ると、one が先行詞で、形容詞節は which involves . . . となり、which が involves の主語です。ただし、こうすると one が余ってしまいます。これは「名詞が余ったときの考え方 (p. 73　パズル　p. 178)」で簡単に解決できます。**英文中の名詞が余ったとき (＝主語・動詞の目的語・前置詞の目的語・**

210

補語のいずれでもないとき）は、「同格・副詞的目的格・being が省略された分詞構文」のどれかです。この３つで説明がつかなければ、その英文は誤文です。

　one は余っていますが、one の中身を an event と考えれば、直前の a complex event の言い換え、すなわち「同格」で説明がつきます。結局、of を削除するのが正解です。

(3) Science does and must continually try to bring theory and ~~in~~ fact into closer agreement, and that activity can be seen as testing or as a search for confirmation or disconfirmation.

科学は、理論と事実をより厳密に一致させようと実際に絶えずしているし、またそうしなければならない。そして、その営みは検証、すなわち、理論が事実によって裏付けられるか、それとも否定されるかを調べる作業であるとみなすことができる。

（解答）in

（解説）原文のままだと、theory の後の and が何と何をつないでいるのか不明です。and の後は in fact も into closer agreement も副詞句ですから、and の前に副詞要素が必要ですが、まったく見当たりません。in を取ると、and は theory と fact をつなぎ、into closer agreement は to bring を修飾します。すなわち、bring A into B（A を B の状態に至らせる）の A に theory and fact を入れた形です。

　testing は「検証」で、その後の or は「言い換えの or」です。testing を a search for confirmation or disconfirmation で説明したのです。a search for confirmation or disconfirmation は、英語で言い換えると an investigation to see whether the facts confirm the theory, or disconfirm it です。disconfirmation というのは、単に「理論の正しさが事実で確認できないこと」ではありません。もっと、積極的に「理論に反する事実があり、その事実によって理論の誤りが確認されること」です。Webster 大辞典（Webster's Third New International Dictionary）は disconfirm を to establish as untrue or invalid（誤り、あるいは無効と証明すること）と定義しています。

Chapter 4　構文の認識力と構成力

(4) **Discovery makes it possible for scientists to account for a wider range of natural phenomena or to account with greater precision for some of those were previously unknown.**

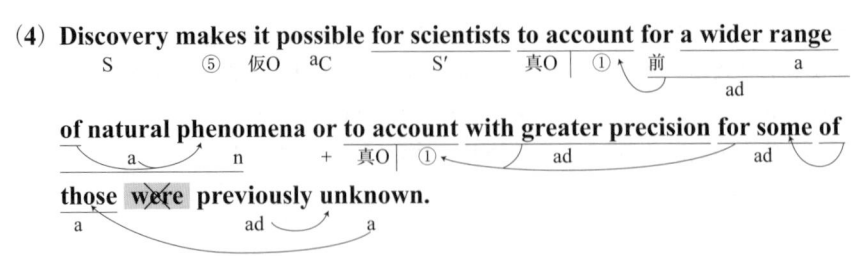

発見によって、科学者は、より広い範囲の自然現象を説明したり、それまでは知られていなかった自然現象の一部をより正確に説明したりできるようになる。

(解答) were

(解説) were は過去形・述語動詞です。したがって、絶対に were の主語が必要です。仮定法過去でない限り、主語は複数名詞です。複数名詞を全部挙げると、scientists、phenomena (単数形は phenomenon です)、some、those の 4 つです。原文のままだと、4 つとも前置詞がついていますから、主語になれません。そこで、どれか 1 つ、前置詞を削除して、were の主語にする、という可能性が考えられます。たとえば、some の前の for を削除すれば、some of those were previously unknown (それらの一部は以前は知られていなかった) という文になります。しかし、今度は、この文をどうやって前につなぐのかが不明です。また、to account with greater precision も意味不明になります。scientists や a wider range of natural phenomena を主語にするのは、もっと困難です。こういうわけで、were の主語を調達することは無理です。逆に were を削除すると、previously unknown が後ろから those を修飾するようになり、構造が完全に成立します。

　他に、構造が成立する答え方はありませんから、東京大学がこれを正解にしたことは疑いありません。しかし、この英文は本当に意味が通っているのでしょうか? unknown は「知られていない」と「理解されていない → わかっていない」の 2 つがあります。Webster 大辞典 (Webster's Third New International Dictionary) を見ると not known と not apprehended という定義が出ています。したがって、some of those previously unknown は「それまでは知られていない現象の一部」か「それまではわかっていない現象の一部」です。ところで、これを to account with greater precision for (より正確に説明する) というのは、一体どういうことなのでしょう? greater は比較級ですから、with greater precision は、すでにある程度正確に説明していることを前提にして「それ以上に正確に」という意味です。「それまでは知られていない現象」あるいは「それまではわかっていない現象」について、「すでにある程度正確に説明している」状態というのは

212

ありうるのでしょうか？　要するに、unknown と greater precision は論理的に両立しないのです。

　これは英文が間違っているのです。おそらく正しい英文は unknown ではなく known です。to account with greater precision for some of those previously known（それまでに知られている自然現象の一部をより正確に説明する）です。それまでに知られていたのですから、ある程度正確な説明がなされていたのです。それが、新たな発見によって、より正確に説明できるようになるのです。

　いやしくも東大の入試問題ですから、問題を作成、印刷するプロセスで何人もの人が原文との照合を行っているはずです。そこで known と unknown の不一致が見過ごされるとは思えませんから、これはおそらく原文のミスだろうと思います。これを出題者が気づかずにそのまま出題してしまったということでしょう。

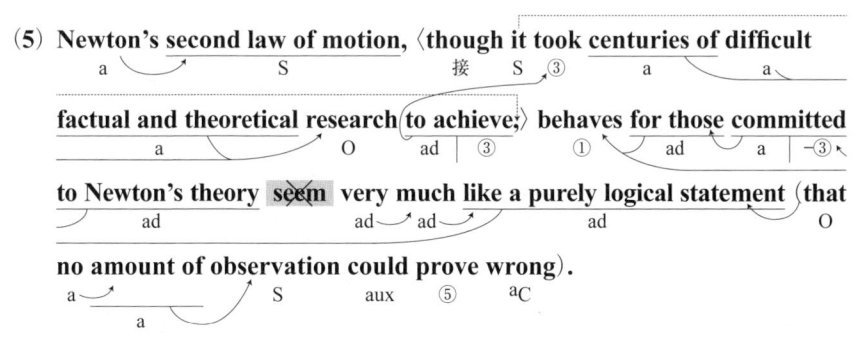

(5) Newton's second law of motion, 〈though it took centuries of difficult factual and theoretical research to achieve,〉 behaves for those committed to Newton's theory ~~seem~~ very much like a purely logical statement 〈that no amount of observation could prove wrong〉.

ニュートンの「運動の第2法則」は、事実面、理論面の両面で何世紀にもわたる困難な研究の末に確立されたものであるが、ニュートン理論に関わる人たちには、どんなに多くの観察を行っても間違いを証明できない純粋に論理的な命題とほとんど同じように扱われている。

（解答）seem

（解説）seem は原形か現在形です。behaves を取ると、Newton's second law of motion が seem の主語になります。意味は「ニュートンの第2運動法則は、ニュートン理論に関わる人たちには、純粋に論理的な命題とほとんど同じように見える」となって、成立します。しかし、Newton's second law of motion は三人称・単数ですから、seem が現在形なら「三単現の s」が必要です。原形なら「三単現の s」は必要ありませんが、seem には助動詞がついていませんし、もちろん命令文ではありませんから、原形なら仮定法現在しかありません。しかし、if 節や that 節の中ではありませんし、祈願文では意味がおかしいので、原形の可能性もあり

213

ません (リー教 p. 7、パズル p. 122)。したがって、behaves を取ってもうまくいきません。

それでは、for を取ってみましょう。すると、those が seem の主語になります。those は複数ですから「三単現の s」は必要ないので、seem は現在形・述語動詞で問題ありません。しかし、「ニュートン理論に関わる人たちは、純粋に論理的な命題とほとんど同じように見える」では意味が通りませんし、Newton's second law of motion ... behaves という S + V と those committed to Newton's theory seem ... という S + V をどうやってつなぐのかも不明です。したがって、for を取るのも無理です。

では、逆に seem を取ってみましょう。seem があるときは、like a purely logical statement は seem の補語ですが、seem がないと Newton's theory か behaves を修飾します。Newton's theory にかけると「ニュートンの運動の第 2 法則は、純粋に論理的な命題に似ているニュートン理論に関わる人たちに対して、振舞う」となって、どのように振る舞うのか不明です。それに対して、behaves にかけると、「ニュートンの運動の第 2 法則は、ニュートン理論に関わる人たちに対して、純粋に論理的な命題のように振舞う」となって意味が通ります。「ニュートン理論に関わる人たちに対して、純粋に論理的な命題のように振舞う」というのは「ニュートン理論に関わる人たちには、純粋に論理的な命題のように扱われている」ということです。

take には「(時間・労力・空間などを) 取る → 必要とする」という意味があります。そこで、これを使って「S は、人が (S を) V するのに〜を必要とする」と言いたいときは「S take 人 〜 to V」という表現を作れます。その際に注意すべきは、to V の後に目的語 (= 動詞の目的語か前置詞の目的語) が足りず、S が「意味上の目的語」になるという点です。たとえば、This book took me three years to write. (私はこの本を書くのに 3 年かかった) のような具合です。

This book took me three years to write.
 a S   ④   O a O ad ③

to write は「書くために」という意味の副詞用法で took を修飾しています。動詞型は③で、目的語が足りません。主語の This book が to write の「意味上の目的語」になっています。これは I を主語にして、I took three years to write this book. にすることもできますし、It を仮主語にして、It took me three years to write this book. あるいは It took three years for me to write this book. にすることもできま

語を削除する問題

す。

本文の it took centuries of difficult factual and theoretical research to achieve は、主語が it なので紛らわしいですが、This book took me three years to write. と同じ形です。it は Newton's second law of motion を指していて、to achieve は目的語が足りず、it が「意味上の目的語」になっています。

those committed to Newton's theory (ニュートン理論に関わっている人たち) というのは scientists or engineers who treat Newton's theory as true in their practice (実践の中でニュートン理論を正しいものとして扱っている科学者やエンジニア) ということで、「ニュートン理論の崇拝者」というようなことではありません。

a purely logical statement that no amount of observation could prove wrong (どんなに多くの観察を行っても間違いを証明できない純粋に論理的な命題) というのは、たとえば「1 足す 1 は 2」というような命題です。仮にある人が、粘土の塊を 2 つ手にとって、それをこねあわせて 1 つにしたとしても、それを観察して「『1 足す 1 は 2』とは限らない。これで『1 足す 1 は 2』の誤りが証明できたぞ」とは誰も思わないでしょう。

問 3

(1) Among the many consequences of those political developments was ~~for~~ one (that in the end turned out to be too complicated for the government to handle.)

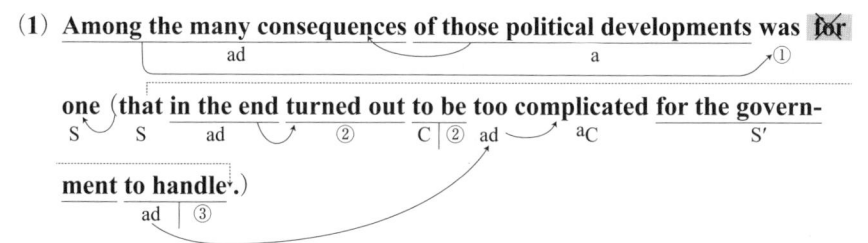

それらの政治的な進展がもたらした多くの結果の中には、あまりにも複雑すぎて、政府が対応できないことが最終的に判明するようなものがあった。

(解答) for one

(解説) 文頭に前置詞＋名詞の副詞句がくると、S＋V が第 1 文型（あるいは第 3 文型の受身）の場合はしばしば V＋S という倒置が起こります。特に主語に長い修飾要素がついているときはたいてい倒置します。「前置詞＋名詞 ①＋S＋修飾要素」という形です (p. 197)。この形に慣れていれば、答えはすぐにわかります。for を取れば、was が①の述語動詞、one (＝a consequence) が主語になります。

215

Chapter 4　構文の認識力と構成力

that ... handle は形容詞節で one を修飾しています。for を残して Among を取っても、the many consequences は複数なので was の主語になれません。was の主語を調達するためには for を取るしかありません。

「S is too ~ to V（S は V するには~すぎる → S は非常に~なので V できない）」という形は、S が to V の目的語と一致するときは、to V の目的語を書かずに、S を「意味上の目的語」にするのが普通です。たとえば、次のような具合です。

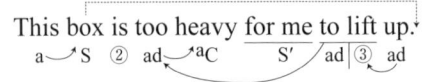

This box is too heavy for me to lift up.
　　　a　S　②　ad　ᵃC　S'　ad ③　ad

この箱は私が持ち上げるには重すぎる
→ この箱は非常に重いので、私には持ち上げられない。

　to lift の目的語が足りず、This box が「意味上の目的語」になっています。この形の be 動詞の部分が turn out to be ~（~であると判明する）に変わったのが本文です。

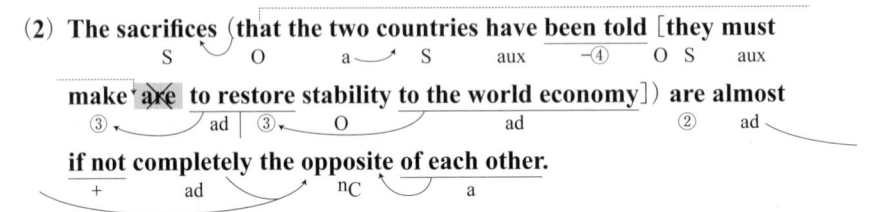

(2) The sacrifices (that the two countries have been told [they must
　　　　S　　　　　　　　O　　a　　S　　aux　　④　　O　S　aux
　　make are to restore stability to the world economy]) are almost
　　　③　　ad │ ③　　O　　　　ad　　　　　　　　　　②　　ad
　　if not completely the opposite of each other.
　　　+　　ad　　　　　ⁿC　　　a

その二国が、世界経済の安定を取り戻すために払わなければならないと言われてきた犠牲は、完全にではないにしても、ほとんど、互いに相反するものである。
（解答）are to
（解説）The two countries have been told that they must make sacrifices.（その二国は、犠牲を払わなければならないと言われてきた）という文を、sacrifices を修飾する形容詞節に変えるには、まず文中の sacrifices を関係代名詞の which に換え、次に which を形容詞節の先頭に出し、最後に従属接続詞の that を省略すると完成です。which the two countries have been told they must make となります。これを被修飾語（＝先行詞）の The sacrifices の後に置いたのが本文です。ただし、本文では、関係代名詞は which ではなく that が使われています。このように、関係詞が作る従属節の中に that 節があり、関係詞がその that 節の中で働く現象を

216

「関係詞連鎖」といいます。本文の that は make の目的語なのです。関係詞連鎖については 探究 p. 7, 23, 66, 128 を参照してください。

そこで、The sacrifices that the two countries have been told they must make は「その二国が、払わなければならないと言われてきた犠牲」という意味です。

さて、原文のままだと are が２つあります。現在形ですから、必ず述語動詞で、主語を探さなければなりません。主語になれる複数形の名詞は The sacrifices と the two countries の２つだけです。しかし、the two countries は形容詞節内で have been told の主語になっています。したがって、are の主語になるためには、have been told と are をつなぐ等位接続詞が必要です。しかし、これは見当たりません。すると The sacrifices が are の主語ということになります。しかし、The sacrifices は２つの are の共通の主語にはなれません。２つの are をつなぐ等位接続詞がないからです（２つの V のルール☞ リー教 p. 35）。これでわかりました。２つの are のどちらかを取って、残った are の主語が The sacrifices なのです。

そこで、前の are を残して、後の are を取ってみましょう。すると almost if not completely the opposite of each other の説明がつかなくなります。しかし、そこへ行く前に、この表現自体を詳しく研究しましょう。まず「**A if not B（B ではないにしても A）**」という表現があります。**本来 if not B は副詞節の短縮形ですが、この表現では、if not は、構造的には、ほとんど等位接続詞と同じ働きをして A と B をつないでいます。A と B には同じ働きをする語句が入ります。**例を２つ挙げましょう。

I am an eager, if not a skillful, sportsman.
　S ②　　　a　＋　　a　　　ⁿC

私はうまくはないにしてもスポーツには熱心です。

　　an eager と a skillful は、どちらも sportsman を修飾しています。

Many others fail in fact if not in name.
　a　　S　①　ad　＋　ad

他にも、名目上はそうでないにしても、事実上は失敗する人がたくさんいる。

　　in fact と in name は、どちらも fail を修飾しています。

217

Chapter 4　構文の認識力と構成力

　この表現は if not B を前に出して if not B at least A (B ではないにしても、少なくとも A) にすることもあります。at least の代わりに at any rate や at all events も使われます。

　そこで、almost if not completely は「完全にではないにしても、ほとんど」という意味になります。

　次に、almost は元々名詞を修飾できる副詞ですから、the opposite を修飾して「ほとんど反対」という意味になります。completely は、almost と違い、どんな名詞でも修飾できるわけではありませんが、the opposite は修飾することができ、completely the opposite は「正反対」という意味の決まり文句です。

　したがって、almost if not completely the opposite of each other は「お互いに正反対ではないにしても、ほとんど反対のもの」という意味になります。

　さて、問題に戻りましょう。The sacrifices that the two countries have been told they must make are to restore stability to the world economy は、are to restore をどう読むにせよ (「②＋不定詞名詞用法で補語」という読み方と「助動詞 be to＋述語動詞」という読み方の 2 つがあります)、足りない要素がない完全な文ですから、その後に続く the opposite という名詞が余ってしまうのです (＝働きが決まらないのです)。「名詞が余ったときの考え方 (＝同格、副詞的目的格、being が省略された分詞構文)」も無理です (p. 73)。したがって、後の are を取るのは答えになりません。

　それでは前の are を取ってみましょう。すると、to restore stability to the world economy という不定詞は they must make と接触しますから、to restore は不定詞副詞用法で make を修飾することができます。「世界経済に安定を回復するために、払わなければならない (犠牲)」となります。先ほど余っていた the opposite は are の補語で説明がつきます。The sacrifices ... are ... the opposite .... (犠牲は反対である) というつながりです。構造も意味も成立しますから、これが正解です。

　なお、each other は the sacrifices を指しています。「二国が払わなければならない犠牲が相反する」というのは、たとえば、日本は輸入企業を犠牲にして円安に誘導し、アメリカは輸出企業を犠牲にしてドル高に誘導する、といったことです。

語を削除する問題

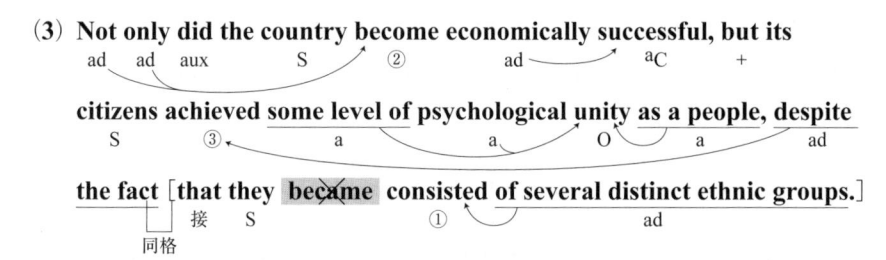

(3) **Not only did the country become economically successful, but its citizens achieved some level of psychological unity as a people, despite the fact [that they became consisted of several distinct ethnic groups.]**

その国は経済的に成功しただけではなかった。市民たちは、複数の異なる民族で構成されているにもかかわらず、1つの国民として、一定レベルの心理的な統一感を持つにいたった。

(解答) became consisted

(解説) they became consisted の部分が問題です。原文のままだと、consisted は過去分詞形容詞用法で、became の補語ということになります。しかし、consist は consist of ～ (～から構成される)、consist in ～ (～に存する) という形で使う①の動詞です。①の過去分詞を裸で使えるのは come, go, arrive, return などの往来・発着を表す動詞か、それ以外では happen, fall, retire などの特定の動詞に限ります (p. 46 リー教 p. 75)。consist は裸の過去分詞では使えません。したがって、この個所が間違いです。became を取ると、consisted は過去形・述語動詞で、they consisted of several distinct ethnic groups (彼らはいくつかの異なる民族集団から構成されていた) となって、構造も意味も成立します。

　not A but B (A ではなくて B) の A に only ⓐ (ⓐだけ) を入れ、B に also ⓑ (ⓑも) を入れると、not only ⓐ but also ⓑ (ⓐだけ、ではなくて、ⓑも) となります。not A but B とは別に not only A but also B という特別な形があるわけではないのです。also は言わないこともあります。

　本文はⓐとⓑに文 (= S + V) を入れ、also を省略しています。すると、Not only S_1 + V_1 but S_2 + V_2. (S_1 が V_1 するだけではなく、S_2 が V_2 するのだ) となります。文頭に否定の副詞 (= Not) が出ているので、S_1 + V_1 は疑問文と同じ語順の倒置形になります (p. 190)。本文では did + 主語 + 原形動詞 (= did the country become) という語順になっています。

　なお、not A but B は、たんに but の意味の問題として捉えることもできます。すなわち、等位接続詞の but は「しかし」という逆接の意味の他に、前の否定文を受けて「そうではなくて」と今度は肯定文で新情報を付加する前置きの意味を表すこともある、と捉えるのです。これで考えると Not only S_1 + V_1 but S_2 + V_2. は

219

Chapter 4　構文の認識力と構成力

「S₁ が V₁ するだけではない。そうではなくて、S₂ が V₂ するのだ」となります。上の和訳は、この捉え方で訳したもので、前置き（＝but＝そうではなくて）はくどいので省略しています。

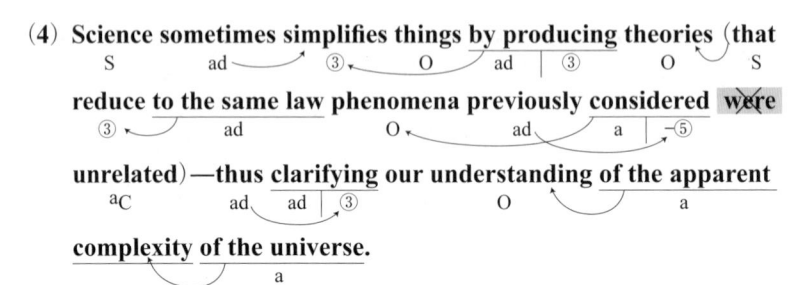

(4)　Science sometimes simplifies things by producing theories (that reduce to the same law phenomena previously considered ~~were~~ unrelated)—thus clarifying our understanding of the apparent complexity of the universe.

科学は、以前は無関係だと考えられていた現象を同じ法則で説明する理論を生み出すことによって、物事を単純化する場合がある。その結果、森羅万象がもつ見かけ上の複雑さに対する私たちの理解から混乱や曖昧さが取り除かれるのだ。

（解答）were unrelated

（解説）were の主語になりうる複数名詞は things, theories, phenomena の3つです。しかし、原文のままで、things は simplifies の目的語、theories は producing の目的語、phenomena は reduce の目的語で、構造も意味も成立しています。これをあえて崩して、were の主語にするよりは、むしろ were を取ってみるべきです。すると、considered は過去分詞形容詞用法で phenomena を修飾し、動詞型は-⑤、unrelated が considered の補語ということで、構造が成立します。意味は phenomena previously considered unrelated（以前は無関係だと考えられていた現象）となって、これも問題ありません。

　Webster 大辞典（Webster's Third New International Dictioary）は、この文の clarify の意味を、to free (the mind or understanding) of confusion, doubt, or uncertainty（（頭脳あるいは理解から）混乱、疑い、あるいは曖昧さを取り除く）と定義しています。したがって、clarifying our understanding of the apparent complexity of the universe は「森羅万象がもつ見かけ上の複雑さに対する私たちの理解から混乱や曖昧さを取り除く」がほぼ直訳ですが、ここは improving our understanding of the apparently complex universe（一見複雑に見える森羅万象に対する私たちの理解を増大させる）とほぼ同内容と考えて差し支えありません。

　なお、手前味噌ですが、この英文の Science を F.o.R.、things を English grammar、universe を English sentence に変えると、F.o.R. の説明になると言ったら、

言いすぎでしょうか？「F.o.R. は、以前は無関係だと考えられていた現象を同じ法則で説明する理論を生み出すことによって、英文法を単純化する場合がある。その結果、英文がもつ見かけ上の複雑さに対する私たちの理解から混乱や曖昧さが取り除かれるのだ。」

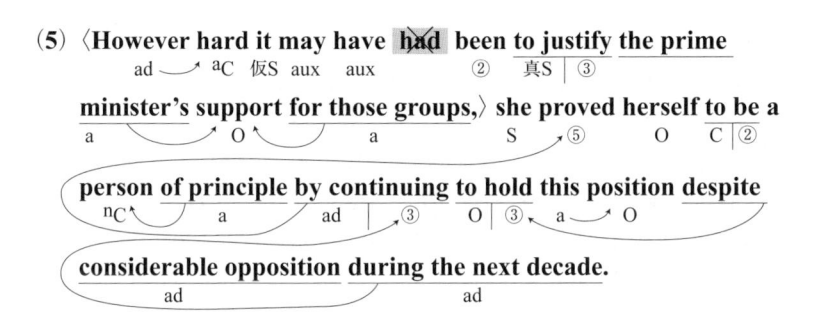

(5) 〈However hard it may have ~~had~~ been to justify the prime minister's support for those groups,〉 she proved herself to be a person of principle by continuing to hold this position despite considerable opposition during the next decade.

それらの団体に対する自分の支援を正当化することがどんなに困難だったにしても、首相は、その後の10年間、かなりの反対があったにもかかわらず、この立場を貫き通した。そのことによって、首相は自分が信念の人間だということを証明したのだ。

(解答) had been

(解説) have been か had been であって、have had been という形はありません。そこで、have を取るか、had を取るかのどちらかですが、助動詞の may があるので、後ろは原形でなければなりません。may have been が正しい形です。なお、普通は may have p.p. は「～したかもしれない」という「過去に対する推量」を表します。しかし、この英文の場合は、however 節が譲歩の副詞節なので、節内にいわゆる「譲歩の may」が使われているのです。したがって「推量」で訳してはいけません。「譲歩の may + have p.p.」は「～した」と単純な過去で訳せばよいのです。

Chapter 4　構文の認識力と構成力

Parsing の問題

　私は30年ほど前、大手予備校に出講するようになった初めての年に、高卒生の授業の他に中学3年生の選抜クラスの授業を任されました。20人くらいのごく少人数のクラスで、テキストからカリキュラムまですべて自由にやっていいという好条件でした。そのクラスで初めて試みたのが、これから解いてもらう形式の問題です。当時の受講生も、今やみんな40代半ばになり、先日、父上のあとを継いで医師になった方から、メールで「子供に F.o.R. を学ばせたいのだが、どうしたらよいか」という問い合わせをいただいて、懐かしく思ったりしました。
　その後、私は大手予備校に出講するかたわら、同僚の講師と一緒に日本教育フォーラムという小さな塾を設立し10年以上運営しました。その後、この塾は薬袋塾と名前を変えて数年続けましたが、現在は閉塾しています。
　ところで、この出題形式は日本教育フォーラム、薬袋塾で実施していた小テストでも使いました。塾生は高1、高2の2年間に毎週この形式の問題を解かされます。英文は過去の大学入試問題で、ここにあげたような短文ではなく長文です。試験時間は25分で、2年間で大体70〜80回くらいやります。答案は採点処理をして、翌週順位表と共に返却されます。成績表には得点分布だけでなく、上位5名の得点と名前と高校名が公表されます。みんな毎週一生懸命取り組んでいました。今週は名前が載ったの、載らないのと、ワイワイ騒ぎながら。
　さすがに2年にわたり70〜80回も同じことばかり尋ねられると、嫌でも頭が型通りに動くようになります。それでいいのです。**やがて型も忘れて、情報を取ることだけに集中して読んでいながら、英語の決まりからは決して外れない**、そういう境地に至ります。なかなか受験までにその境地に達する人は少なかったですが、そこに至る土台はしっかり築かれたのです。大学に入ってから、やがて社会に出て英語を使って仕事をするようになってから、この土台が自分の英語を支えていることを、元塾生たちは、きっと実感していると思います。
　その後、大学の先生の求めに応じて、文学作品や論文を中心とした英米の古典から英文を抜粋し、それにこの出題形式の設問をつけて、大学の授業で使うテキストを作りました。『名文で養う英語精読力』(研究社)というタイトルです。幸い、採用してくださる大学教官の方の支持を受けて、版を重ねています。このテ

222

キストには Cultivating the ability to read English correctly by parsing choice passages from modern classics という長いサブタイトルがついています。ここには parsing という耳慣れない語がでています。これについて私はテキストの「はじめに」で次のように書きました。

> parsing というのは「文中の語の品詞や文法的関係を説明すること」です。「語の意味」の他に、「語の品詞」や「語の働き（＝他の語との関係）」を分析するのです。この練習を繰り返すと、次第に「語と語の組み合わせ方を判断する（これが文を読むということです）客観的な基準（＝やっていいことといけないこと）」がわかってくるのです。
>
> 私たちの先輩は皆こういう訓練を経て本物の英文読解力を身につけてきたのです。頑張って練習すれば、いままでとは方法的にも質的にもまったく違う読み方をしている自分に気がついて吃驚すると思います。ぜひこのテキストをボロボロになるまで研究してください。

parsing は英米でも昔から中学校や高校で行われてきた勉強法です。構文を考えながら読む訓練としては、これ以上のものはありません。本書ではわずか30題で、しかもみな短文ですが、parsing の一端を体験してみてください。

Chapter 4　構文の認識力と構成力

第1回

問1　下線部①〜⑳の働きを次の1〜6から選びなさい。
1. 主語　2. 動詞の目的語　3. 前置詞の目的語　4. 補語　5. 名詞修飾　6. 副詞の働き

問2　次の英文中には従属節が10含まれている。各従属節の最初の1語と最後の1語を書き、かつ、その従属節の働きを次の1〜7から選びなさい。
1. 主語　2. 動詞の目的語　3. 前置詞の目的語　4. 補語　5. 名詞修飾　6. 副詞の働き　7. 同格

問3　次の英文中には述語動詞が20、準動詞が14含まれている。すべてを抜き出し、その活用形を次の1〜5から選びなさい。（動詞の判定および活用形の判定は学校文法のみを基準とする）
1. 原形　2. 現在形　3. 過去形　4. 過去分詞形　5. ing形

1. Her sole consolation was <u>to watch</u>① her <u>children</u>② <u>playing</u>③ in the garden.

2. I think the <u>sausage</u>④ he ate was bad.

3. The best way <u>to avoid</u>⑤ <u>catching</u>⑥ a cold is <u>to stay</u>⑦ away from those <u>who</u>⑧ have one.

4. Send me an e-mail <u>letting</u>⑨ me <u>know</u>⑩ if I should come.

5. The Italians scored their only goal on a penalty kick <u>awarded</u>⑪ on a very obvious foul <u>committed</u>⑫ by a Chilean back.

6. I want <u>to stay</u>⑬ <u>to see</u>⑭ <u>who</u>⑮ wins.

224

7. **Born** in a poor family, he was obliged **to work** while he was still a
   ⑯   ⑰
   student.

8. He has a running battle with his wife over **which** of them is to use
                                              ⑱
   the car.

9. The best reason for **having dreams** is that in dreams no reasons
                        ⑲   ⑳
   are necessary.

10. With the payment we get for our work we buy the things we want from others.

Chapter 4　構文の認識力と構成力

解答と解説

問 1
① to watch　4　② children　2　③ playing　4　④ sausage　1　⑤ to avoid　5　⑥ catching　2　⑦ to stay　4　⑧ who　1　⑨ letting　5　⑩ know　4　⑪ awarded　5　⑫ committed　5　⑬ to stay　2　⑭ to see　6　⑮ who　1　⑯ Born　6　⑰ to work　4　⑱ which　1　⑲ having　3　⑳ dreams　2

問 2
(the — bad — 2) (he — ate — 5) (who — one — 5) (if — come — 2) (who — wins — 2) (while — student — 6) (which — car — 3) (that — necessary — 4) (we — work — 5) (we — want — 5)

問 3
述語動詞
(was 3) (think 2) (ate 3) (was 3) (is 2) (have 2) (Send 1) (come 1) (scored 3) (want 2) (wins 2) (was obliged 3) (was 3) (has 2) (use 1) (is 2) (are 2) (get 2) (buy 2) (want 2)
準動詞
(to watch 1) (playing 5) (to avoid 1) (catching 5) (to stay 1) (letting 5) (know 1) (awarded 4) (committed 4) (to stay 1) (to see 1) (Born 4) (to work 1) (having 5)

1.　Her sole consolation was to watch her children playing in the garden.
　　　　　a　　　S　　②　ⁿC｜⑤　　　O　　ᵃC｜①　ad
彼女のたった一つの慰めは、子供たちが庭で遊んでいるのを見守ることだった。

2.　I think [the sausage (he ate) was bad.]
　　S　③　O　　S　　S　③　②　ᵃC
私は、彼が食べたソーセージは悪くなっていたと思う。
(解説) think と the の間に従属接続詞の that が省略されています。ate の目的語は sausage と he の間に省略されている関係代名詞の which です。

3. The best way to avoid catching a cold is to stay away from those 〈who have one.〉

風邪をひかない一番いい方法は、風邪をひいている人に近づかないことです。
(解説) one は a cold の代わりをする代名詞です。直訳は「風邪をひくのを避ける一番いい方法は、風邪をひいている人から離れたところにいることです」です。

4. Send me an e-mail letting me know [if I should come.]

私が行くべきかどうか、メールで知らせてください。
(解説) 直訳は「私が行くべきかどうかを私に教えるメールを送ってください」です。

5. The Italians scored their only goal on a penalty kick awarded on a very obvious foul committed by a Chilean back.

イタリアチームの唯一の得点は、チリのバックが犯したあからさまな反則によって与えられたペナルティキックによるものだった。
(解説) 直訳は「イタリアチームは、チリのバックによって犯された非常に明白な反則によって与えられたペナルティキックで唯一の得点をあげた」です。

6. I want to stay to see [who wins.]

私は帰らずに誰が勝つかを見たいです。
(解説) 直訳は「私は、誰が勝つかを見るためにとどまりたいと思う」です。

7. Born in a poor family, he was obliged to work 〈while he was still a student.〉

彼は、貧しい家に生まれたので、学生の間働かざるをえなかった。
(解説) Born は過去分詞の分詞構文です。

227

Chapter 4　構文の認識力と構成力

8. **He has a running battle with his wife over [which of them is to use the car.]**

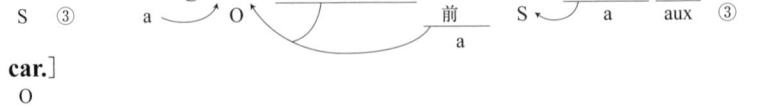

彼は、どちらが車を使うかで、妻としょっちゅう喧嘩している。
(解説) running は元々は現在分詞形容詞用法ですが、現在は「連続する、繰り返される」という意味の純粋な形容詞として辞書に載っています。which of them is to use the car は「彼らのどちらが車をつかうべきか（ということ）」という意味の間接疑問文（＝疑問詞が作る名詞節）です。この名詞節の働きは前置詞 over の目的語です。直訳すると「彼は、二人のどちらが車を使うべきかについて、妻としょっちゅう喧嘩している」となります。

9. **The best reason for having dreams is [that in dreams no reasons are necessary.]**

夢を見る一番よい理由は、夢の中では理由がいらないことである。
(解説) in dreams no reasons are necessary を直訳すると「夢の中では、どんな理由も必要ではない」となります。

10. **With the payment (we get for our work) we buy the things (we want) from others.**

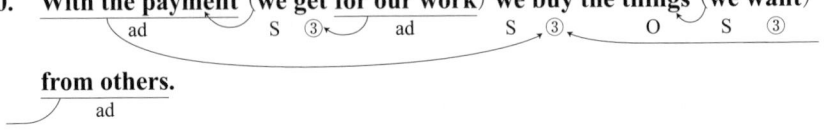

私たちは、仕事をして得る報酬で、欲しいものを他の人から買う。
(解説) get の目的語は payment と we の間に省略されている関係代名詞の which です。want の目的語は things と we の間に省略されている関係代名詞の which です。

第2回

問1　下線部の①〜㉕の働きを次の1〜6から選びなさい。
1. 主語　2. 動詞の目的語　3. 前置詞の目的語　4. 補語　5. 名詞修飾　6. 副詞の働き

問2　次の英文中には従属節が18含まれている。各従属節の最初の1語と最後の1語を書き、かつ、その従属節の働きを次の1〜7から選びなさい。
1. 主語　2. 動詞の目的語　3. 前置詞の目的語　4. 補語　5. 名詞修飾　6. 副詞の働き　7. 同格

問3　次の英文中には過去分詞形の動詞が7つ含まれている。それをすべて抜き出し、かつ、その過去分詞の用法を次の1〜4から選びなさい。(動詞の判定および活用形の判定は学校文法と辞書の両方を基準とする)
1. 受身　2. 完了　3. 名詞修飾　4. 補語　5. 副詞の働き

問4　次の英文中には原形の動詞が13含まれている。それをすべて抜き出し、かつ、その原形動詞の用法を次の1〜5から選びなさい。(動詞の判定および活用形の判定は学校文法と辞書の両方を基準とする)
1. to の後　2. 一般助動詞の後　3. 命令文　4. 使役動詞・知覚動詞の補語　5. 仮定法現在

1. Education is <u>what's left</u> when you've forgotten <u>all</u> you ever learned.
   　　　　　　　①　　　　　　　　　　　　　　　②

2. It was <u>all</u> he could do not <u>to</u> <u>fall</u> asleep.
   　　　　③　　　　　　　　④　⑤

3. I feel that I have the sensitivity necessary <u>to understand</u> <u>what it</u>
   　　　　　　　　　　　　　　　　　　　　　　　⑥　　　　　　⑦
   means <u>to</u> <u>be</u> poor.
   　　　　⑧　⑨

4. <u>What</u> is that you've got in your hand?
   　⑩

Chapter 4　構文の認識力と構成力

5. Seeing some fishermen laying their nets in a river, he watched what
   ⑪   ⑫   ⑬
   they were doing.

6. The first thing that one must learn as he begins to study a foreign
                    ⑭   ⑮
   language is that each language is the best for the people who use
                                                    ⑯
   it.

7. I felt shut in and cut off from everything.
          ⑰   ⑱   ⑲

8. I do not think it a bad thing for children to be compelled to learn
                          ⑳   ㉑   ㉒
   poetry by heart in school.

9. Never believe a fisherman when he tells you that he does not care
   about the fish he catches.

10. Whether the soul survives death was a matter as to which opinions
                                                      ㉓
    might differ, but that there is a soul was thought to be indubitable.
                                                       ㉔   ㉕

Parsing の問題

解答と解説

問 1

① what 1　② all 2　③ all 4　④ to fall 1　⑤ asleep 4　⑥ to understand 6　⑦ what 2　⑧ to be 1　⑨ poor 4　⑩ What 4　⑪ Seeing 6　⑫ laying 4　⑬ what 2　⑭ that 2　⑮ to study 2　⑯ people 3　⑰ shut 4　⑱ in 6　⑲ cut 4　⑳ thing 4　㉑ to be compelled 2　㉒ to learn 4　㉓ which 3　㉔ to be 4　㉕ indubitable 4

問 2

(what's — learned — 4)(when — learned — 6)(you — learned — 5)(he — do — 5)(that — poor — 2)(what — poor — 2)(you've — hand — 5)(what — doing — 2)(that — language — 5)(as — language — 6)(that — it — 4)(who — it — 5)(when — catches — 6)(that — catches — 2)(he — catches — 5)(whether — death — 1)(as — differ — 5)(that — soul — 1)

問 3

(left 1)(forgotten 2)(got 2)(shut 4)(cut 4)(compelled 1)(thought 1)

問 4

(do 2)(fall 1)(understand 1)(be 1)(learn 2)(study 1)(think 2)(be compelled 1)(learn 1)(believe 3)(care 2)(differ 2)(be 1)

1. **Education is [what's left ⟨when you've forgotten all ⟨you ever learned.⟩⟩]**
　　　　　　S　　②C　S　─③┘　接　　S　　③　O┘　S　ad┘　③

教育とは、それまでに学んだことをすべて忘れてしまったときに残るものである。
（解説）what's left は what is left です。all と you の間に、learned の目的語になる関係代名詞の that が省略されています。

2. **It was all ⟨he could do⟩ not to fall asleep.**
　　仮S　②　ⁿC　　S　　aux　③　　ad　真S│②　　ᵃC

彼は眠らないでいるのが精一杯だった。
（解説）all と he の間に、do の目的語になる関係代名詞の that が省略されていま

231

Chapter 4　構文の認識力と構成力

す。not は不定詞を否定しています。do not とつながるわけではありません。do と not の間で切れています。直訳は「眠り込まないことが、彼ができるすべてだった」です。

3. I feel [that I have the sensitivity necessary to understand [what it
   S ③ O 接 S ③　　　　O　　a　　　ad　　③　　O O 仮S
   means to be poor.]]
   ③　真S ②　ᵃC

私は、貧しいということが何を意味するかを理解するのに必要な感受性を持っていると思う。

(解説) it は仮主語で、to be poor が真主語です。what は means の目的語です。

4. What is that (you've got in your hand)?
   ⁿC ②　S　　S　　③　　ad

手の中に持っているものは何ですか？

(解説) get の過去分詞形は got と gotten の2つがあります。アメリカ英語では「〜を手に入れている」と言いたいときは have gotten 〜と言います。have got 〜 は、形は完了形ですが、完了の意味は表さず、「〜を持っている」という意味です。したがって have got 〜 = have 〜です。

　the thing which you've got in your hand は「あなたが手の中に持っているもの」という意味です。この the thing を代名詞の that に代えて that which you've got in your hand と言うことができます。that には関係代名詞の先行詞になって、the thing と同じ意味を表す用法があるのです。さらに which は got の目的語ですから省略できます。そこで which を省略すると that you've got in your hand（あなたが手の中に持っているもの）となります。これが本文の表現で、that（＝ the thing）は is の主語です。What は is の補語です。

5. Seeing some fishermen laying their nets in a river, he watched [what
   ad ⑤　a　　　O　　ᵃC ③　　　O　　ad　S　　③　　O O
   they were doing.]
   S　　③

彼は、数人の漁師が川に網を打っているのを見かけて、彼らがしていることをじっと見つめた。

(解説) ing 形の動詞が3つ使われていますが、すべて現在分詞です。Seeing は分

詞構文、laying は現在分詞形容詞用法で補語、doing は現在分詞で、be 助動詞がついて進行形になっています。

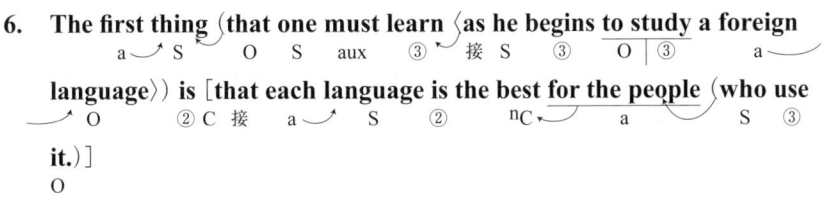

6. **The first thing ⟨that one must learn ⟨as he begins to study a foreign language⟩⟩ is [that each language is the best for the people ⟨who use it.⟩]**

外国語の勉強を始めるときに最初に知らなければいけないことは、各言語はそれを使っている人々にとって一番良い言語なのだということである。
(解説) The first thing that one must learn の直訳は「人が知らなければいけない最初のこと」です。これは「人が最初に知らなければいけないこと」と言っても事柄は同じです。

7. **I felt shut in and cut off from everything.**

私は、自分が閉じ込められてあらゆるものから切り離されたように感じた。
(解説) shut と cut はどちらも過去分詞形容詞用法で、felt の補語です。in と off はどちらも副詞です。

8. **I do not think it a bad thing for children to be compelled to learn poetry by heart in school.**

私は、子供たちが学校で詩を暗記させられるのを悪いことだとは思わない。
(解説) it は仮目的語で、to be compelled が真目的語です。

9. **Never believe a fisherman ⟨when he tells you [that he does not care about the fish ⟨he catches.⟩]⟩**

釣り人が、どれくらい釣れるかなど気にしていないと言うとき、彼の言葉を信じてはいけません。
(解説) the fish と he の間に、catches の目的語になる関係代名詞の which が省略

233

Chapter 4　構文の認識力と構成力

されています。

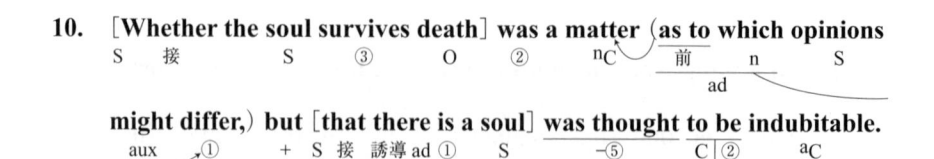

10.　[Whether the soul survives death] was a matter (as to which opinions might differ,) but [that there is a soul] was thought to be indubitable.

死後も魂が残るかどうかは意見が異なる可能性のある問題だったが、魂が存在することは疑いないと考えられていた。

(解説) as to は、この 2 語で 1 つの前置詞です。目的語は which で、which の先行詞は a matter ですから、as to which = as to the matter（その問題に関して）です。

第3回

問1　下線部の①〜⑭の働きを次の1〜7から選びなさい。
1. 主語　2. 動詞の目的語　3. 前置詞の目的語　4. 補語　5. 名詞修飾　6. 副詞の働き　7. 同格

問2　次の英文中には従属節が17含まれている。各従属節の最初の1語と最後の1語を書き、かつ、その従属節の働きを次の1〜7から選びなさい。
1. 主語　2. 動詞の目的語　3. 前置詞の目的語　4. 補語　5. 名詞修飾　6. 副詞の働き　7. 同格

問3　次の英文中には過去分詞形の動詞が9つ含まれている。それをすべて抜き出し、かつ、その過去分詞の用法を次の1〜5から選びなさい。（動詞の判定および活用形の判定は学校文法と辞書の両方を基準とする）
1. 受身　2. 完了　3. 名詞修飾　4. 補語　5. 副詞の働き

問4　次の英文中にはing形の動詞が8つ含まれている。それをすべて抜き出し、かつ、そのing形の動詞の用法を次の1〜7から選びなさい。（動詞の判定および活用形の判定は学校文法と辞書の両方を基準とする）
1. 主語　2. 動詞の目的語　3. 前置詞の目的語　4. 補語　5. 名詞修飾　6. 副詞の働き　7. 進行形

1. Society rewards us for the good we do it and punishes us for the harm.

2. I'm still not totally familiar with the traffic rule that allows you to turn right on the red light, and there are so many exceptions to the rule that when I'm on a street I'm not familiar with, I'm never sure whether I can turn or not.

3. The last time I stayed there was during the year in which World War II broke out.
   ①   ②

Chapter 4　構文の認識力と構成力

4. The matter becomes much clearer if we start from the suggestive definition said to have been given by Aristotle.
   　　　　　　　　　　③
   　definition said to have been given by Aristotle.
   　④　　　　　⑤

5. To him is due the credit of discovering the real cause of the
   　　　　　⑥　　　⑦
   problem, even if his attempts at a solution all ended in failure.
   　　　　　　　　　　　　　　　　　　⑧

6. The police are searching for the man seen carrying a gun near the
   　　　　　　　　　　　　　　　　　　　　　　　　　⑨
   scene of the crime.
   　⑩

7. She was spared being told that her children had died, only because she died without regaining consciousness.
   　　　　　　　　　　　　　　⑪

8. Jackie got what she wanted in that her husband was wealthy.
   　　　　⑫

9. 主人公は、ジャングルの川でワニに追いかけられている少女を助けるが、それは夢の中のことだった。
   The river and the jungle gave way to his bed and his room, but through the change persisted, like a pedaled note on a piano, the
   　　　　　　⑬
   sweetness and pride he had felt in saving and carrying the girl.
   　　　　　　⑭

10. I am blind, but I know by the sound of tires on the road that a car is coming and about how far away it is.

解答と解説

問 1

① which 3 ② out 6 ③ much 6 ④ definition 3 ⑤ to have been given 4
⑥ due 4 ⑦ credit 1 ⑧ all 7 ⑨ gun 2 ⑩ scene 3 ⑪ consciousness 2
⑫ what 2 ⑬ change 3 ⑭ pride 1

問 2

(we — it — 5) (that — light — 5) (that — not — 6) (when — with — 6) (I'm — with — 5) (whether — not — 3) (I — there — 5) (in — out — 5) (if — Aristotle — 6) (if — failure — 6) (that — died — 2) (because — consciousness — 6) (what — wanted — 2) (that — wealthy — 3) (he — girl — 5) (that — coming — 2) (about — is — 2)

問 3

(said 3) (been given 2) (given 1) (seen 3) (spared 1) (told 1) (died 2) (pedaled 3) (felt 2)

問 4

(discovering 3) (searching 7) (carrying 4) (being told 2) (regaining 3) (saving 3) (carrying 3) (coming 7)

1. Society rewards us for the good (we do it) and punishes us for the harm.
　　　S　　③　　O　　　ad　　　S ④ O　＋　　③　　O　　ad

社会は、我々が社会に利益を与えるときは、賞をもって報い、害を与えるときは、罰をもって報いる。

(解説) we do it を「我々はそれをする」と読んでいる限り、正解には行き着けません。この読み方だと we do it は S＋③＋O の完全な文ですから、英文構造上 the good につなぐことができないからです (意味だけを考えて無理矢理つなげるなら別です。いくらでも想像力を発揮して、「我々がそれをする利益」など、好きなように意味を作ることができます。英語構文のコントロールが効かないと、怖いもの知らずで、何でもできてしまうのです)。また、この英文だけで意味をとるなら、it は Society を指す以外には考えられません。すると「我々はそれ (＝社

Chapter 4　構文の認識力と構成力

会)をする」というのは意味不明です。
　英語構文のコントロールが効いている人は次のように考えます。

1. we do it を the good につなぐためには (= we do it を形容詞節にするためには)、the good と we の間に関係代名詞の which が省略されていると読まなければならない。
2. which を省略するためには、which を形容詞節内で動詞の目的語か前置詞の目的語にしなければならない。
3. そのためには do を③ではなく④に読まなければならない (do が④だと it が間接目的語、省略された which が直接目的語になります)。
4. ④で使われた do は「(間接目的語に直接目的語を) 与える」という意味に決まる (④の do が「(〜を) する」という意味になることはありません)。(☞ p. 114)
5. したがって、the good we do it は「我々がそれ (= 社会) に与える利益」という意味だ。

　the harm の後には we do it が省略されています (繰り返しを避けるための省略です)。直訳は「社会は、我々が社会に与える利益には賞で報い、害には罰で報いる」です。

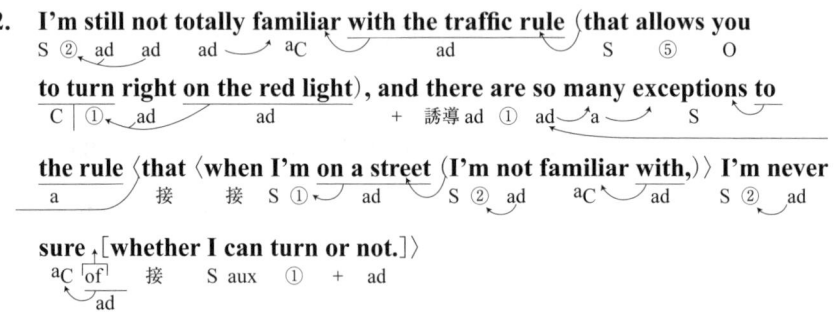

2.　I'm still not totally familiar with the traffic rule (that allows you
　　　 S ② ad   ad   ad   　ᵃC　　　　ad　　　　　　S ⑤ O
to turn right on the red light), and there are so many exceptions to
　 C ｜ ① ad　　　ad　　　　　+　誘導 ad ① ad　 ᵃ　　　　S
the rule ⟨that ⟨when I'm on a street (I'm not familiar with,)⟩ I'm never
　　 a　　　　接　　　 接　S ①　　ad　　　S ② ad　　 ᵃC　　　ad　　 S ② ad
sure ↑[whether I can turn or not.]⟩
　　 ᵃC ⌈of⌉　接　　S aux　①　+　ad
　　　 ⌊ad⌋

私は、赤信号でも右折できる交通ルールがまだよくわかっていません。このルールには例外がたくさんあるので、初めての道を運転しているときは、右折してよいのかどうか自信がありません。
(解説) 従属節が5つ含まれています。名詞節が1つ、形容詞節が2つ、副詞節が2つです。be sure of 〜は「〜について確信している」という意味ですが、〜にwhether 節がきたときは、of は原則として省略されます (書いても間違いではあ

238

りません)。また、be sure whether S + V は否定文か疑問文で用いるのが普通です。be not sure whether S + V は「S + V かどうか確信がない → よくわからない」という意味です。問 2 に答えるときは、whether 節の働きは、省略されている of の目的語と考えて、3 (＝前置詞の目的語) と答えてください。

3. The last time (I stayed there) was during the year (in which World
       a   S   S   ①   ad   ①   ad   ad

   War II broke out.)
     S   ①   ad

私が最後にそこにいたのは、第二次世界大戦が始まった年だった。
(解説) time と I の間には関係副詞の when が省略されています。直訳は「私がそこにいた最後のときは、第二次世界大戦が始まった年の間にあった」です。

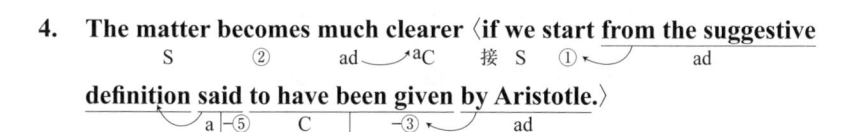

4. The matter becomes much clearer ⟨if we start from the suggestive
       S   ②   ad   ᵃC   接   S   ①   ad

   definition said to have been given by Aristotle.⟩
       a -⑤   C   -③   ad

この問題は、アリストテレスによって与えられたと言われている示唆に富んだ定義から出発すれば、ずっと明瞭になる。
(解説) have been given は受身の完了形で、通常は述語動詞になります。この場合は have と been given を分けて、have は助動詞の原形または現在形、been given は 1 つの動詞の過去分詞形という扱いになります。それに対し、この文では to have been given という不定詞になっています。これは受身完了不定詞と呼ばれて、これ全体を 1 つの不定詞として扱います。ここでは不定詞形容詞用法で、前の働きは「said の補語」であり、後の働き (＝動詞型) は-③です。

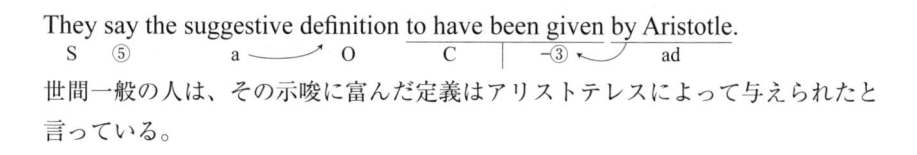

They say the suggestive definition to have been given by Aristotle.
   S   ⑤   a   O   C   -③   ad

世間一般の人は、その示唆に富んだ定義はアリストテレスによって与えられたと言っている。

　この文を受身にすると、次のようになります。

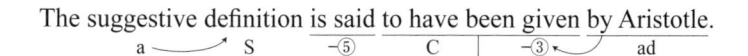

The suggestive definition is said to have been given by Aristotle.
   a   S   -⑤   C   -③   ad

Chapter 4　構文の認識力と構成力

その示唆に富んだ定義はアリストテレスによって与えられたと言われている。

　この文から is（＝受身を作る be 助動詞の現在形）を削除すると、said は裸の過去分詞になるので、過去分詞形容詞用法か分詞構文として働きます。過去分詞形容詞用法にして、直前の definition にかけると、次のようになります。

the suggestive definition said to have been given by Aristotle
　　a　　　　　　a ⑤　C　　　③　　　ad

アリストテレスによって与えられたと言われている示唆に富んだ定義

　これが本文の形です。

5. **To him is due the credit of discovering the real cause of the problem,**
　　ad　② aC　S　a　③　a　O　a
　even ⟨if his attempts at a solution all ended in failure.⟩
　　ad　接　S　　　a　　　　①　ad
　　　　　　　　　　同格

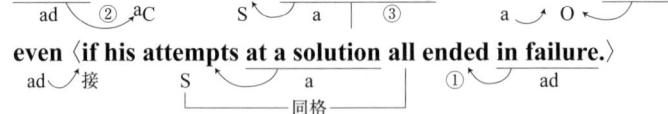

たとえ彼の問題解決への試みがすべて失敗に終わったとしても、問題の真の原因を発見した功績は彼に帰せられるべきである。
（解説）この文は The credit is due to him.（その功績は彼に帰せられるべきである）が倒置したものです。

6. **The police are searching for the man seen carrying a gun near the scene of the crime.**
　　S　　　①　　ad　　a ⑤ aC　③　O　ad
　　　　　　　　　　　　　　　　a

警察は、犯罪現場の近くで銃を持っているのを目撃された男を探している。
（解説）Someone saw a man carrying a gun near the scene of the crime.
（誰かが、一人の男が犯罪現場の近くで銃を持っているのを目撃した）
この文を受身にすると、次のようになります。

A man was seen carrying a gun near the scene of the crime.
　S　　　⑤　aC　③　O　　ad　　a

一人の男が犯罪現場の近くで銃を持っているのを目撃された。

Parsing の問題

　この文から was (＝受身を作る be 助動詞の過去形) を削除すると、seen は裸の過去分詞になるので、過去分詞形容詞用法か分詞構文として働きます。過去分詞形容詞用法にして、直前の man にかけると、次のようになります。

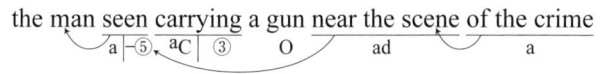

the man seen carrying a gun near the scene of the crime
　　a　⑤　ᵃC　③　　O　　　ad　　　　a

犯罪現場の近くで銃を持っているのを目撃された男

これが本文の形です。

7.　She was spared being told [that her children had died,] only ⟨because
　　S　　　-④　　　O　-④　O 接　　S　　aux　①　ad　　接

she died without regaining consciousness.⟩
　S　①　　ad　　　③　　　　O

彼女は我が子が死んだことを聞かされずにすんだが、それは彼女が意識を取り戻すことなく死んだからにすぎなかった。
(解説) spare A B で「A (＝人) に B (＝不快な経験) を味わせない」という意味を表す用法があります。この表現は A (＝間接目的語) を主語にして、A is spared B. (A は B を味わなくてすむ) という形で用いられることが多いです。たとえば次のような文です。

You might be spared a great deal of trouble.
　S　　aux　-④　　　　a　　　　O

君はたくさんの面倒を味わなくてすむかもしれない。
→ 君はあまり苦労をしないですむだろう。

B (＝直接目的語) に動名詞を置くこともできます。

I was spared having to worry about it.
S　-④　　　O　　①　　ad

私はそれについて頭を悩ませなくてすんだ。

　having to worry は have to worry (悩まなければならない) を動名詞にしたものです (p. 72)。

241

Chapter 4　構文の認識力と構成力

本文はこの形で、She was spared being told that . . . は「彼女は . . . を言われることをしないですんだ → 彼女は . . . を言われなくてすんだ」という意味です。

8. **Jackie got [what she wanted] in [that her husband was wealthy.]**
　　　S　③ O　O　S　③　前　接　　　S　　②　ᵃC
　　　　　　　　　　　　　　　ad

ジャッキーは、夫が裕福であるという点で、望んでいたものを手に入れたのだ。
(解説) 従属接続詞の that が作る名詞節が前置詞の目的語になるときは、前置詞を省略するのが原則です。しかし、in, except, but, save の 4 つの前置詞は省略しません。in that S＋V は「S＋V という点で、S＋V なので」という意味です。except that S＋V と but that S＋V と save that S＋V はいずれも「S＋V ということ以外は」という意味を表します。

　なおこの英文の表現は「ジャッキーは金持ちの男と結婚するという望みをかなえたが、その結婚生活は想像とは違っていて、いろいろな点でジャッキーは本当には幸せではなかった」ことを強く示唆しています。

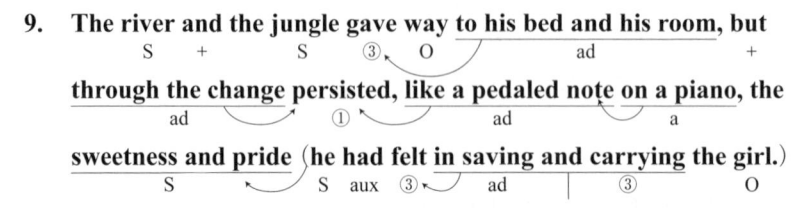

9. **The river and the jungle gave way to his bed and his room, but**
　　　S　　＋　　　S　　　③　O　　　　　ad　　　　　　　　＋
through the change persisted, like a pedaled note on a piano, the
　　ad　　　　　　　①　　　　ad　　　　　　　a
sweetness and pride (he had felt in saving and carrying the girl.)
　　　S　　　　　　S　aux　③　　ad　　　　　③　　　　O

川とジャングルは彼のベッドと部屋に変わってしまった。しかし、現実に戻った後も、少女を助けて抱きかかえたときに感じた陶酔感と誇らしい気持ちは、ペダルを踏みながら弾いたピアノの音のように、いつまでも残っていた。
(解説) Chapter 4「語を削除する問題」の問 3 (1) で「文頭に前置詞＋名詞が出て、その後が①＋S という倒置になる」文を勉強しました (p. 215)。この文の but 以下はこの倒置形です。①の述語動詞が persisted で、主語が the sweetness and pride です。persisted には like a pedaled note on a piano という副詞句がかかり、the sweetness and pride には he had felt in saving and carrying the girl という形容詞節がかかっています。

10. I am blind, but I know by the sound of tires on the road [that a car is coming] and [about how far away it is.]

私は目が見えません。でも、私は、道路のタイヤの音から、車が来ていることと、それがおよそどれくらい離れているかを知るのです。

(解説) この英文は、非常に多くの人が次の (1) (2) のように誤読します。

(1) 私は目が見えません。でも、私は、道路のタイヤの音によって、車がやってくることとそれがどれくらい離れているかについて知るのです。

(2) 私は目が見えません。でも、私は、車がやってくる道路のタイヤの音によって、車がどれくらい離れているかについて知るのです。

　　(1) の読み方は、that 節に対して know は③で (that 節は名詞節で know の目的語です)、about how ... に対して know は①で (about は前置詞で how far away it is が名詞節で、about how ... は「前置詞＋名詞節」の副詞句で know を修飾しています)、know の動詞型が食い違っており、さらに and は「動詞の目的語」と「副詞句」をつないでいて、and のつなぐものが等位ではありません。したがって構造的に完全に破綻しています。

　　(2) のように読む人の心理を推測すると、おそらく多くの人が、(1) と同じように、and の前までは正しく読んでいるのです。ところが about を見てギョッとします。about は前置詞で、about の目的語は how far away it is という間接疑問文です。つまり、and の後は「前置詞＋名詞節」の副詞句です。すると、and の前に副詞要素があって、and は、前の副詞要素と後の副詞句をつないでいることになります。and の前の副詞要素は by the sound しかありません。and は by the sound と about how far away it is という副詞句同士をつないでいるのです。しかし、そうなると that a car is coming という know の目的語になる名詞節が邪魔です。S＋V＋副詞句＋O and 副詞句. という形になり、and が副詞句と副詞句をつなぐことができないからです。そこで、ウルトラ C を発揮して、that を従属接続詞から関係副詞 where の代用に切り替え、that a car is coming を名詞節から形容詞節に変えて、the road にかけます。すると「S＋V＋副詞句 and 副詞句」となって、うまくいきます。意味も通っているので、これで正解だ、というわけです。この読み方は、次のような構造です。

243

Chapter 4　構文の認識力と構成力

*I am blind, but I know by the sound of tires on the road (that a car is coming)
and about [how far away it is.]

　一度この読み方をしてしまうと、正解を見ても納得しない人が多いのです。「正解もいいけど、この読み方も正しいんじゃないか？」と思うのです。そこで、この読み方がなぜいけないのか詳しく説明しましょう。
　about を前置詞にすると know about ～（～について知っている）という表現になります。know ～（～を知っている）と know about ～（～について知っている）では、知っている範囲に微妙な違いがあるのです。具体的に考えてみましょう。次の 2 つの英文を比べてください。

(1) I know how to do it.（私はそれのやり方を知っています）
(2) I know about how to do it.（私はそれのやり方について知っています）

　　(1) は「やり方そのもの（＝手順）を知っている」と言っているだけですが、(2) は「やり方そのものだけでなく、それに関する付随的な事実をいろいろ知っている」のです。たとえば「そのやり方はどれくらい難しいのか」とか「そのやり方の欠点は何か」とか「そのやり方を見つけたのは誰か」といったことです。要するに、I know about how to do it. は「私はそれのやり方についていろいろ知っています」というニュアンスなのです。
　そこで、about を前置詞にすると、この英文は「私は、それがどれくらい離れているかについていろいろなことを知る」というニュアンスになります。いったい、その「いろいろなこと」とは何なのでしょうか？　文脈から考えると、私が知るのは、まさに「車と私との距離そのもの」ですから、「車と私との距離についてのいろいろなこと」が何を指しているのかピンとこないのです。このことが about の品詞を前置詞ではなく副詞に感じさせるのです。
　about は「およそ、大体」という意味の副詞で、how を修飾しています。about how far away it is は、これ全体が名詞節で know の目的語です。つまり、know about ～の～に how far away it is という名詞節が入っているのではなく、know ～の～に about how far away it is という名詞節が入っているのです。意味は「私は、それが大体どれくらい離れているかを知る」です。こうなると、and の後は know の目的語がきているのですから、and の前にも know の目的語があって、

244

and は目的語と目的語をつないでいることになります。そこで、最初に考えた「that は従属接続詞で、that a car is coming は know の目的語になる名詞節である」という読み方で問題ないということになるのです。

　さらに、この (2) の読み方にはもう一つ無理な点があります。この読み方は「S ① 副詞句₁ and 副詞句₂」と読んでいるわけですが、この形は「① 副詞句₁」と「① 副詞句₂」は別の動作でなければなりません。たとえば、I came here on foot and by bus.（私はここへ徒歩とバスで来た）と言った場合、徒歩の区間とバスの区間があり、徒歩の区間ではバスには乗っておらず、バスの区間では歩いておらず、came here on foot と came here by bus は別々の動作を表しています。それに対して、I came here on foot in a hurry.（私はここに急いで歩いてきた）と言った場合、came here on foot と came here in a hurry は同じ行動の別の側面を表しています。このように、動作は1つしかなくて、その1つの動作がもっている2つの側面を副詞句で表す場合は、副詞句を and でつなぐことはしないのです。

　本文に戻りましょう。もし仮に、about が前置詞だとすると、「タイヤの音によって知る」と「それがどれくらい離れているかについて知る」は別々の動作ではありません。同じ1つの動作がもっている2つの側面です。したがって、by the sound と about how far away it is を and でつなぐことはしないのです。

　なお、「私は、車がやってくる道路のタイヤの音によって、車がどれくらい離れているかを知る」と言いたいときは次のような英文になります。

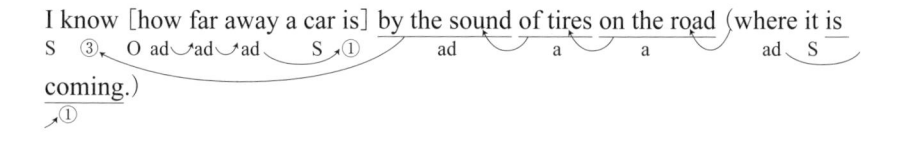

I know [how far away a car is] by the sound of tires on the road (where it is coming.)

「あとがき」に代えて

索引の利用について

　『英語リーディング教本』p.216 に「索引を使った復習のやり方」というコラムがあります。そこで次のように書きました。

> 　一般に索引は必要な個所を検索するためのものです。しかし、本書の索引は、それだけでなく、特定の形（特に、苦手な形）を集中的に勉強するのに便利なように作られています。

　本書の索引も『リー教』と同様の作りになっています。本書に出てくるすべての been や being を動詞・助動詞別に抽出したり、あるいは準動詞を動詞型別の分類と、不定詞・動名詞・現在分詞・過去分詞ごとの分類の2つで提示したりしています。この索引を使うと、特定の形を短時間で集中的に総覧することができます。この勉強は F.o.R. の習熟に絶大な効果があります。ぜひ試してみてください。

「F.o.R. の基本に従わない2割の英文」について

　『英語リーディング教本』p.298 に「本書終了後の英語の勉強について」というページがあります。そこで次のように書きました。

> 　現在正用法と認められる英文の8割は「F.o.R. の基本」通りに構成されています。したがって、本書が養成しようとしている力を身につければ、8割の英文は正確に構文を把握することができます。
> 　ところが、正用法と認められる英文の中には「F.o.R. の基本」に従わない英文が2割くらい存在するのです。このような英文は、たとえば③の動詞を用いていながら目的語がついていなかったり（省略されているのではありません。もともとついていないのです）、従属節でありながら「内外断絶の原則」が貫徹していなかったりするのです。

　ここで指摘した「F.o.R. の基本に従わない2割の英文」は、『リー教』後に出

「あとがき」に代えて

版した『真実』『探究』『学校』『英文精読講義』で、そのメカニズムの大部分を明らかにしました。一部は本書でも解説しています。たとえば、③の動詞を用いていながら目的語がついていない表現は p. 101, 214, 216 に出ている不定詞がその一例です。また、従属節でありながら「内外断絶の原則」が貫徹していない表現は p. 216 に出ている関係詞連鎖がその一例です。p. 199 に出ている、副詞が名詞を修飾する表現や、あるいは、本書では紹介しませんでしたが、主格の関係代名詞が省略される表現などもここに含まれます。これらをご覧になればわかりますが、「F.o.R. の基本に従わない 2 割の英文」というのは、たんに「F.o.R. の基本通りになっていない」というだけのことであって、「難しくて、F.o.R. では読めない」などというものではないのです。むしろ、F.o.R. を身につけているからこそ、これらの表現の特殊性をはっきり認識でき、正確に読むことができるのです。「2 割」というのも言葉の綾で、実際には 1 割にも満たないだろうと思います。ですから、みなさんは、あまりこの「F.o.R. の基本に従わない 2 割の英文」にとらわれず、なにはともあれ「F.o.R. の基本」を習得することに力を注いでください。

「前から語順のままに読む」ことについて

　人間は生まれたときから潜在的な歩行能力をもっています。ですから赤ん坊は、特に教えなくても、自然と寝返りをうち、ハイハイをし、やがて立ち上がって、よちよち歩き始めます。しかし、中には、いろいろな原因で、潜在的歩行能力を欠いている赤ん坊もいます。こういうケースでは、歩くための特別な練習が必要になります。専門家による特別な訓練を受けなければ、歩けるようになりません。

　「英文を前から語順のままに読む」のは「歩行」に似ています。**本当の英語構文を考える力**（＝品詞と働きのレベルで英文の構造を捉える力）がある人は、特に練習しなくても、自然と前から語順のままに読むようになっていきます。必要ないことはしないのが人間の自然な性向だからです。逆に言えば、「品詞と働きのレベルで英文の構造を捉える力」がないので、前から語順のままに読むための特別なシステム、あるいは特別な訓練が必要になるのです（＊）。私の周りでも、「本当の英語構文を考える力」を身につけている人は「前から読む」ことにこだわりません。構造や内容が難解な英文はわかるまで何度も返り読みをしますし、平易な英文や、内容の概略をつかめばよい英文は前からサアーっと読み下します。ただそれだけのことです。

　ただし、「歩行」と「英文読解」は違う点もあります。「潜在的な歩行能力」は先天的に備わっていますが、「品詞と働きのレベルで英文の構造を捉える力」は

「あとがき」に代えて

後天的に身につけなければなりません。なぜなら、私たち日本人は、英語とはまったく違う構造の言語を操るように頭の回路が固まっているからです。しかし、それを解きほぐし、ひとたび「品詞と働きのレベルで英文の構造を捉える力」を身につければ、自分で自分の読み方の正誤がわかりますから、正しく読んでいるという意識が破られない限り（＝あれっ、わからなくなっちゃった、と思わない限り）、特に意識しなくても自然と、前から語順のままに読み下すようになります。前から語順のままに正しく読めるのに、わざわざ後ろから返って読むような不自然なことは人間の性向に反するからです。

　この意味で、本書の Chapter 3「形容詞節の読み方の練習」も本当は不要なのです。「形容詞節の読み方の練習」は赤ん坊の歩行器のようなものです。潜在的な歩行能力を持っている赤ん坊は、歩行器を使わなくても、やがて歩くようになります。それと同じで、関係代名詞の仕組みが本当にわかっていれば、特に練習をしなくても、遅かれ早かれここで示したような読み方をするようになります（ただし、練習をしたほうが早くそうなる、ということは言えます）。

　私は『英語ベーシック教本』のあとがきで「『英文を語順のままに前から読む』というのは『目標』ではなく『結果』なのだと思います。私たちが目標とすべきことは、あくまでも『正しく読む』ということです。」と書きました。**みなさんは、ともかく F.o.R. を身につけて、たくさんの英文で、「正確に」読む練習をしてください。**「前から読む」ように心がけることも大事ですが、これはことさらに意識しなくても易しい英文から順次やるようになります。ですから「前から読む」ことにそれほど神経質になる必要はないのです。

（*）英作文の勉強にも同様のことが言えます。英作文の勉強として英文全体の暗唱が盛んに推奨されますが、これは「品詞と働きのレベルで英文の構造を捉える力」がないからです。この力があれば英文全体ではなくフレーズを暗記すれば十分ですし（自分で英文を組み立てられるからです）、その方がはるかに暗記しやすく（一度に覚える量が少ないからです）、応用しやすいのです（使える表現を思い出しやすいからです）。この辺の消息は『薬袋流英単語暗記法』（研究社）の p. 21～p. 26 で詳しく説明しました。なお、『トピック別 英作文頻出表現 活用ハンドブック』（田上芳彦著　有限会社プレイス発行）はフレーズを暗記するのに最適の本です。

長文の parsing について

　『ベー教』『リー教』『リー教ドリル』で（完璧ではないにしても、ある程度）F.o.R. を身につけた方は、ご自分の目的、嗜好に応じた文章を、辞書を片手に、どんどん読んでいくべきです。受験生の方であれば、センター試験の英文をはじめとした大学入試問題を片端から多読するのがよいでしょう。よく「多少わから

「あとがき」に代えて

ないところがあっても気にせず、先に読み進むのがいい」と言います。F.o.R. を身につけた人は、わかるところとわからないところが自分ではっきり区別できます。わからない原因も、文の構造がわからないのか、それとも内容がわからないのか、明瞭です。そういう箇所に印をつけておいて（たとえば、構文がわからないところは赤のマーカー、内容がわからないところは緑のマーカーで塗っておくとかして）、先に読み進むようにします。実戦的な観点からは、わからないところがあってもそこで止まってしまわず、先に読み進める耐性というのも受験では大事です。

『真実』『探究』『英文精読講義』にはまとまった文章が収録されていますが、これらは内容読解の技法を紹介・練習する本であって、F.o.R. の運用を長文で訓練する本ではありません。そこで、**いきなり原書に取り組むのは不安があるという方のために、『リー教ドリル』と原書をつなぐ読解練習の本を企画しています。内容は長文の** parsing **です**。第一弾は、センター試験の前身である共通一次試験に出題された英文（学習に適した良い文章が多いのです）を使って、長文でF.o.R.の運用を練習する問題集を考えています。

こういう橋渡しの本があるとスムーズに原書に移行できることはたしかです。しかし、基本的には『リー教』と『リー教ドリル』を終えた方は、もう一人立ちできるのです。読解、作文、会話、どの方向に進んでも努力が空回りすることはありません。今後みなさんが、ご自分の志望する方向に、さらに英語の研鑽を積んでいかれることを期待しています。

索　　引

文法索引

【A】
A if not B ……………………………… 216, 217

【B】
been（動詞）………………………………… 40, 90
been（助動詞）……………………………… 45, 90
been -ing ……………………………………… 91
been p.p. ……………………… 59, 68, 90, 137, 138
being（動詞）…………………… 46, 64, 91, 92
being（助動詞）………………… 54, 66, 92
being が省略された分詞構文 …………… 73
being p.p. ……………… 49, 55, 66, 80, 92
be 助動詞の活用 …………………………… 34
be の可能性 ………………………………… 36
文（定義）………………………… 34, 40, 78
分詞の種類 …………………………………… 36
文頭の Only + 副詞 ……………………… 190
文頭の否定の副詞 ………………………… 190

【C】
cannot V too ～ ………………………… 148
直接ついている …………………………… 39

【D】
代不定詞 …………………………………… 142
大黒柱 ………………………………………… 78
同格 …………………………………… 65, 73
動詞の目的語 ……………………………… 39

【E】
英文（定義）………………………… 40, 78

【F】
不完全動詞 ………………………………… 58
複文 …………………………………………… 78
副詞的目的格 ……………………… 60, 73
不定詞名詞用法（前の働き）………… 35, 46
不定詞の可能性 …………………… 77, 79

【G】
原形不定詞名詞用法 ……………… 77, 189
原形動詞（枠組み）………………………… 76

【H】
原形動詞（用いる場所）…………………… 76
限定用法 ……………………………………… 58
限定詞 ………………………………………… 56
現在分詞の可能性 ………………………… 36
疑問詞 + to- ……………………… 208, 209
疑問詞 …………………………… 39, 57, 69
群動詞の受身 ……………………………… 196

【H】
裸の p.p. ………………………………… 46, 79
裸の ing ……………………………………… 38
have + O + p.p. ………………………… 151
have to 原形 ……………………………… 71
have 助動詞（活用）……………………… 51
have 助動詞（原形）……………………… 67
have been being p.p. …………………… 49
having been ……………………… 90, 93
having been -ing ……………… 91, 93
having been p.p. …………… 91, 93, 137
having p.p. ………………… 52, 67, 93, 129
having p.p. を否定する not …… 63, 94
having to 原形 …………………………… 72
品詞の 2 つの機能 ……………………… 109
一人二役 ……………………………………… 53
一人一役 ……………………………………… 38
補語の印の as …………………………… 194
補語（定義）………………………………… 43
補語（名詞）………………………………… 45

【I】
if ……………………………………… 63, 70, 80
意味上の目的語 ………………………… 191
意味上の主語（定義）…………………… 56
意味上の主語（不定詞の）……………… 58
意味上の主語（動名詞の）……………… 51
意味上の主語（分詞の）………………… 52
in that S + V ………………………… 242
ing の可能性 ……………………………… 40
一般動詞（定義）………………………… 70
一般動詞（活用）………………………… 58

【J】
時制の一致 ………………………………… 174
助動詞 ……………………………… 53, 58
叙述用法 …………………………………… 58

索　引

準動詞を否定する not ································ 63
準動詞（定義）··· 55
述語動詞（定義）·· 70
重文··· 78
従属節（定義）··· 39

【K】

過去分詞の可能性······································· 47
関係代名詞の省略······································· 66
関係副詞··· 54, 74
関係形容詞··· 71
関係詞 + ever ································ 59, 69, 75
関係詞連鎖··· 216
関係詞（種類）··· 63
完了不定詞··· 128
完了準動詞··································· 39, 47, 80
間接疑問文··· 78
完全な文·· 73
完全動詞·· 58
可算名詞·· 56, 153
活用（定義）···································· 37, 109
活用（述語動詞・準動詞との関係）··········· 44
活用（2つの機能）··································· 110
強調構文·· 193
共通関係·· 178

【M】

名詞の働き·· 79
名詞が余っているとき·······················73, 210
名詞修飾（定義）······································· 43
名詞を修飾する副詞································· 199
未来形··· 50, 124
無意思··· 151

【N】

not only ～ but ······································· 219

【P】

Poor + 主語··· 150

【S】

S take 人 ～ to V···································· 214
S is 形容詞 to V······································· 191
先行詞が省略された関係副詞····················· 38
so 形容詞 a 名詞······································ 208
外側··· 58, 70
相互規制·· 140

【T】

単文··· 78
that（形容詞節を作る that）······················· 55
that（関係代名詞）····································· 61
that（関係副詞）·· 61
that（従属接続詞）···················· 36, 61, 80
to be -ing··· 72, 73
to have to 原形··· 72
to have p.p. ··· 47
倒置·· 215
倒置による if の省略································ 200

【U】

内側··· 57
受身文··· 54

【W】

what（代名詞）·· 60
what（形容詞）···························· 50, 53, 62
what（関係詞）··································· 35, 69
what（関係代名詞）··································· 38
what（関係形容詞）······················ 53, 60, 71
what（疑問代名詞）···························· 38, 55
what（疑問形容詞）··································· 60
what（感嘆形容詞）····························· 60, 67
whatever··· 77
when S + V······································ 68, 75
whenever·· 79
whether·· 37, 57, 80
which（名詞節を作る）······························ 43
which（形容詞節を作る）··························· 43
which（関係形容詞）································· 71
whoever·· 68
with + 抽象名詞······································· 150

【Y】

有意思··· 151

【Z】

前置詞の目的語になれる準動詞·················· 35

252

表現索引

※表現索引は、特定の表現を総覧しやすくするために、1ページに同じ表現が複数出ている場合は、それをすべて表示しています。たとえば「②の述語動詞」のところに is (67) が2つありますが、これは p. 67 に ② の is が2つ出ていることを示しています。

① の述語動詞

complained (51) sympathized (93) got (94) look (95) return (95) finished (95) happened (141) stood (141) happened (142) fell (145) was (148) took place (148) speak (149) surrendered (152) lingered (154) agree (160) lives (175) is (175) stands (175) is (175) react (178) changed (178) happen (178) spread (182) spread (183) came (189) take place (190) disappeared (195) burst (195) counts (197) rain (200) were (200) succeed (200) come (207) is (210) behaves (213) was (215) fail (217) consisted (219) come (227) wins (227) care (233) differ (234) is (234) turn (238) are (238) am (238) stayed (239) was (239) broke (239) start (239) ended (240) are searching (240) died (241) died (241) persisted (242) is coming (243) is (243) is (245) is coming (245)

① の準動詞

having to go (72) having been (93) having been (93) to live (94) reading (95) having been reading (95) having been studying (95) being (96) being (96) waiting (128) standing (141) standing (142) die (153) to cope (153) arrived (156) to talk (191) arriving (197) speaking (198) smoldering (199) to investigate (206) to account (212) to account (212) playing (226) to stay (227) to stay (227) to work (227) to turn (238) having to worry (241)

② の述語動詞

is (61) were (61) is being (64) is (66) is (67) is (67) is (74) was (74) is (77) is (93) are (93) were (94) was (94) was (95) is being (95) was (96) look (97) was (97) become (124) is being (125) is (126) was (128) was (128) is (145) get (145) is (147) was (147) is (147) be (149) is (150) keep (155) is (156) is (160) was (175) is (178) is (178) is (178) are (178) was (189) was (189) is (189) seem (190) seems (190) is (191) is (192) is (192) was (193) am (196) is (197) is (198) fell (199) was (199) remained (200) is (206) was (208) were (208) is (209) is (210) is (210) turned out (215) is (216) are (216) am (217) become (219) been (221) was (226) was (226) is (227) was (227) is (228) are (228) is (231) was (231) is (232) is (233) is (233) felt (233) was (234) am (238) am (238) am (238) becomes (239) is (240) was (242) am (243)

② の準動詞

being (51) being (53) 省略されている being (73) 省略されている being (74) having been (93) being (96) being (96) being (96) being (96) look (147) becoming (155) being (191) to be (215) to be (221) to fall (231) to be (232) to be (234)

③ の述語動詞

turned (53) had (54) saw (61) have (65) imagine (66) wish (67) hate (72) want (72) afford (73) give (74) do (77) learned (94) helped (94) like (95) like (95) preferred (96) try (96) said (96) do (96) has (96) felt (97) resent (97) like (97) been doing (124) been protecting (125) escape (127) stand (128) mind (129) resent (129) described (142) tried (146) been saying (147) reached (147) threaten (147) disturb (149) understand (149) made (152) gave (152) form (154) bears (154) take (155) saw (174) saw (175) gropes (176) stirred (177) felt (177) makes (177) gropes (177) saw (178) saw (178) like (178) take (178) threaten (182) destroy (182) threaten (183) destroy (183) do (189) do (189) know (189) had (191) are spreading (192) wonder (193) gave (194) mastered (194) destroy (197) learn (197) do (197) avoid (198) entered (199) evacuate (199) possessed (200) saw (207) reached (208) have (208) classify (208) include (208) discovered (209) involves (210) try (211) took (213) make (216) achieved (219) simplifies (220) reduce (220) think (226) ate (226) have (227) scored (227) want (227) has (228) use (228) get (228) buy (228) want (228) forgotten (231) learned (231) do (231) feel (232) have (232) means (232) got (232) watched (232) were doing (232) learn (233) begins (233) use (233) believe (233) catches (233) survives (234)

253

索　引

rewards (237) punishes (237) got (242) wanted (242) gave (242) felt (242) know (243) know (245)

③の準動詞

spending (66) to have to leave (72) write (77) to hold (94) to savour (95) to refuse (96) to imagine (96) to describe (141) to attack (145) to save (146) to cure (147) to perform (147) to serve (147) to destroy (147) collecting (149) prevent (149) perfecting (149) making (152) puzzling (156) to maintain (178) to use (178) to develop (178) hold (189) get (189) to improve (189) to take (189) to speak (189) to sell (191) to read (192) to sell (192) to inject (192) to inject (193) spreading (193) to leave (193) carry (194) to discover (206) to prevent (206) to distinguish (208) discovering (210) recognizing (210) to bring (211) to achieve (213) to write (214) to handle (215) to lift (216) to restore (216) producing (220) clarifying (220) to justify (221) continuing (221) to hold (221) to avoid (227) catching (227) know (227) to see (227) having (228) to understand (232) laying (232) to study (233) to learn (233) discovering (240) carrying (240) carrying (240) carrying (241) regaining (241) saving (242) carrying (242)

④の述語動詞

gave (54) tell (67) took (214) send (227) tells (233) do (237)

④の準動詞

reminding (155)

⑤の述語動詞

watched (96) imagined (96) watched (97) helps (153) defined (193) think (194) led (206) makes (212) prove (213) prove (221) think (233) allows (238) say (239)

⑤の準動詞

having (129) making (147) to let (149) having (150) seeing (153) to have (194) to watch (226) letting (227) seeing (232)

-③の述語動詞

been joined (65) was ordered (65) was cancelled (94) was being watched (97) be done (111) been written (125) is spoken (126) been arranged (145) been found (153) was covered (174) be compared (177) be explained (178) is crippled (178) is mirrored (190) is based (190) are used (193) was born (195) was bred (195) been cancelled (195) be fitted (197) was left (199) were proved (199) be cancelled (200) was absorbed (206) was understood (207) are won (208) are lost (208) is asked (209) is left (231)

-③の準動詞

having been rejected (94) having been welcomed (94) having been settled (94) having been washed (94) being washed (97) being washed (97) being washed (97) being washed (97) spoken (126) being punished (127) being built (127) to have been accused (128) having been caught (128) shoved (129) left (145) sent (145) being exposed (145) frightened (146) used (147) laid (147) made (149) interested (150) taken (152) received (154) absorbed (155) spread (182) to have been proved (190) used (192) being spoken to (196) covered (206) caused (206) committed (213) awarded (227) committed (227) born (227) shut (233) cut (233) to have been given (239) to have been given (239) to have been given (239) to have been given (240) pedaled (242)

-④の述語動詞

been done (124) be reminded (148) been told (216) was spared (241) be spared (241) was spared (241)

-④の準動詞

being offered (129) given (152) being told (195) being told (241)

-⑤の述語動詞

is called (126) was elected (127) were asked (141) be seen (211) was obliged (227) was thought (234) is said (239) was seen (240)

-⑤の準動詞

being regarded (97) being kept (128) being asked (141) being asked (142) put (145) intended (147) named (148) considered (220) to be compelled (233) said (239) said (240) seen (240) seen (241)

索引

不定詞名詞用法
［主語］to have been accused（128）
［真主語］to distinguish（208）to justify（221）to fall（231）to be（232）
［動詞の目的語］to have to leave（72）to live（94）to refuse（96）to imagine（96）to save（146）to destroy（147）to bring（211）to hold（221）to stay（227）to study（233）
［真目的語］to have（194）to account（212）to account（212）to be compelled（233）
［補語］to perform（147）to maintain（178）to use（178）to develop（178）to take（189）to watch（226）to stay（227）
［原形不定詞で補語］write（77）hold（189）get（189）

不定詞形容詞用法
［名詞修飾］to improve（189）to speak（189）to leave（193）to prevent（206）to avoid（227）
［補語］to describe（141）to serve（147）to cope（153）to have been proved（190）to investigate（206）to discover（206）to be（215）to be（221）to work（227）to learn（233）to be（234）to turn（238）to have been given（239）to have been given（239）to have been given（240）
［原形不定詞で補語］look（147）prevent（149）die（153）carry（194）know（227）

不定詞副詞用法
to hold（94）to savour（95）to attack（145）to cure（147）to let（149）to sell（191）to talk（191）to read（192）to sell（192）to sell（192）to inject（192）to inject（193）to achieve（213）to write（214）to handle（215）to lift（216）to restore（216）to see（227）to understand（232）

目的語が足りない不定詞
to sell something to（191）to talk to（191）to read（192）to sell something to（192）to achieve（213）to write（214）to handle（215）to lift（216）

過去分詞形容詞用法
［名詞修飾］spoken（126）left（145）sent（145）frightened（146）used（147）laid（147）intended（147）named（148）made（149）given（152）received（154）arrived（156）spread（182）used（192）covered（206）caused（206）committed（213）considered（220）awarded（227）committed（227）said（239）seen（240）pedaled（242）
［補語］shoved（129）put（145）interested（150）absorbed（155）shut（233）cut（233）

過去分詞の分詞構文
taken（152）born（227）

動名詞
［主語］having been（93）seeing（153）becoming（155）discovering（210）
［動詞の目的語］spending（66）having to go（72）reading（95）having been reading（95）being（96）being regarded（97）being washed（97）being punished（127）being kept（128）being offered（129）having（129）speaking（198）recognizing（210）catching（227）being told（241）having to worry（241）
［前置詞の目的語］being（51）having been rejected（94）being（96）being（96）being exposed（145）making（147）perfecting（149）having（150）making（152）being（191）being told（195）being spoken to（196）arriving（197）producing（220）continuing（221）having（228）discovering（240）regaining（241）saving（242）carrying（242）

現在分詞形容詞用法
［名詞修飾］being washed（97）being built（127）standing（141）standing（142）collecting（149）smoldering（199）letting（227）
［補語］being（96）being（96）being washed（97）waiting（128）reminding（155）puzzling（156）playing（226）laying（232）carrying（240）carrying（240）carrying（241）

現在分詞の分詞構文
being（53）having been（93）having been（93）having been welcomed（94）having been settled（94）having been washed（94）having been studying（95）being（96）being washed（97）having been caught（128）being asked（141）being asked（142）spreading（193）clarifying（220）seeing（232）

目的語が足りない現在分詞
puzzling（156）

名詞節
［主語］what（147）what（190）what（197）whether（234）that（234）
［真主語］that（199）

255

索　引

[動詞の目的語] what（54）省略された that（67）what（67）省略された that（96）that（97）that（141）what（142）that（148）that（155）who（193）what（194）that（195）what（199）how（206）that（210）what（210）省略された that（216）省略された that（226）if（227）who（227）that（232）what（232）what（232）that（233）that（241）what（242）that（243）how（243）how（245）
[前置詞の目的語] what（74）what（197）how（208）which（228）that（242）
[省略されている前置詞の目的語] whether（238）
[補語] what（197）that（228）what（231）that（233）
[同格] that（65）who（209）that（219）

形容詞節

[関係詞から始まるタイプ] when（95）where（147）where（154）which（178）where（178）that（178）that（183）that（190）which（197）that（207）which（210）that（213）that（215）that（216）that（220）who（227）that（233）who（233）that（238）where（245）
[前置詞＋関係代名詞から始まるタイプ] between whom（148）with which（149）with whom（160）on which（175）of which（177）of which（178）from which（178）by which（208）about which（209）as to which（234）in which（239）
[名詞＋前置詞＋関係代名詞から始まるタイプ] the top of which（174）the rules of which（175）the like of which（177）the aim of which（178）
[前置詞＋名詞＋前置詞＋関係代名詞から始まるタイプ] in the center of which（175）by the aid of which（176）by the aid of which（177）without the full development of which（178）
[関係代名詞の省略] 66, 77, 154, 189, 189, 195, 226, 228, 231, 231, 232, 233, 237, 238, 242
[関係副詞の省略] 239
[関係形容詞 whose] the colour of whose wings（178）

副詞節

when（94）as（95）since（95）as（190）as（190）if（198）省略された if（199）省略された if（200）省略された if（200）省略された if（200）because（207）that（208）unless（208）though（213）however（221）while（227）when（231）as（233）when（233）that（238）when（238）if（239）if（240）because（241）

動詞の been

having been（93）having been（93）having been（93）have been（221）

助動詞の been

[been p.p.] had been joined（65）having been rejected（94）having been welcomed（94）having been settled（94）having been washed（94）has been done（124）have been written（125）have been accused（128）having been caught（128）has been arranged（145）have been found（153）have been proved（190）had been cancelled（195）have been told（216）have been given（239）have been given（239）have been given（240）
[been -ing] having been reading（95）having been studying（95）have been doing（124）have been protecting（125）has been saying（147）

動詞の being

[進行形] 64, 95, 125
[動名詞] 51, 96, 191
[現在分詞形容詞用法] 96
[分詞構文] 53, 73, 74. 96

助動詞の being

[進行形] was being watched（97）
[動名詞] being regarded（97）being washed（97）being kept（128）being offered（129）being told（195）being spoken to（196）being told（241）
[現在分詞形容詞用法] being washed（97）being built（127）
[分詞構文] being washed（97）

what

[疑問代名詞] 124, 126, 126, 141, 142, 197, 210, 232, 232
[疑問形容詞] 65, 124, 190
[感嘆形容詞] 67
[関係代名詞] 74, 147, 189, 194, 197, 197, 199, 231, 232, 242
[関係形容詞] 54

進行形

is being（64）been reading（95）been studying（95）is being（95）was being watched（97）been doing（124）is being（125）been protecting（125）are spreading（192）were doing（232）are searching（240）is coming（243）is coming（245）

256

完了
had been joined（65）having been（93）having been（93）having been（93）having been rejected（94）having been welcomed（94）having been settled（94）having been washed（94）having been reading（95）having been studying（95）have preferred（96）has been done（124）have been doing（124）have been written（125）have been protecting（125）have been accused（128）having been caught（128）had happened（141）had happened（142）has been arranged（145）has been saying（147）have reached（147）have been found（153）had stirred（177）had felt（177）have been proved（190）had been cancelled（195）have remained（200）had possessed（200）have come（207）had reached（208）have been told（216）have been（221）have forgotten（231）have got（232）have been given（239）have been given（239）have been given（239）have been given（240）had died（241）had felt（242）

仮主語
199, 208, 221, 231, 232

仮目的語
194, 212. 233

完了準動詞
［完了不定詞］to have been accused（128）to have been proved（190）to have been given（239）to have been given（239）to have been given（240）
［完了動名詞］having been（93）having been rejected（94）having been reading（95）
［完了分詞構文］having been（93）having been（93）having been washed（94）having been settled（94）having been welcomed（94）having been studying（95）having been caught（128）

意味上の主語
［不定詞］191, 212, 215, 216, 233
［動名詞］51, 96, 96
［分詞構文］53, 74, 93, 94, 152

同格
65, 210, 219, 240

副詞的目的格
61, 74, 93

命令文
96, 149, 155, 198, 227, 233

倒置
156, 175, 190, 194, 197, 215, 219, 240, 242

補語の印の as
97, 193, 211

have to 原形
having to go（72）to have to leave（72）may have to rely（72）doesn't have to leave（72）had to give（74）have to do（77）had to do（189）having to worry（241）

but
［前置詞］193
［副詞］154

●著者プロフィール●
薬袋　善郎（みない・よしろう）
東京大学法学部卒。駿台予備学校などにおいて、Frame of Reference（英語構文を考えるための判断枠組み）という独自のメソッドを用いて高校生・大学受験生・大学生・社会人を指導し成功を収め、各方面から高い評価を受ける。大ロングセラーとなっている『英語リーディング教本』（研究社）をはじめとする一連の著書も、高校生から社会人まで幅広く読者を獲得して版を重ねる。薬袋善郎の公式ウェブサイト（http://minai-yoshiro.com/）で、Frame of Reference を勉強する人をサポートする「F.o.R. サポートクラブ」を立ち上げ、英語の入門から高度な応用まで 150 時間を超える授業を動画で提供している（一部無料公開動画あり）。特に「F.o.R. 特訓動画」は、著者と 1 対 1 での質疑応答を体験できると好評を博している。

英語リーディング教本ドリル

2014 年 5 月 1 日　初版発行
2024 年 1 月 19 日　8 刷発行

●著者●
薬袋　善郎
© Yoshiro Minai, 2014

●発行者●
吉田　尚志

●発行所●
株式会社　研究社
〒102-8152　東京都千代田区富士見 2-11-3
電話　営業 03-3288-7777（代）
　　　編集 03-3288-7711（代）
振替　00150-9-26710
https://www.kenkyusha.co.jp/

KENKYUSHA
〈検印省略〉

●印刷所・本文レイアウト●
図書印刷株式会社

●装幀●
Malpu Design（清水良洋＋宮崎萌美）

ISBN978-4-327-45264-3 C1082　　Printed in Japan